Los Angeles
& Südkalifornien

Manfred Braunger

DUMONT
Reise-Taschenbuch

Reiseinfos, Adressen, Websites

Panorama – Daten, Essays, Hintergründe

Unterwegs in Südkalifornien

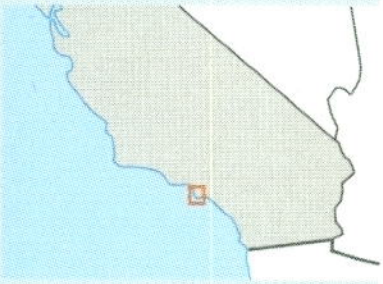

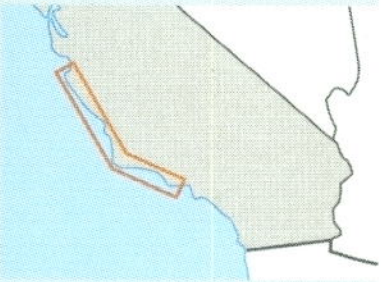

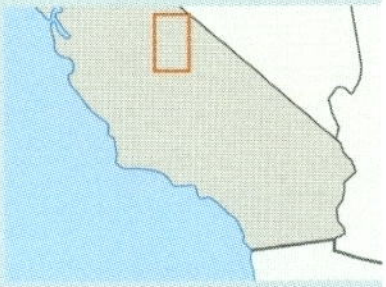

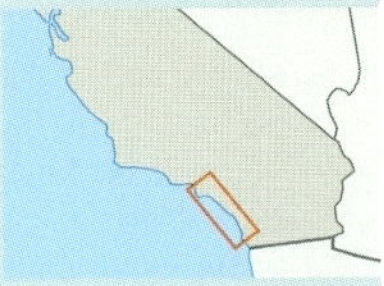

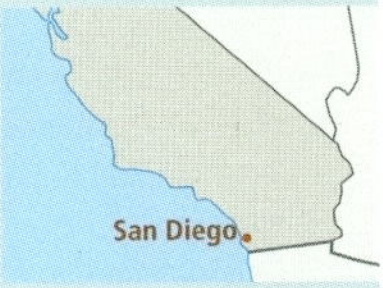
San Diego

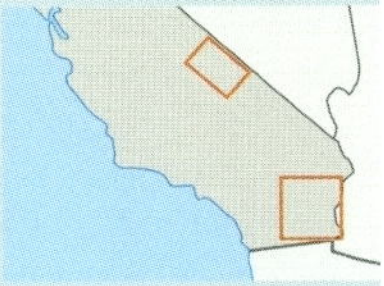

Auf Entdeckungstour

Karten und Pläne

► Dieses Symbol im Buch verweist auf die Extra-Reisekarte Los Angeles & Südkalifornien

Schnellüberblick

Die Sierra Nevada
Das mächtigste Gebirge Kaliforniens hat sich über die Jahrzehnte mit Nationalparks wie Yosemite, mit uralten Beständen von riesigen Mammutbäumen, verschwiegenen Tälern und einer pittoresken *ghost town* wie Bodie in eine attraktive Touristendestination mit hervorragenden Freizeitmöglichkeiten verwandelt. S. 190

Die Küste von Los Angeles bis Monterey
Zwischen Los Angeles und Monterey kommt man auf einer Küstenreise aus dem Staunen kaum heraus. Der pazifische Küstenstreifen präsentiert sich mit reizenden Städten wie Santa Barbara, Sehenswürdigkeiten wie Hearst Castle und malerischen Steilküsten wie bei Big Sur im Bilderbuchformat. S. 160

Die Küste von Los Angeles
Zwischen Malibu im Norden und Long Beach im Süden zeigt Los Angeles entlang der von langen Sandstränden und einladenden Beach Communities gesäumten Pazifikküste, dass der häufig als Moloch apostrophierte Ballungsraum auch ein anderes, fast ländlich geprägtes Gesicht besitzt. S. 138

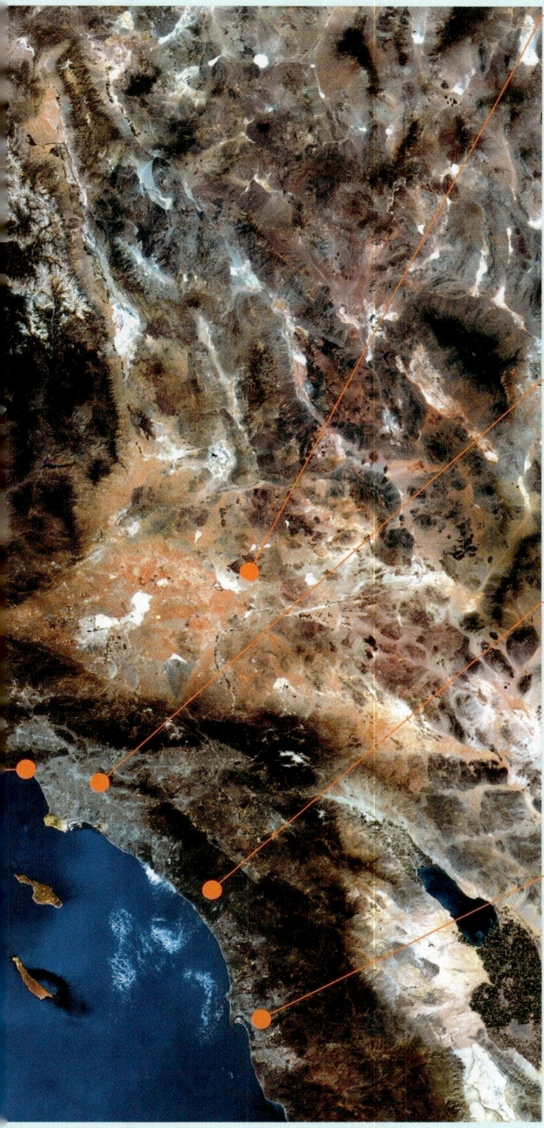

Die südkalifornischen Wüsten
Von wegen wüst und leer! Südkaliforniens heißeste Regionen bieten ausgezeichnete Kletter- und Wandermöglichkeiten wie im Joshua Tree National Park, Naturwunder wie im Death Valley und grüne Stadtoasen mit allen urbanen Annehmlichkeiten wie im Coachella Valley. S. 252

Los Angeles
Die zweitgrößte Metropole der USA ist ein urbaner Kosmos von unglaublicher Vielfalt und Dynamik, der sich auf keinen einfachen Nenner bringen lässt. S. 86

Zwischen Los Angeles und San Diego
Vom Surfermekka Huntington Beach bis ins elegante La Jolla verdient sich die Pazifikküste mit jeder Meile, jedem Strand und jeder Stadt den Beinamen kalifornische Riviera. S. 208

San Diego
Kaliforniens südlichste Millionenmetropole genießt ein Top-Renommee aufgrund eines lebendigen historischen Zentrums, einer idyllischen Bucht und eines vom milden Klima verwöhnten Citylife vom Feinsten. S. 228

Mit Manfred Braunger unterwegs
Nach seiner Ausbildung zum Zeitungsredakteur studierte Manfred Braunger Soziologie, Politologie und Völkerkunde. Das Interesse für fremde Völker und Kulturen führte ihn nach Nord- und Schwarzafrika, den Mittleren Osten, Mikronesien, Australien, Neuseeland und veranlasste ihn zu einer abenteuerlichen Fahrradtour von Kalkutta nach Europa. Erfahrungen aus vielen Amerikabesuchen flossen ein in Reiseführer, Bildbände und Magazinartikel, die er über alle Teile der USA verfasste. Im DuMont-Reiseverlag erschienen seine Reise-Handbücher über die US-Ostküste, den exotischen Südwesten der USA und Kalifornien.

Der Autor

Superstaat, Südkalifornien!

Ich kann mich gut erinnern, wie ich mit meinem ersten eigenen Auto, einem blassblauen Ford Baujahr 1959, über den legendären Hwy 1 bei Big Sur kurvte und von der Schönheit der Küste geradezu erschlagen war. Seit damals habe ich viele Teile der Welt kennengelernt, habe sie beschrieben und fotografiert. Meine Faszination für Südkalifornien indessen hat nicht nachgelassen, im Gegenteil. Vermutlich gibt es nicht viele Länder auf der Erde, in denen sich Naturwunder, Weltstädte, *ghost towns,* moderne Zivilisation und fast menschenleere Wüsten zu einem so spannungsgeladenen, facettenreichen Mosaik mischen wie gerade in Südkalifornien.

Land der Extreme

Superlative wie Sand am Meer haben diesen Landesteil berühmt gemacht. Im südlichen Teil des mit 38 Mio. bevölkerungsreichsten Bundesstaates der USA können Sie mit dem 4421 m hohen Mount Whitney die höchste Erhebung der kontinentalen USA besteigen. Nur einen Katzensprung entfernt lockt mit dem 86 m unter Meeresniveau liegenden Death Valley die tiefste Stelle der westlichen Hemisphäre, an der vor Jahren mit 56,6 °C die zweithöchste jemals auf der Erde gemessene Temperatur notiert wurde. Neben landschaftlichen Extremen stimmen selbst die größten und ältesten Bäume der Erde in den Kanon der Höchstmarken ein.

Aber wahrscheinlich reisen Sie nicht durch Südkalifornien, um Rekorden nachzujagen! Eher empfehle ich Ihnen, die qualitativen Eigenschaften des ›Golden State‹ in Augenschein zu nehmen. Damit geizt das Land beileibe nicht. Den Beinamen legte sich der Bundesstaat zwar durch den Goldrausch Mitte des 19. Jh. zu, aber Sie dürfen das güldene Prädikat auch als Metapher für jenen Teil der Neuen Welt verstehen, der mit einem Riesenangebot an Sehenswürdigkeiten, dramatischen Landschaften, anziehendem Citylife und nicht zuletzt mit einer

dynamischen Innovationskraft wesentlich dazu beigetragen hat, Amerika zu dem zu machen, was es heute ist.

Superstaat mit wunden Punkten

Die Geschichte eines permanenten Wachstums beschert Kalifornien ein Bruttoinlandsprodukt (BIP) in Höhe von etwa 1,8 Billionen $. Damit würde der Golden State unter den souveränen Staaten der Erde Rang 7 oder 8 einnehmen – noch vor Spanien, Kanada und Brasilien. Allein der Großraum Los Angeles mit den fünf Bezirken Los Angeles, Orange, Riverside, San Bernardino und Ventura weist eine Wirtschaftsleistung auf, die fast so hoch ist wie diejenige Russlands.

Das ist aber nur die eine Seite der Medaille. Immobilienkollaps, Finanzkrise und eine exorbitante Verschuldung trüben das Bild vom ewig erfolgreichen Superstaat ebenso wie steigende Arbeitslosigkeit und ein sich abzeichnender Strukturwandel im bedeutenden Agrarsektor. Analysten behaupten, Kalifornien sei im Prinzip schon lange mit Defiziten behaftet, weil es sozial und politisch unausgewogen und zu groß sei. Vor allem wachse es zu schnell, so schnell, dass Regierung und Administration damit nicht Schritt halten könnten.

Nach wie vor: Ein Traumziel

Der Reputation des Landes als Traumziel sowohl für Einwanderer als auch für Touristen haben die Mängel nicht geschadet. Nach wie vor wird das Image Südkaliforniens von drei scheinbar unumstößlichen Faktoren geprägt: hervorragendes Klima, landschaftliche Schönheit und wirtschaftliche Potenz. Hinzu kommt, dass Südkalifornien mit Los Angeles und San Diego zwei Millionenstädte besitzt, die aus dem Schatten anderer US-Metropolen längst herausgetreten sind. Los Angeles kann zwar mit dem Charme etwa von San Francisco nicht konkurrieren, ist aber auf dem Weg, sich mit bedeutenden Museen und bahnbrechender Architektur als Kulturzentrum des Westens zu etablieren. San Diego könnte an der San Diego Bay reizvoller kaum liegen und bietet neben hippem Citylife Strände und Naturattraktionen in Hülle und Fülle.

Malerisches Witch's House in Beverly Hills, S. 128

Open-Air-Bühne Ocean Front Walk in Venice Beach, S. 150

Lieblingsorte!

Traditionelles Grillfest auf dem Nachtmarkt in San Luis Obispo, S. 174

Geschichte zum Anfassen in der Geisterstadt Bodie, S. 206

Bilderbuchblick auf die hohe Sierra vom Washburn Point in Yosemite, S. 196

Robbenkolonie am Children's Pool in La Jolla, S. 222

Die Reiseführer von DuMont werden von Autoren geschrieben, die ihr Buch ständig aktualisieren und daher immer wieder dieselben Orte besuchen. Irgendwann entdeckt dabei jede Autorin und jeder Autor seine ganz persönlichen Lieblingsorte. Dörfer, die abseits des touristischen Mainstream liegen, eine ganz besondere Strandbucht, Plätze, die zum Entspannen einladen, ein Stückchen ursprünglicher Natur – eben Wohlfühlorte, an die man immer wieder zurückkehren möchte.

Sun Deck Bar im berühmten Hotel Coronado in San Diego, S. 250

Naturwunder Zabriskie Point im Death Valley National Park, S. 278

Reiseinfos, Adressen, Websites

Die Lone Cyprus auf einem Felsvorsprung am 17 Mile Drive zwischen Carmel und Monterey

Informationsquellen

Infos im Internet

www.latourist.com
http://discoverlosangeles.com
Offizieller Internetauftritt von Los Angeles mit einer breiten Palette von nützlichen und interessanten Informationen darüber, was man unternehmen, wo man übernachten, essen und kostengünstig einkaufen kann.

www.experiencela.com
Ständig aktualisierte Infos über Veranstaltungen in L.A., wie man mit öffentlichen Verkehrsmitteln zu den Events kommt und welche Sehenswürdigkeiten es in den einzelnen Stadtteilen gibt.

www.losangeles.com
City-Informationen über Hotels, Restaurants, Nachtschwärmerziele, Attraktionen im Großraum, Transportmöglichkeiten und Shoppingadressen.

http://la.worldweb.com
Auf dieser Seite bekommt man einen Überblick über Los Angeles und erfährt Details über wichtige Sehenswürdigkeiten. Außerdem gibt es Restaurantempfehlungen und eine Suchmaschine für Hotelunterkünfte.

www.downtownla.com
Internetauftritt des Downtown Los Angeles Business Improvement District, einer Vereinigung von ca. 1200 gewerblichen Unternehmen mit Infos über Gastronomie, Verkehr, Kunst, Unterhaltung und Einkaufsmöglichkeiten.

www.visitcalifornia.com
Offizielle Tourismusseite der California Travel & Tourism Commission über den in drei Regionen aufgeteilten Bundesstaat, darunter auch Südkalifornien.

www.50states.com/californ.htm
Website mit einer bunten Mischung aus Online-Links über den Golden State – von harten Fakten über Bevölkerung, Museen, State Parks und historische Missionen bis hin zu Wissenswertem über Politik und Natur.

www.nps.gov
Webportal des National Park Service, der sämtliche Nationalparks und National Monuments verwaltet.

www.parks.ca.gov
Über dieses Portal kann man, alphabetisch geordnet, alle kalifornischen State Parks aufrufen und bekommt die jeweiligen praktischen Informationen.

Tourismusvertretungen

... in Deutschland

Eine nationale Fremdenverkehrsvertretung der USA in Deutschland, Österreich oder der Schweiz gibt es nicht. In Freiburg, Hamburg, Heidelberg, Kiel, München, Nürnberg, Saarbrücken, Stuttgart, Köln und Tübingen haben deutsch-amerikanische Kulturinstitute ihren Sitz. In Berlin, Köln, Frankfurt, Hamburg, Leipzig und München gibt es Information Resource Centers (IRC) der US-Botschaft, die Anfragen per E-Mail, Telefon, Fax oder Brief beantworten (U.S. Embassy Berlin, Information Resource Center, Clayallee 170, 14195 Berlin, Tel. 030 83 05 22 13, Fax 030 83 05 11 83, ircberlin@state.gov, http://german.germany.usembassy.gov/germany-ger/irc_berlin.html.
California Tourism: Touristikdienst Truber, Schwarzwaldstr. 13, 63811 Stockstadt, Tel. 060 27 40 28 19, nur Prospektversand, 7 € in bar.

Long Beach: Tourism Marketing Group Intl., Kardinal-Schulte-Str. 32, 51429 Bergisch Gladbach, Tel. 02204 85678, Fax 02204 48 50 63.

Palm Springs Bureau of Tourism: Gutleutstr. 16a, 60329 Frankfurt/M., Tel. 069 256 28 88-0, www.bz-comm.de.

Walt Disney Company: Kronstadter Str. 9, 81677 München, Tel. 089 993 40-0, www.disney.de.

… in den USA

Größere Orte haben ein Informationsbüro (Visitor Center) oder eine Chamber of Commerce (Handelskammer), wo man Näheres über Sehenswürdigkeiten, Hotels und Restaurants erfährt. Diese Infostellen vermitteln manchmal auch günstige Hotelzimmer.

Kalifornien: California Travel & Tourism Commission, P.O. Box 1499, Sacramento, CA 95812-1499, Tel. 916-444-4429, http://gocalif.ca.gov

Lesetipps

Romane

Michael Connelly: Schwarze Engel. München 2005. In dem spannenden Krimi geht es u.a. um den Tod eines farbigen Anwalts, wodurch in Los Angeles, wie nach den tatsächlichen Übergriffen gegen Rodney King 1992, chaotische Unruhen ausgelöst werden.

Wolfram Fleischhauer: Der gestohlene Abend. München, Zürich 2008. Im kalifornischen Universitätsmilieu angesiedelter Roman des auf historische Thriller spezialisierten deutschen Autors.

A. M. Homes: Dieses Buch wird Ihr Leben retten. Köln 2007. Eine satirische Geschichte über einen in L.A. beheimateten Börsenhändler, der nach der Notaufnahme in einer Klinik nach neuen Lebensinhalten zu suchen beginnt.

Raymond Chandler: Sieben Romane und die Standard-Biografie von Frank MacShane (im Schuber) zum 50. Todestag des Schriftstellers, Zürich 2009. Chandlers Kosmos ist das Los Angeles der 1930er- und 1940er-Jahre, in dem er seinen melancholischen Privatdetektiv Philip Marlowe ermitteln lässt.

Sachbücher

Mike Davis: City of Quartz. Ausgrabungen der Zukunft in Los Angeles. Berlin 1994. Der Autor ist vom Verfall der Stadt überzeugt und nimmt die seiner Meinung nach dafür verantwortlichen sozialen Verwerfungen unter die Lupe.

Mike Davis: Ökologie der Angst. München 2004. Für den Autor ist das frühere Sinnbild des kalifornischen Lebensstils und Wohlstands zum Symbol einer urbanen Katastrophe und zum Beweisstück des städtebaulichen Wildwuchses in Südkalifornien geworden.

Silvia Feist (Hg.): Weltmacht Wasser. München 2009. Die Beiträge beschäftigen sich u.a. mit der Wasserknappheit in Los Angeles und Südkalifornien und den Strategien gegen diesen Notstand.

Roger Keil: Weltstadt. Stadt der Welt. Internationalisierung und lokale Politik in Los Angeles. Münster 2001. Der Autor untersucht, wie lokale Akteure, Organisationen und soziale Bewegungen daran arbeiten, einen neuen Typ von Weltstadt hervorzubringen.

Bernd-Peter Lange, Hans-Peter Rodenberg (Hg.): Die neuen Metropolen. Los Angeles–London. Hamburg 1994. Am Beispiel von u.a. Los Angeles geht es um neue wirtschaftliche, soziale, politische, ökologische und künstlerische Entwürfe und Visionen.

Frank MacShane: Raymond Chandler, Zürich 2009. Fesselnde Biografie zum 50. Todestag des Krimiautors.

Daab Verlag (Hg.): Los Angeles. Architecture & Design. Köln 2009. Das Buch stellt die aktuellsten und interessantesten Architekturprojekte in L.A. mit Texten, Abbildungen und Plänen vor.

Wetter und Reisezeit

Unterschiedlicher als in Südkalifornien könnte das Klima kaum sein. Grund dafür sind die extremen Höhenunterschiede etwa zwischen dem tiefsten Punkt der westlichen Hemisphäre im Death Valley und dem Mount Whitney, der mit 4421 m höchsten Erhebung auf dem zusammenhängenden Staatsgebiet der USA. In den großen Wüstenregionen, die man am besten im Frühjahr oder Herbst besucht, steigen die Temperaturen im Hochsommer nicht selten auf über 35 °C, sodass man in dieser Jahreszeit besser die kühleren küstennahen Gebiete oder die Sierra Nevada bereist. Das lang gestreckte Gebirgsmassiv erweist sich im Winter als gewaltiges Verkehrshindernis, weil die I-80 zwischen Sacramento und Reno (Nevada) in der Regel die einzige befahrbare Ost-West-Verbindung über die Sierra ist. Alle anderen Passstraßen sind meist von Anfang November bis Mai/Juni wegen der Schneefälle gesperrt.

Im Großraum Los Angeles täuschen der Pazifik, Palmenalleen und Wälder in den Hügeln darüber hinweg, dass die Millionenstadt in einer Hochwüste liegt. Trotzdem herrschen fast das ganze Jahr über angenehme Temperaturen, sorgt doch das Meer zumindest in den Küstenstädten für Abkühlung; das Zentrum des Ballungsraums allerdings schmort im Juli und August häufig unter einer Smogglocke in brütender Hitze. Regen fällt in L. A. im Durchschnitt nur an 34 Tagen im Jahr, meist zwischen Februar und April. Die Trockenzeit, von Mai bis November, begünstigt Wald- und Buschbrände.

Über ein hervorragendes Klima verfügt San Diego, wo die Tagestemperaturen selbst im Winter durchschnittlich bei 14 °C liegen und Schnee nur im höher gelegenen Küstengebirge weiter landeinwärts fällt. Selbst im Hochsommer sorgt der kühle Pazifik für gut erträgliche Verhältnisse.

Klimadaten Los Angeles

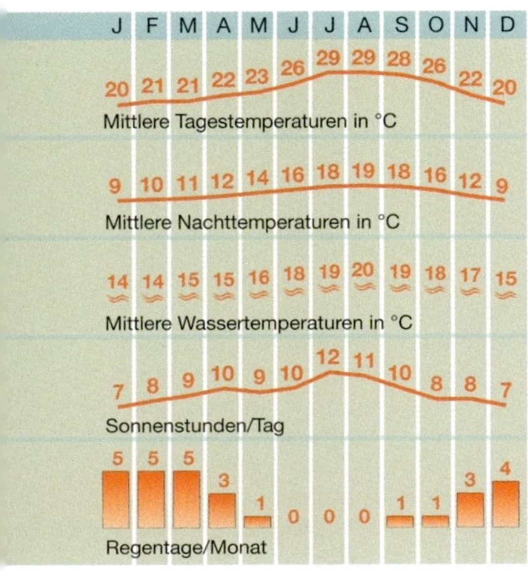

Kleidung und Ausrüstung

Je nach Reisegebiet sollte man auf einer Reise durch Südkalifornien unterschiedliche Kleidung bei sich haben. An der Küste und im Gebirge kann es selbst im Hochsommer abends kühl werden. In den Wüstenregionen sollte man leichte Baumwollkleidung und strapazierfähige Schuhe tragen. Kopfbedeckung und Sonnenschutzmittel dürfen auf keinen Fall fehlen.

Viele bekannte Touristenziele in der Sierra Nevada liegen auf Höhen über 2000 m, an die im Flachland lebende Besucher meist nicht gewöhnt sind. Bei Wandertouren in Höhenlagen sollte man sich möglichst eine gewisse Anpassungszeit gönnen, um seinen Organismus nicht zu überstrapazieren. Alkoholische Getränke sind im Hochgebirge nur in homöopathischen Dosierungen verträglich.

Ferienzeiten und Preise

In die Hauptreisezeit zwischen Memorial Day (letztes Maiwochenende) und Labor Day (erstes Septemberwochenende) fallen auch die Schulferien. Touristisch interessante Gegenden wie Nationalparks und Badeorte sind dann dem Ansturm vieler einheimischer Urlauber ausgesetzt; das Angebot an Unterkünften wird knapp, die Preise steigen nicht selten auf das Doppelte. Wer vor dem Memorial Day und nach dem Labor Day reist, kann viel Geld sparen.

Speziell in den großen Wüstenregionen im Südosten Kaliforniens sind diese Jahreszeiten empfehlenswert, weil die extreme hochsommerliche Hitze schnell zu Ermüdung führt. Außerdem nimmt die pralle, fast senkrecht stehende Sonne vielen Naturlandschaften tagsüber ihren Reiz, weil kaum Schatten zu sehen sind und Farben verblassen.

Rundreisen planen

Südkalifornien ist ein Reiseland wie aus dem Bilderbuch, weil es mit einem unschlagbaren Angebot an Naturvielfalt, Weltstadtatmosphäre, Kultur, Amüsement und Freizeitaktivitäten aufwartet – 12 Monate im Jahr. Die infrastrukturellen Voraussetzungen für eine Rundreise sind gut. Allerdings spielen Bus und Bahn eine weit geringere Rolle als in Europa; der Autoverkehr dominiert, und erst in jüngerer Zeit erleben in den Städten Metros und Straßenbahnen eine Renaissance.

… mit dem Zug

Wer in Südkalifornien mit der Bahn reisen will, muss sich auf die Küstenregion bzw. das Küstenhinterland zwischen San Diego und San Francisco und die Bahnkorridore zwischen Los Angeles, Palm Springs und Yuma an der Grenze zwischen Kalifornien und Arizona bzw. die Strecke von Los Angeles über Victorville und Barstow nach Needles am Colorado River beschränken. Außerhalb dieser Gebiete gibt es nur noch im Central Valley mit dem ›San Joaquin‹ eine Amtrak-Verbindung (www.amtrak.com).

Zweiwöchige Rundreise mit dem Auto

… mit dem Bus

Rundreisen per Bus sind durchaus möglich, doch sollte man dabei bedenken, dass etwa die Busse von Greyhound Lines hauptsächlich zwischen größeren Städten verkehren und in der Regel keine kleineren Ortschaften auf dem Land ansteuern (www.greyhound.com). Das macht beispielsweise den Besuch von National und State Parks kompliziert, wenn nicht sogar unmöglich.

… mit dem Auto oder dem Campmobil

In den weiten Naturlandschaften von Südkalifornien ist ein Mietwagen oder ein Campmobil ein ideales Fortbewegungsmittel, weil man Etappenziele und Sehenswürdigkeiten leicht und

Dreiwöchige Rundreise mit dem Auto

ohne Zeitverlust erreicht. Eine knapp **zweiwöchige Rundreise** könnte etwa so verlaufen (s. Karte S. 17): Man verlässt **Los Angeles** auf der nach Osten führenden Interstate 10. Erst nach der Überquerung des 790 m hohen San-Gorgonio-Passes wird die Wüste spürbar. Als Etappenziel bietet sich **Palm Springs** an, von wo sich ein Abstecher in den **Joshua Tree National Park** lohnt. Weiter östlich schließt sich mit dem **Mojave National Preserve** ein viel weniger besuchter Wüstenpark an, von dem man in Richtung Norden über **Baker** und den Hwy 127 ins berühmt-berüchtigte **Tal des Todes** fahren kann. Den Rückweg nach Los Angeles schlägt

Die Wüste ist besonders schön im Frühling, hier im Joshua Tree National Park

man am besten über Hwy 190 und **im Owens** Valley über Hwy 395 ein, um schließlich auf dem Hwy 14 wieder den Ausgangspunkt der Rundreise zu erreichen (320 Meilen).

Startpunkt einer **dreiwöchigen Rundtour** könnte ebenfalls Los Angeles sein. Auf dem Pacific Coast Highway geht es über **Long Beach** in Küstenstädte im Orange County wie **Huntington Beach, Newport Beach** und **Laguna Beach,** ehe man den Missionsstandort **Oceanside** mit seinem sehenswerten Pier erreicht. **Carlsbad** und **La Jolla** sind weitere Küstenstationen, ehe die attraktive Küstenmetropole **San Diego** erreicht wird. Über die ›Apfelhauptstadt‹ **Julian** im Küstengebirge geht es bergab in den **Anza Borrego Desert State Park,** den im Frühjahr die Wildblumen- und Kakteenblüte zum Bilderbuchziel macht. Durch das oasenähnliche **Coachella Valley** fährt man in den **Joshua Tree National Park** und weiter über das **Mojave Preserve** zum **Death Valley** bzw. zurück nach Los Angeles, wie auf der letzten Etappe der zweiwöchigen Rundtour (1600 Meilen). Campmobile sind ziemlich kostspielig, u.a. weil man die Spritfresser kaum inklusive gefahrener Meilen bekommt, sondern die jeweils zurückgelegte Fahrstrecke noch extra bezahlen muss.

Anreise und Verkehrsmittel

Einreisebestimmungen

Deutsche, Österreicher und Schweizer, auch Kinder, benötigen für einen visumfreien Aufenthalt bis zu 90 Tagen einen maschinenlesbaren, noch für die Dauer des Aufenthalts gültigen Reisepass. Der vorläufige maschinenlesbare deutsche Reisepass (grün) wird nicht mehr für die visumsfreie Einreise anerkannt. Der maschinenlesbare deutsche Kinderpass berechtigt nur dann zur visumsfreien Einreise, wenn er vor dem 26. Oktober 2006 ausgestellt oder vor diesem Datum verlängert wurde. Nach dem 25. Oktober 2005 ausgestellte Pässe müssen über ein digitales Lichtbild verfügen wie die bordeauxroten maschinenlesbaren deutschen Reisepässe (Europapässe). Nach dem 26. Oktober 2006 ausgestellte Pässe müssen elektronische Reisepässe (e-Reisepässe) sein, um für eine visumfreie Einreise akzeptiert zu werden.

Seit Anfang 2009 muss man sich für eine USA-Reise mindestens 72 Stunden vor Abflug über das mehrsprachige Internetportal ESTA (https://esta.cbp.dhs.gov/) online anmelden (14 $). Bei der Einreise sind Reisende zu digitalen Fingerabdrücken und einem digitalen Porträtfoto verpflichtet. Bereits im Flugzeug füllt man ein Einreise- und ein Zollformular aus. Ein Abschnitt des Einreiseformulars wird in den Pass geheftet und bei der Ausreise beim Check-in im Flughafen zurückbehalten.

Anreise

Mit dem Flugzeug

Urlauber aus Europa kommen im Südwesten der USA mit internationalen Fluglinien meist in Los Angeles, San Francisco oder Las Vegas an, u. a. weil man diese Zielorte von Frankfurt nonstop erreicht. Der Discounter **JetBlue Airways** fliegt im inneramerikanischen Netz zahlreiche Städte in Kalifornien an, darunter San Francisco, Oakland, Sacramento, Long Beach, San José und Burbank (www.jetblueairways.com). Die Hauptdrehscheibe von **AirTran** befindet sich in Atlanta (Georgia), von wo Flüge nach San Francisco, Los Angeles, San Diego und Las Vegas angeboten werden (www.airtran.com). Auch **Southwest Airlines** mit Basis in Burbank in der Nähe von Los Angeles sind in der Region aktiv (www.southwest.com). **Frontier Airlines** fliegen von Denver etwa Los Angeles und San Diego an (www.frontierairlines.com).

Mit der Bahn

Bahnverbindungen führen aus Seattle (WA), Chicago, New Orleans bzw. Orlando (FL) ins südliche Kalifornien. Entlang der Küste bzw. im Küstenhinterland verkehrt zwischen Los Angeles und San Francisco der Coast Starlight (Haltestellen: Simi Valley, Oxnard, Santa Barbara, San Luis Obispo, Paso Robles und Salinas) und zwischen San Luis Obispo und San Diego der Pacific Surfliner (Stopps u. a. in Santa Maria, Santa Barbara, Ventura, Los Angeles, Anaheim, San Juan Capistrano und Oceanside).

Als zweite Region kommt der Korridor zwischen Los Angeles und Yuma (Arizona) in Frage, in dem der ›Sunset Limited‹ in Pomona, Ontario und North Palm Springs Station macht (www.amtrak.com). Jede Woche bietet Amtrak im Internet preisreduzierte Routen an (Buchungen unter www.

amtrak.com). Verbilligt reisen können Ausländer mit dem **California Rail Pass** (sieben Fahrten innerhalb von drei Wochen, s. *Rail Passes & Programs* unter www.amtrak.com, Erw. 159 $, Kinder 2–15 J. 80 $).

Verkehrsmittel

Auto

Mietwagen reserviert man am besten schon zu Hause. Zur Übernahme des Fahrzeugs reicht der nationale Führerschein, am besten in Kreditkartenformat, und eine gängige Kreditkarte. Ältere Führerscheine mit Uraltfotos können zu Problemen führen. Wer noch nicht 25 Jahre alt ist, sollte abklären, ob die jeweilige Firma ein Mindestalter voraussetzt. An allen Flughäfen und in den größeren Städten gibt es Mietwagenfilialen. Übernimmt man ein Fahrzeug in Kalifornien oder Las Vegas, kann man es ohne Rückführungsgebühr an anderer Stelle als der Vermietstation zurückgeben.

Bus

Per Bus reisende Urlauber aus dem Ausland können verbilligt mit dem International Ameripass fahren, der für Zeiträume von 4 bis 60 Tagen ausgestellt wird (www.buspass.de/USA/usa.html). **Green Tortoise** bietet Touren für junge Leute entlang der Küste, ins Death Valley, in den Yosemite National Park und durch einige Wüstenregionen inklusive Übernachtungen an (494 Broadway, San Francisco, CA 94133, Tel. 415-956-7500, www.greentortoise.com). Lokale und regionale Bustouren werden in vielen Städten von Hunderten von Gesellschaften angeboten, nach denen man sich in den jeweiligen Visitor Information Centers vor Ort erkundigen kann. Die Gesellschaft **California Shuttle Bus** setzt preisgünstige Busse auf der Strecke von Los Angeles nach San Francisco (nur eine Pause) sowie im Großraum Los Angeles ein (www.cashuttlebus.com).

Tipp für Wohnmobilfahrer

Wer sich per Campmobil (RV = Recreation Vehicle) auf den Weg durch Kalifornien machen will, belegt ein Fahrzeug besser nicht mit der maximal möglichen Personenzahl. Vor allem auf Reisen mit Kindern ist ausreichend Platz im Innenraum wichtig, weil sonst Konflikte vorprogrammiert sind. Auch bei der Planung der zu fahrenden Meilen geht man eher großzügig vor. Die Weite des Landes verführt erfahrungsgemäß zu spontanen Abstechern und Ausflügen. Bei der Anmietung eines Wohnmobils sollte man sich deshalb überlegen, ob es sich lohnt, bestimmte Meilenkontingente zu einem Sonderpreis vorab zu kaufen. RVs werden in den USA in der Regel nicht wie Pkw inklusive unbegrenzter Meilen vermietet, sondern nur mit einem limitierten Meilenkonto.

Motorrad

Motorradreisen sind in Kalifornien populär, seit der Kultfilm »Easy Rider« im Jahr 1969 Zweiradtouren zum ultimativen Hit hochstilisierte. Das gilt in erster Linie für den Küstenhighway 1. Bei der Tourorganisation ist **US Bike Travel** behilflich, das geführte Motorradreisen anbietet (Hauptstr. 28, 91341 Röttenbach, Tel. 091 95 87 60, Fax 091 95 49 43, www.us-bike-travel.com). Auch **Edelweiss Bike Travel** stehen motorisierten Zweiradtouristen mit Rat und Tat zur Seite (Sportplatzweg 14, A-6414 Mieming, Tel. 043 52 64 56 90, Fax 043 526 45 69 03, www.edelweissbike.com).

Übernachten

In den USA wird dem Schlafkomfort ein hoher Stellenwert eingeräumt. Betten mit einer Breite von 90 cm oder 1 m gibt es kaum irgendwo. Normalerweise hat man die Wahl zwischen Queen-Size-Betten (ca. 1,40 m breit) und King Size-Betten (2 x 2 m). Unter *twin beds* versteht man zwei Einzelbetten im Queen-Size-Format. Viele Hotels und Motels schalten nach 18 Uhr Leuchtreklamen mit der Aufschrift *(No) Vacancy* an, sodass man sofort sehen kann, ob Zimmer verfügbar sind. Auf die Preise wird eine Hotelsteuer aufgeschlagen.

Hotel-Motel-Kategorien

Budget-Motels: Am preisgünstigsten sind Motelketten wie Motel 6 (www.motel6.com), Super 8 (www.super8.com), Red Roof Inns (www.redroof.com), Econo Lodge, Comfort Inn, Quality Inn, Sleep Inn, Rodeway Inn (alle unter www.choicehotels.com), Days Inn (www.daysinn.com) und Travelodge (www.travelodge.com), die Standardzimmer ohne viel Komfort anbieten.

Mittelklasse: Besser ausgestattet und teurer sind Unterkünfte von Ketten

Der Künstler David Hockney entwarf den Swimmingpool des Hollywood Roosevelt Hotel

wie Howard Johnson (www.hojo.com), Best Western (www.bestwestern.de), Embassy Suites (www.embassysuites.com), Hampton Inns (www.hampton inn.com), Holiday Inn Express (www.ichotelsgroup.com), La Quinta (www.lq.com) und Ramada (www.ramada.com).

Luxushotels: Für Anspruchsvolle eignen sich die Hotels von Hyatt (www.hyatt.de), Marriott und Courtyard by Marriott (http://marriott.com), Hilton (www.hilton.com), Radisson (www.rad isson.com), Ritz-Carlton (www.ritzcarlt on.com), Westin und Sheraton (www.starwoodhotels.com) und Fairmont Hotels (www.fairmont.com).

Bed & Breakfast

B & Bs sind Privatunterkünfte unterschiedlicher Standards, von einfachen Pensionen bis zu historischen, sehr teuren Häusern. Einen Fernseher und einen Internetanschluss sucht man dort häufig vergeblich. Dafür schlummert man in plüschigem oder sogar musealem Interieur, sogar in Himmelbetten. Frühstück ist immer inbegriffen und besteht gelegentlich aus einer opulenten, warmen Mahlzeit.

Ferienhäuser und Ferienwohnungen

Das Angebot an Ferienwohnungen und -häusern ist riesig – von rustikalen Cottages bis zu luxuriösen Villen für mehrere Familien. Auch an Anbietern mangelt es nicht. Am besten gibt man in Internet-Suchmaschinen seine bevorzugten Ziele (Bundesstaat, Ort, Zeit) ein.

Jugendherbergen

In Großstädten sind Hostels oft rund um die Uhr geöffnet (ca. 30–40 $/Pers.), während sie auf dem Land erst spätnachmittags öffnen (ca. 15–20 $/Bett). In der Regel werden Betten in Schlafsälen angeboten, manchmal auch etwas teurere Privatzimmer. In diesen Häusern kommen nicht nur junge Rucksackreisende, sondern ganze Familien unter. Häufig ist ein eigener dünner Stoffschlafsack obligatorisch (www.hi hostels.com; www.hiusa.org/hostels).

Camping

Private, staatliche oder kommunale Campingplätze bzw. Stellplätze für Campmobile gibt es wie Sand am

Mein Tipp

Bares Geld sparen

Bei spontaner Zimmersuche helfen Couponhefte, die es gratis u. a. in Touristenbüros, Imbissfilialen und im Internet gibt. Der Traveler Discount Guide deckt 48 US-Staaten ab und enthält Coupons für über 6000 Unterkünfte, in denen man bis zu 20 % spart (www.hotelcoupons.com).

Ähnliche Rabattbroschüren sind Motel Coupons (www.motel-coupons.com), Room Saver (www.roomsaver.com) und Destination Coupons (www.destinationcoupons. com). Im Kleingedruckten steht, für welche Zeiträume und für wie viele Personen die Ermäßigungen gelten.

Meer. Vor allem die Anlagen des National Park Service und Forest Service sind preisgünstig (ca. 5–15 $), wenn auch längst nicht so luxuriös ausgestattet wie etwa private KOA-Kampgrounds ($ 20–50/Nacht, www.koa.com/where/ca), auf denen man häufig auch Cabins anmieten kann (Holzhäuschen mit einem oder zwei Zimmern für bis zu 6 Personen). Noch komfortabler sind Camping Lodges und Camping Cottages inklusive Küche, Klimaanlage und Bad. Wild campen mit dem Campmobil ist nicht erlaubt. Bei Chambers of Commerce und Visitors Bureaus bekommt man kostenlose Campingverzeichnisse.

Preisgünstig campen

Wer sein Campmobil preisgünstig oder sogar kostenlos für bis zu zwei Wochen abstellen will, hat dazu auf Grund und Boden Gelegenheit, der vom Bureau of Land Management (BLM) bzw. von der National-Forest-Behörde verwaltet wird. Nach zwei Wochen muss man seinen Standort wechseln, wie weit, ist eine Frage der Interpretation und wird von den Verantwortlichen normalerweise unbürokratisch behandelt. Was man in den USA unter *boondocking* versteht, ist Camping auf sehr einfach ausgestatteten Plätzen oder Arealen ohne alles. Tipps zu BLM-Gebieten findet man im Internet unter www.blm.gov. Auf der Internetseite http://forestcamping.com/dow/list/nflist.htm#top sind alle National-Forest-Campingmöglichkeiten in Kalifornien aufgelistet. Außerdem zeigt eine Übersichtskarte die entsprechenden Gebiete. Die Preise können zwischen kostenlos und 25 $ pro Tag liegen, rangieren normalerweise aber zwischen 5 und 12 $ pro Tag. Die Gebühr wird in der Regel an unbesetzten Zahlstellen entrichtet. Man füllt einen kleinen Papierumschlag mit Namen und Autokennzeichen aus und steckt ihn samt dem verlangten Betrag in einen Kassenbehälter. Plätze können unter Tel. 1-877-444-6777 oder online unter www.recreation.gov reserviert werden.

Reservierungen

Bei telefonischer Reservierung werden Zimmer nur bis 18 Uhr freigehalten. Fest buchen kann man über eine Kreditkarte. Doppelzimmer können gegen einen geringen Preisaufschlag mit mehr als zwei Personen belegt werden. Preise werden immer für ein Zimmer (nicht nach Personen) berechnet. Wertvolle Hilfe bietet das Internet. Der Gang in ein Internetcafé oder die Benutzung eines Laptops kann sich lohnen, weil Onlinepreise in der Regel günstiger sind.

Essen und Trinken

Wie anderswo auch, sind den Kaliforniern traditionelle Küchenklassiker wie Steaks mit Ofenkartoffel, Prime Rib, gebratene Hähnchen, Rippchen, Pizza und Fast-Food-Gerichte ans Herz gewachsen. Merklich haben sich an der regionalen Küchenfront aber Veränderungen vollzogen, die sogar Auswirkungen auf die nationale Gastronomieszene gehabt haben. Die schon vor Jahrzehnten ›erfundene‹ *California Cuisine* hat sich zur innovativsten Regionalküche der USA entwickelt. Ihr Credo: frische Zutaten aus dem eigenen Land, Einfallsreichtum und reduzierte Kalorien *(low carb)*. Bemerkenswert ist in diesem Zusammenhang, dass Tester der berühmten Gastronomiebibel Michelin Guide mittlerweile auch Restaurants in Los Angeles als würdig erachten, in den Sternehimmel aufgenommen zu werden (www.michelinguide.com/us/guide.html).

Küchenvielfalt

So ethnisch bunt wie die Bevölkerung ist in Kalifornien auch das kulinarische Angebot, von chinesischen Suppenküchen, thailändischen Lokalen und japanischen Sushi-Bars bis zu mexikanischen Cantinas, typisch amerikanischen Steakhäusern und Edelrestaurants mit mediterran angehauchten Speisen. In den großen Küstenmetropolen lassen sich zahlungskräftige Gäste von prominenten Starköchen verwöhnen, die mit Gourmettempeln manchmal nicht nur in den Weltstädten Amerikas, sondern auch international vertreten sind.

Die Nähe zur langen mexikanischen Grenze färbt hauptsächlich im äußersten Süden von Kalifornien ab, wo Tacos und Burritos, Chimichanga, Bohnenmus, Guacamole und Sour Cream längst ihren festen Platz in der Küchenszene haben. In San Diego gilt Fish Taco als inoffizielle Stadtspezialität, frittierter Fisch im Teigmantel in einer Maistortilla mit Kraut und Sauce. Am besten, sagen die Fans dieser Mahlzeit, schmeckt sie bei Rubio's Fresh Mexican Grill (2017 Island Ave., Tel. 619-437-4208, www.rubios.com).

Das Meer deckt den Tisch

Die Pazifikküste lässt in Südkalifornien auch Küchenchefs aufs Meer blicken, weil Fisch und Meeresfrüchte leicht verdaulich sind und einen hohen Eiweißanteil haben. Im neuesten Ernährungstrend heißt die Zauberformel *low carb* – wenig Kohlenhydrate, in Anbetracht der schwergewichtigen US-Bevölkerung eine verständliche Ernährungsstrategie. Mahi-Mahi (Goldmakrele), Snapper, Riesengarnelen sowie Schwert- und Thunfisch tauchen ebenso auf vielen Speisekarten auf wie Krabben, Shrimps und Muschelgerichte, allen voran Jakobsmuscheln und Austern.

US-Besonderheiten

Als in den 1980er-Jahren über gastronomische Konzepte für Flughäfen und Einkaufszentren nachgedacht wurde, erlebte der **Food Court** seine Geburtsstunde. Dabei handelt es sich um eine Ansammlung unterschiedlicher, in einer speziellen Zone liegender Küchen, an deren Tresen man sich fertige Gerichte und Getränke holen kann, um sie vor Ort an Tischen zu verzehren. Tradition haben in den USA auch **Take**

So lässt sich herrlich speisen – Restaurant mit Blick aufs Meer in der Nähe von La Jolla

Aways. Die meisten Restaurants sind auf Gäste eingestellt, die ihr Essen speziell verpackt mitnehmen. Das trifft nicht nur auf alle Imbisse und Schnellrestaurants, sondern auch auf Pizza-Bäckereien und gute Lokale zu.

Gesundes Fast Food

In Kalifornien hat der Ruf nach gesunder Ernährung mittlerweile sogar die Fast-Food-Ketten erreicht. Hamburgerketten entschlossen sich unter öffentlichem Druck, kalorien-, fett- und zuckerreduzierte Gerichte anzubieten. Nachdem wissenschaftliche Expertisen nachgewiesen hatten, dass chemisch modifizierte Trans-Fettsäuren gesundheitliche Risiken bergen, entschieden sich Schnellküchen, Geflügelteile nicht mehr im bislang üblichen Fett, sondern in gesünderem Soyabohnenöl zu backen. Manche Großstädte fassten sogar den Beschluss, für den menschlichen Verzehr bestimmte Öle und Fette mit Trans-Fettsäuren generell zu verbieten. Eine international aufgestellte Kaffeekette verbannte mit dem unliebsamen Fett gebackene Plätzchen und Kuchen aus ihrem Angebot.

Neue Weinkultur

Im Land der Biertrinker hat sich in den vergangenen Jahren eine erstaunliche Weinkultur herausgebildet. Das liegt nicht nur daran, dass die roten und weißen Tropfen hauptsächlich aus kalifornischen Anbaugebieten wie Napa, Sonoma und Santa Ynez Valley bzw. dem Central Valley mittlerweile international konkurrenzfähig geworden sind. Zum Essen ein Glas Wein zu trinken gilt mittlerweile auch als schick. Ein akzeptables Weinangebot ist heute in vielen Restaurants nicht nur eine Imagefrage, sondern ein unabdingbares Kriterium für wirtschaftlichen Erfolg, weil Gastronomen ca. 30 % ihrer Einkünfte mit Wein bestreiten. Inzwischen hat sich der Konsum sogar schon so weit etabliert, dass viele Lokale händeringend nach qualifizierten Sommeliers Ausschau halten, die eine immer kenntnisreichere und anspruchsvollere Weintrinkerklientel umsorgen können. Geradezu abenteuerlich mutet die Prognose an, dass die USA in absehbarer Zeit zum größten Weinkonsumenten der Welt werden könnten.

Von der Finanzkrise sind zwar auch Wein ausschenkende Gastronomen nicht verschont geblieben. Experten rechnen aber grundsätzlich damit, dass der Weinkonsum speziell im Kundensegment zwischen 21 und 30 Jahren wieder zunehmen wird und sich unter den Importweinen auch deutsche Erzeugnisse positionieren können.

Hippe Heißgetränke

Seit vor Jahren aus Seattle die Kaffeewelle über ganz Amerika schwappte, hat sich Bahnbrechendes getan. Der früher landauf, landab übliche Blümchenkaffee hat an national aufgestellte Caféketten Terrain verloren, die heute den braunen Sud in ausgezeichneter Qualität unter die Leute bringen. Gewohnheitsbedürftig sind zumindest für Traditionalisten Kaffees mit beigemischter Vanille, Orangengeschmack oder ein Mix aus Espresso und Coca-Cola. Sogar die auf dem Gesundheitstrip befindlichen Segmente der kalifornischen Gesellschaft sind der Kaffee-Attacke erlegen. Der Kaffeekult brachte nicht nur neue Varianten auf den Markt, sondern schuf eine neue Subkultur. Ohne Dichterlesungen, Kunstausstellungen, Happenings, Live-Musik und Öffnungszeiten bis vier Uhr morgens kommen im Trend liegende Cafés nicht aus.

Eine ähnliche Entwicklung haben Teestuben genommen. Vor wenigen Jahren begann sich auch in Sachen Tee eine neue Szene zu bilden, die bis heute hauptsächlich in Großstädten gepflegte *tea rooms* entstehen ließ, in denen nun auch Amerika die Historie der seit 5000 Jahren aufgebrühten Blätter fortzuschreiben beginnt. Grüner Tee, duftender Darjeeling, samtweicher Java, Jasmin und Oolong sind en vogue.

Kulinarisches aus dem Supermarkt

Amerikanische Supermärkte sind gut sortiert, lange geöffnet und übersichtlich. Außerdem wird der Service großgeschrieben. Lange Wartezeiten an Kassen sind unüblich. Wer von der betreffenden Supermarktkette eine kostenlose Kundenkarte besitzt, kauft speziell ausgezeichnete Sonderangebote zu Schnäppchenpreisen. Größere Märkte besitzen häufig eine Bar, an der man sich Salate aus vielen Zutaten und Dressings komponieren kann und heiße Suppen bekommt. An warmen Theken werden fertig gekochte Gerichte wie Schälrippchen mit Kartoffelbrei und Brathähnchen zum Mitnehmen angeboten. Sehr empfehlenswert sind die Märkte der Whole-Foods-Kette, die sich auf ökologische Nahrungsmittel spezialisiert hat (www.wholefoodsmarket.com).

Aktivurlaub, Sport und Wellness

Baden

Die Pazifikküste ist landschaftlich zwar einer der imposantesten Teile Südkaliforniens, ein Baderevier mit karibischen Verhältnissen ist sie jedoch nicht. Aus der Tiefsee aufsteigendes kaltes Wasser sorgt dafür, dass im Sommer die Wassertemperaturen kaum über 20 °C. steigen, geschützte, flache Buchten können etwas wärmer sein. Der Colorado River auf der Grenze zwischen Kalifornien und Arizona hat sich hauptsächlich nördlich von Parker in ein Bade-, Wassersport- und Campingrevier mit geradezu paradiesischen Verhältnissen verwandelt, in dem im Juli und August allerdings sengende Hitze herrscht. An mehreren Stellen gibt es Übergänge, sodass man auch die in Sichtweite gelegenen Urlauberhochburgen am Arizona-Ufer besuchen kann.

Golfen

In weiten Teilen Südkaliforniens, selbst in den Wüstenregionen, herrschen das ganze Jahr hindurch hervorragende Voraussetzungen für den Golfsport. Allein die berühmten Namen mancher Gegenden bzw. Anlagen lassen Golferherzen höher schlagen, etwa Pebble Beach zwischen Monterey und Carmel, wo das 7. Loch spektakulär auf einer von Meeresbrandung umspülten Felsnase liegt (www.pebblebeach.com). Einen Überblick über südkalifornische Golfanlagen und Trainingsmöglichkeiten geben www.scga.org und http://socal.americangolf.com. Die Golfausrüstung kann man fast überall ausleihen, wer sie kaufen möchte, bezahlt in den USA meist weniger als in Deutschland.

Klettern

Einen legendären Ruf unter Felskletterern hat die ca. 1000 m hohe, fast senkrechte Granitwand des El Capitan im Yosemite Valley. Seit über 50 Jahren ist El Cap, wie er von Eingeweihten genannt wird, trotz oder gerade wegen der zum Teil sehr schwierigen Routen ein Traumziel vieler Freeclimber, die technische Kletterei mit Bohrhaken ablehnen. Viel kürzere, zum Teil aber auch sehr anspruchsvolle Routen bilden im nördlichen Teil des Joshua Tree National Park Herausforderungen für Vertikalsportler. Im Hochsommer sind die Felsen allerdings zu heiß.

Mountain Biking

Ob gemütliche, auch für Anfänger geeignete Flachstrecken oder Profitouren, auf denen man selbst zu Fuß nur langsam vorankäme: In Südkalifornien gibt es Pisten für jeden Geschmack und Trainingszustand; www.dirtworld.com/trails/traillist.asp?id=5 listet Dutzende Trails auf, nennt Länge und Schwierigkeitsgrad und liefert gute Beschreibungen, aufgrund derer man sich eine Vorstellung davon machen kann, was einen erwartet. Mammoth Lakes an der Ostflanke der Sierra Nevada hat eigens einen Pendelbusservice für Mountain Biker eingerichtet, die sich im Mountain Bike Park auf den Trails am Mammoth Mountain in Form halten wollen. Wer plant, in den USA im Sattel aktiv zu werden, sollte eigene Schuhe samt Klickpedalen mitbringen, da *Clipless-Pedals* kaum irgendwo vermietet werden.

Der Joshua Tree National Park bietet viele ausgezeichnete Kletterrouten

Reiten

Als die spanischen Landexpeditionen im 16. Jh. auf das Gebiet der heutigen USA vordrangen, brachten sie die ersten Pferde in die damals nur von Indianern bevölkerte Region. Später im Zuge der großen Westwärtsbewegung Richtung Pazifik ziehende Wagenkarawanen und noch später Hunderte Hollywood-Western beweisen, dass das Pferd als Transportmittel im amerikanischen Westen eine lange Tradition hat. Um Südkalifornien aus der Sattelperspektive kennenzulernen, muss man sich weder auf einer Ranch einquartieren noch in einem Filmstudio als Komparse verdingen. Reitställe, die Ausflüge auf Stundenbasis anbieten, gibt es in Hülle und Fülle. Lohnend sind solche Touren natürlich in erster Linie in Landschaften wie dem Yosemite National Park (Yosemite Valley Stable, Tel. 209-372-83 48, Tuolumne Meadows Stable, Tel. 209-372-8427, Wawona Stable, Tel. 209-375-6502, www.yosemitepark.com).

Seit dem Film »Der Pferdeflüsterer« (1998) mit Robert Redford wurde Solvang zum Wallfahrtsort für Pferdeliebhaber und -züchter. Auf den **Flag Is Up Farms** baute der Pferdeflüsterer Monty Roberts schon vor Jahren ein Trainings- und Zuchtzentrum für Rennpferde auf. Im Monty Roberts International Learning Center kann man bei verschiedenen Kursen den richtigen Umgang mit den Tieren lernen (901 East Hwy 246, Tel. 805-688-4382, www.montyroberts.com, tgl. 9–17 Uhr, Gratisbesichtigung).

Surfen

Die Pazifikküste zwischen Monterey und San Diego hat den Surfsport zum populären Freizeitvergnügen gemacht und in alle Welt exportiert. Kein Wunder, dass es dort fabelhafte Reviere gibt. **Surfrider Beach** liegt nördlich von Santa Monica in der Nachbarschaft des Malibu Pier und zählt unter Kennern zu einem der besten Surfstrände im südlichen Kalifornien. Nicht weniger berühmt sind die Strände von Santa Barbara und zahlreiche Pazifikabschnitte zwischen Los Angeles und San Diego, an denen ausgezeichnete Bedingungen für Wellenreiter herrschen. An vielen Stränden gibt es Shops, in denen man Ausrüstung ausleihen kann. Auf der Internetseite www.surfline.com/travel lassen sich auf einer Landkarte Surfreviere anklicken und detaillierte Informationen abfragen.

Wandern

Hiking Trails gibt es in Südkalifornien wie Sand am Meer. Vor allem auf Fernwanderungen sollte man sich gut vorbereiten, da das Wetter (Hitze, Stürme, Höhenlagen) eine echte Herausforderung sein kann. Wer sich den insgesamt 1910 km langen **California Coastal Trail** von der mexikanischen Grenze bis nach Oregon nicht zutraut, kann die Pazifikküste auf beliebig ausgewählten Tagesetappen kennenlernen (www.californiacoastaltrail.info). Zu den berühmtesten Wanderrouten im Westen der USA gehört der 340 km lange **John Muir Trail** vom Yosemite Valley zum 4421 m hohen Mount Whitney. Die anspruchsvolle Route durch die hohe Sierra nimmt 2–3 Wochen in Anspruch. Der John Muir Trail ist Teil des **Pacific Crest Trail,** der sich von der kanadischen bis zur mexikanischen Grenze durch die Bergwelt des Westens zieht (www.pcta.org).

Wildwasser-Rafting

Wer Rafting-Erfahrung besitzt und ein ganz besonderes Abenteuer erleben will, findet mit dem Cherry Creek, einem Abschnitt des Tuolomne River, westlich vom Yosemite National Park, in der Saison zwischen Juni und September das anspruchsvollste Wildwasser in Kalifornien. Der enge Cherry Creek fällt auf jeder Meile ca. 30 m und besitzt 15 Stromschnellen der Kategorie V. Nicht weit entfernt bietet der Merced River ebenfalls ein nasses Vergnügen. An der Westflanke des Sequoia National Park ist der Kaweah River eine Herausforderung für Rafting-Fans (All-Outdoors California Whitewater Rafting, 1250 Pine St., Walnut Creek, CA 94596, Tel. 925-932-8993, www.aorafting.com).

Wintersport

Ob man einsame Pistenabenteuer, zünftigen Après-Ski-Spaß, Familienurlaub im Schnee, durch zauberhafte Landschaften führende Langlaufloipen oder nervenkitzelnde Abfahrten sucht – in der Sierra Nevada liegen bekannte Skiregionen wie die ›Badger Pass Ski Area‹ im Yosemite National Park mit Pisten für Ski alpin, Snowboarder und Loipenfans. Schneeschuhläufer können sich bei Vollmond an nächtlichen Ausflügen beteiligen. Eine Skischule veranstaltet Kurse für Kinder, Anfänger und Fortgeschrittene (www.yosemitepark.com/Bad gerPass_SkiSchool.aspx). Ein anderes renommiertes Gebiet befindet sich in Mammoth Lakes in der östlichen Sierra Nevada (www.mammothmountain.com/MountainActivities/WinterActivities).

Wellness und Fitness

Viele größere Hotels bieten mittlerweile Fitness-Studios zum Teil in Verbindung mit Wellness-Bereichen an, um der steigenden Nachfrage nach gesundem Leben, Stressabbau und Entspannung entgegenzukommen. Spas gibt es in Hülle und Fülle. Die jeweiligen Angebote umfassen unterschiedliche therapeutische Massagen und Behandlungen von Maniküre bzw. Pediküre bis Aromatherapien, Ayurveda und Haarentfernung. Einen festen Platz unter den besten Spas der USA hat das Spa Montage im Montage Resort in Laguna Beach (30801 S. Coast Hwy, Tel. 866-551-8244, www.spamontage.com). Hollywood-Stars lassen sich gerne im Ojai Valley Inn & Spa in Ojai verwöhnen. Dieser Kurbetrieb der Spitzenklasse liegt in einer reizvollen Landschaft in einer vom milden Klima verwöhnten Gegend und bietet Gästen neben 300 Zimmern und Suiten Tennis- und Golfanlagen, hervorragende gastronomische Angebote, Kurse in Yoga, Qigong, Meditation, Tai Chi, Spinning und Wassergymnastik, Kunstunterricht und im Kurbereich 35 Behandlungsräume, Saunen, Whirlpools und Meditationsemporen (905 Country Club Rd., Tel. 805-646-1111, www.ojairesort.com/spa. php). Zu den Top-Einrichtungen darf sich auch das Resort Golden Door in San Marcos bei Escondido mit einem Spa im japanischen Stil rechnen (777 Deer Springs Rd., Tel. 760-744-5777, www.goldendoor.com/escondido).

Motorsport

Jeweils eine Woche nach dem berühmten Daytona-500-Rennen in Florida findet in Fontana 40 Meilen östlich von Los Angeles im San Bernadino County das zweite NASCAR-Rennen der Saison statt. In der Nachbarschaft von Fontana liegen mit dem Ontario Motor Speedway und dem Riverside International Raceway zwei weitere, allerdings weniger prominente Rennkurse.

Feste und Unterhaltung

Die ca. 26 Mio. Einwohner von Südkalifornien sind ein lebenslustiges Volk, was in Hunderten von Festen und Festivals, die von Januar bis Dezember gefeiert werden, zum Ausdruck kommt. Viele dieser Events haben ihren Ursprung in der ethnischen und nationalen Vielfalt des Landes, wobei angesichts der Nähe zu Mexiko lateinamerikanische Traditionen eine besondere Rolle spielen. Andererseits ist augenscheinlich, dass sich Kalifornier vor allem für Veranstaltungen begeistern können, bei denen sich alles um kulinarische und bacchantische Genüsse dreht (www.festivals.com/search/location.aspx).

Festkalender

Januar

Tournament of Roses: Rosenparade in Pasadena mit geschmückten Festwagen (www.tournamentofroses.com).
Palm Springs International Film Festival: Filmfestival mit internationaler Beteiligung (www.psfilmfest.org).

Februar

National Date Festival: Dattelfest in Indio (www.datefest.org).

März

Festival of Whales: Straßenfest in Dana Point anlässlich der Wanderung von Grauwalen vor der Küste (www.festivalofwhales.org).
Zinfandel Festival: Weinfest in Paso Robles (www.pasowine.com/events/zinfandel-festival.php).
Food and Wine Festival: Kulinarisches Fest in Palm Springs (www.palmdesertfoodandwine.com).

April

ArtWalk: Mitte April, Kunstfestival im Stadtteil Little Italy in San Diego (www.missionfederalartwalk.org).
Sea Otter Classic: Viertägiges Radsportfest mit Straßen- und Mountainbikerennen um Monterey (www.seaotterclassic.com).

Mai

City of Los Angeles Marathon: Langstreckenrennen im Großraum Los Angeles (www.lamarathon.com).
California Strawberry Festival: Erdbeerfest in Oxnard auf dem Höhepunkt der jährlichen Erntesaison mit Erdbeerdelikatessen in vielen Variationen (www.strawberry-fest.org).
Ojai Valley Poetry Fest: in jedem ungeraden Jahr im Mai/Juni oder früher, Dichterfest in Ojai, (www.ojaipoetryfestival.org).

Juni

Hollywood Black Film Festival: Afroamerikanisches Filmfestival in Culver City (Los Angeles; www.hbff.org).
Playboy Jazz Festival: Jazz-Veranstaltung in der Hollywood Bowl in Los Angeles (www.playboyjazzfestival.com).
Los Angeles Pride Festival: Schwulen-Lesben-Fest in West Hollywood (www.lapride.org, Stichwort Festival).
Mainly Mozart Festival: Kammermusikfestival im Balboa Theatre, San Diego (www.mainlymozart.org).

Long Beach Bayou Festival: Louisiana ist das Thema dieses Familienfestes mit Musik, Tanz und Gaumenkitzel aus dem Süden der USA (www.longbeach festival.com).
La Jolla Festival of the Arts: Ca. 200 Künstler präsentieren bei dieser 2-tägigen Show ihre Werke. Auch für das leibliche Wohl ist gesorgt (www.lajol laartfestival.org).

Juli

California Wine Festival: Weinfest in Santa Barbara (www.californiawine festival.com).
Nationalfeiertag: 4. Juli. Veranstaltungen und Feuerwerk in vielen Städten.
Mammoth Jazz Jubilee: mehrtägiges Jazz-Festival in Mammoth Lakes (www. mammothjazz.org).
US Open Sandcastle Competition: Wettbewerb im Sandburgenbauen am Imperial Beach in San Diego (www. usopensandcastle.com).
US Open of Surfing: US-Surfmeisterschaften in Huntington Beach (www. usopenofsurfing.com).
Festival Mozaic: Festival der klassischen Musik in San Luis Obispo (www.festi valmozaic.com).

August

International Surf Festival: Surferfestival in Manhattan Beach, Hermosa Beach und Redondo Beach (www.surf festival.org).
Scottish Games & Celtic Festival: Rustikales schottisches Fest in Monterey (www.montereyscotgames.com).
Crawfish Festival: Seafoodfestival in Long Beach (www.longbeachcrawfish festival.com).
Summer X-Games: Großes Fest mit alternativen Sportarten wie Skateboarding und BMX im Staples Center, L.A. (http://espn.go.com/action/).
Long Beach Jazz Festival: Musikfestival in Long Beach (www.longbeachjazz festival.com).
Art in the Village: Präsentiert Kunst und Kunsthandwerk in Carlsbad (www. kennedyfaires.com/carlsbad/carlsbad_ application_artinthevillage).
Steinbeck Festival: Fest zu Ehren des Schriftstellers John Steinbeck in seiner Geburtsstadt Salinas www.steinbeck. org/pages/steinbeck-festival).
Ojai Shakespeare Festival: Theaterfest in Ojai (www.ojaishakespeare.org).
Los Angeles International Short Film Festival: Kurzfilmfestival mit internationaler Beteiligung in Los Angeles (http://lashortsfest.com).
Festival of Sail: Maritimes Fest mit Segelschiffparade in San Diego (www.sd maritime.org/festival-of-sail).
Sawdust Festival: Großes Kunstfestival in Laguna Beach (www.sawdustartfes tival.org).

September

Monterey Jazz Festival: Berühmtes Jazz-Festival in Monterey (www.mon tereyjazzfestival.org).
Tall Ships Festival: Treffen großer Segelschiffe in Dana Point (www.tall shipsfestival.com).
Carmel International Arts Festival: Kunstausstellungen mit Musik in Carmel (www.carmelartsfestival.org).

Oktober

Halloween: 31. Okt. Fest am Vorabend von Allerheiligen mit oft gruselig kostümierten Menschen. Die Parade auf dem Santa Monica Blvd. in West Hollywood ist berühmt.

Dezember

Christmas Boat Parade of Lights: geschmückte Schiffe in Newport Beach (www.christmasparadeboats.com).

Reiseinfos von A bis Z

Alkohol und Drogen

Wer sich in Kalifornien ans Steuer setzt, sollte unbedingt auf Alkohol verzichten. Wird man als Chauffeur mit einer ›Fahne‹ erwischt, muss man mit drastischen Konsequenzen, wahrscheinlich sogar mit einer Haftstrafe rechnen. Dasselbe gilt für Drogen. In der Öffentlichkeit alkoholische Getränke zu sich zu nehmen, ist nicht gestattet, außer man verbirgt eine Flasche in einer Tüte.

Apotheken

Rezepte amerikanischer Ärzte werden in Pharmacies oder Drugstores angenommen, die sich oft in Supermärkten befinden. Dort bekommt man auch nicht verschreibungspflichtige Mittel.

Ärztliche Versorgung

Die Gesundheitsversorgung in Südkalifornien ist ausgezeichnet. Große Hotels bzw. die Telefonvermittlung (Nr. 0) helfen bei der Suche nach Ärzten. In den Gelben Seiten findet man Adressen von Ärzten *(physicians)*, Zahnärzten *(dentists)* und Krankenhäusern *(hospitals)*. Die Behandlungskosten müssen meist sofort bezahlt werden, eine Auslandskrankenversicherung ist zu empfehlen.

Diplomatische Vertretungen

Deutsches Generalkonsulat
6222 Wilshire Blvd., Suite 500
Los Angeles, CA 90048
Tel. 323-930-2703, Fax 323-930-2805
www.germany.info

Österreichisches Generalkonsulat
11859 Wilshire Blvd., Suite 501
Los Angeles, CA 90025
Tel. 310-444-9310, Fax 310-477-9897
www.austria.org

Schweizer Generalkonsulat
11766 Wilshire Blvd., Suite 1400
Los Angeles, CA 90025
Tel. 310-575-1145, Fax 310-575 1982
www.eda.admin.ch/la

Elektrogeräte

Da die Stromspannung in den USA 110 Volt beträgt, sind manche von zu Hause mitgebrachte Geräte nur zu betreiben, wenn sie von 220 Volt umgestellt werden können oder sich automatisch umstellen (wie Laptops). Ein Adapter aus dem Fachhandel ist z. B. für den Rasierer auf jeden Fall notwendig, da deutsche Stecker nicht in die nordamerikanischen Steckdosen passen.

Feiertage

New Year's Day: 1. Januar Neujahr
Martin Luther King jr. Day: 3. Mo im Januar (Geburtstag von M.L. King)
Presidents' Day: 3. Montag im Februar (Geburtstag von George Washington)
Memorial Day: letzter Mo im Mai (Totengedenktag; Beginn d. Urlaubssaison)
Independence Day: 4. Juli (Unabhängigkeitstag)
Labor Day: 1. Mo im September (Tag der Arbeit; Ende der Urlaubssaison)
Columbus Day: 2. Mo im Oktober (Erinnerung an die Landung von Christoph Kolumbus in Amerika)
Veterans Day: 11. November (Gedenktag für Kriegsveteranen)

Thanksgiving Day: 4. Do im November (Erntedankfest)
Christmas Day: 25. Dez. (Weihnachten)
In Wahljahren kommt der **Election Day** hinzu, der Dienstag nach dem ersten Montag im November. Fällt ein Feiertag (Ausnahme: Independence Day) auf einen Sonntag, ist der darauf folgende Montag arbeitsfrei.

Geld

Dollarbanknoten gibt es in 1-, 2-, 5-, 100- und 500-Dollar-Scheinen. 100-Dollar-Noten werden gelegentlich wegen der ›Blütengefahr‹ nicht akzeptiert. Als Münzen gibt es 1 Cent, 5 Cents *(nickel)*, 10 Cents *(dime)*, 25 Cents *(quarter)*, 50 Cents und das goldfarbene Ein-Dollar-Stück. Dollar-Reiseschecks lassen sich wie Bargeld verwenden. Mit PIN-Nummer kann man an Geldautomaten Bargeld per Kreditkarte abheben – gegen saftige Gebühren. Billiger ist es mit der EC-Karte an Automaten mit dem Cirrhus- und Maestro-Symbol.

Maße

Schon vor Jahren wurde in den USA damit begonnen, auf metrische Maße umzustellen. Allerdings ist die Bereitschaft, sich mit dem neuen System anzufreunden, sowohl seitens der Industrie als auch der Bevölkerung eher gering.

Längenmaße
1 inch (in.) – 2,54 cm
1 foot (ft.) – 30,48 cm
1 yard (yd.) – 0,9144 m
1 mile (mi.) – 1,609 km

Flächenmaße
1 sq mile – 2,5899 km^2
1 acre – 0,4047 ha
1 sq foot – 0,92903 m^2
1 sq inch – 6,452 cm^2

Hohlmaße
1 pint (pt.) – 0,473 l
1 quart (qt.) – 0,946 l
1 gallon (gal.) – 3,785 l

Temperaturen
Temperaturen werden in den USA in Grad Fahrenheit gemessen (°F). Für die Umrechnung gilt die Formel: Fahrenheit minus 32 dividiert durch 1,8 = Grad Celsius. Umgekehrt: Celsius multipliziert mit 1,8 plus 32 = Grad Fahrenheit.

Medien

Unter den überregionalen Tageszeitung ist USA Today (Mo–Fr) am weitesten verbreitet. Man bekommt sie an Zeitungskiosks, Münzautomaten und Tankstellen. Auflagenstärkste Tageszeitung in Südkalifornien ist die Los Angeles Times. In anderen Blättern findet man fast ausschließlich regionale und lokale Nachrichten.

Notruf

Allgemeiner Notruf: 911
Feuerwehr/Polizei/Rettungsdienst: 911
ADAC-Notruf: 1-888-222-13 73
Bei Pannen zeigt die hochgeklappte Kühlerhaube, dass Hilfe benötigt wird.

Öffnungszeiten

Öffnungszeiten von Geschäften variieren, da es kein Ladenschlussgesetz gibt. Kleinere Läden sind Mo–Sa von 9.30–17, Supermärkte oft bis 21 Uhr geöffnet. Vor allem in Großstädten gibt es Geschäfte, in denen man 24 Stunden

Sperrung von EC- und Kreditkarten bei Verlust oder Diebstahl*:

01149-116 116
oder 01149-30 4050 4050

* Gilt nur, wenn das ausstellende Geldinstitut angeschlossen ist, Übersicht: www.116116.eu

Weitere Sperrnummern:
- MasterCard: 01149-69-79 33 19 10
- VISA: 01149-69-79 33 19 10
- American Express: 01149-69-97 97 1000
- Diners Club: 01149-69-66 16 61 23

Bitte halten Sie Ihre Kreditkartennummer, Kontonummer und BLZ bereit!

einkaufen kann. Malls öffnen in der Regel um 10 Uhr und schließen um 20 oder 21 Uhr, So von 12–18 Uhr.

Rauchen

Anti-Raucher-Kampagnen haben in Kalifornien ihr Ziel nicht verfehlt. Obwohl es vermutlich ebenso viele Nikotinabhängige gibt wie in anderen westlichen Ländern, werden Raucher in der Öffentlichkeit stark ausgegrenzt. In allen öffentlichen Gebäuden und Firmen ist Rauchen verboten, weshalb man sich in der Regel vor den Gebäuden in weniger einsehbaren Winkeln trifft. In der Hotellerie sind Nichtraucherzimmer Usus, im Motel 6 und manchen anderen Unterkünften gibt es aber noch Raucherzimmer.

Reisekasse und Preise

Stückelungen von Reiseschecks sollten nicht größer als 50 $ sein. Kreditkarten machen das Bezahlen in Geschäften, Hotels, Restaurants und beim Tanken einfach. Manche Waren sind in Südkalifornien preisgünstiger als in Deutschland, andere teurer. Weniger bezahlt man für Benzin, Textilien (Jeans!), Schuhe und Obst. Besuche guter Restaurants, Eintrittsgebühren für Museen und Vergnügungsparks, Alkoholika und manche Lebensmittel wie etwa Frischmilch sind kostspieliger als hierzulande. Frühstückt man im Café eines guten Hotels, kann die Rechnung das Dreifache dessen ausmachen, was man in einem Coffeeshop bezahlt. Mittag- oder Abendessen in einem Food Court schonen das Reisebudget.

Reisen mit Handicap

Viele Hotels und Motelketten verfügen über behindertengerechte Räume mit größeren Badezimmern und breiteren Türen. In großen Museen und Vergnügungsparks sind Rollstühle und Rampen eine Selbstverständlichkeit. Grundsätzlich wird für Reisende mit Behinderungen in den USA besser gesorgt als etwa in Deutschland (Infos unter www.sath.org).

Sicherheit

Wie in den meisten Großstädten der Welt gibt es auch in US-Metropolen Viertel, die man besser meidet *(No-Go-Areas)*. Während der Fahrt sollte das Auto hauptsächlich in Städten, in denen man an Ampeln und Fußgängerüberwegen häufig anhalten muss, von innen verschlossen sein. Genügend Abstand zum Vordermann an Ampeln erhöht die Möglichkeit, im Notfall das Weite suchen zu können. Dokumente, Flugscheine, Bargeld und Schmuck sind im Hotel am besten im Safe aufgehoben. Wer in eine Polizeikontrolle gerät, bleibt im Auto sitzen und legt die Hände auf das Lenkrad, bis sich ein Officer dem Wagen nähert.

Souvenirs

Beliebte Erinnerungen an eine Kalifornienreise sind typisch amerikanische Autokennzeichen mit Städtenamen und natürlich T-Shirts mit möglichst originellen Aufschriften, wie man sie etwa auf dem Ocean Front Walk in Venice Beach bekommt. Auch exotische Muscheln aus dem Pazifik stehen bei Urlaubern hoch im Kurs. Auf dem Hollywood Boulevard in Los Angeles lässt sich garantiert ein dekoratives Kinoposter über einen Lieblingsfilm oder einen verehrten Star finden. Souvenirparadiese sind die Old Towns in Los Angeles und San Diego. Das Angebot an mexikanischem Kunsthandwerk und Kitsch ist kaum zu überblicken.

Telefonieren

Am preiswertesten sind In- und Auslandsgespräche mit Telefonkarten aus dem Supermarkt. Man wählt den aufgedruckten Code und wird dann aufgefordert, die ebenfalls auf der Karte freigerubbelte Geheimzahl einzugeben. Danach folgt die Nummer des gewünschten Teilnehmers. Für Auslandsgespräche gilt folgende Nummernfolge: 011 + Ländercode + Vorwahl (ohne 0) + Rufnummer (Ländercodes: Deutschland 49, Schweiz 41, Österreich 43). 1-800- bzw. 1-888-Nummern sind Gratisnummern von Hotels, Restaurants und Firmen. Man kann sie nur innerhalb der USA anwählen und muss immer zuerst eine »1« wählen. Will man mobil telefonieren, braucht man ein Tri-Band-Handy.

Trinkgeld

Gepäckträger erhalten pro Gepäckstück einen Dollar Trinkgeld (*tip* bzw. *gratuity*). Taxifahrer erwarten ca. 15 % des Fahrpreises. In Restaurants sind ebenfalls ca. 15 % auf die Rechnungssumme obligatorisch, falls das Bedienungsgeld (wie in der Regel üblich) im Preis nicht enthalten ist. Ein Blick auf die Rechnung genügt. Auch der Zimmerservice im Hotel erwartet einen Obolus, der bei ca. 1 $ pro Nacht liegen sollte.

Umgangsformen

Problemlos reist man in den USA, wenn man sich an die Lebensweise der Einheimischen anpasst. Das Einreiseprozedere lässt man am besten mit dem nötigen Ernst und stoischer Ruhe über sich ergehen, da manche Beamte auf Witze reißende Reisende nicht gut zu sprechen sind. Amerikaner verhalten sich Ausländern gegenüber in der Regel freundlich, aufgeschlossen und hilfsbereit. Bei Servicepersonal gilt der Satz »der Kunde ist König«. Das spüren Besucher an jeder Ladenkasse. In den meisten Restaurants steht am Eingang ein Schild mit der Aufschrift ›Wait to be seated‹, also warten, bis man an einen freien Tisch geleitet wird.

Zeit

Kalifornien liegt in der Pacific Standard Time Zone (MEZ –9 Std.). Ähnlich wie in Deutschland gilt in der warmen Jahreszeit die Sommerzeit (Daylight Saving Time, DST), d. h. am zweiten Sonntag im März werden die Uhren um 2 Uhr morgens um eine Stunde zurückgestellt. Die Sommerzeit endet am ersten Sonntag im November, ebenfalls um 2 Uhr morgens.

Panorama – Daten, Essays, Hintergründe

Blick von Hollywood auf Downtown Los Angeles

Steckbrief Los Angeles & Südkalifornien

Lage und Fläche: Südkalifornien ist keine exakt definierte Region. Im Allgemeinen schließt sie den südlichen Teil des kalifornischen Staatsgebietes ab einer gedachten Linie zwischen der Bucht von Monterey und dem Mono Lake ein. Die Fläche beträgt ca. 240 000 km^2, was knapp dem Territorium der alten Bundesländer Deutschlands entspricht.

Hauptstadt: Kalifornien wird vom 460 000 Einwohner zählenden Sacramento aus regiert.

Amtssprache: Amerikanisches Englisch.

Einwohner: ca. 26 Mio., davon leben allein knapp 18 Mio. im Ballungsraum Los Angeles und 3 Mio. in Greater San Diego. Zahlen über die durchschnittliche Bevölkerungsdichte sind wenig aussagekräftig, da es neben urbanen Gebieten große, fast menschenleere Wüstengegenden gibt.

Landesflagge: Die kalifornische Flagge zeigt auf weißem Grund über einem roten Streifen einen roten Stern, einen Grizzlybären und den Schriftzug ›California Republic‹.

Landesvorwahl: 001 (USA)

Internetkennung: us

Währung: US-Dollar

Zeitzone: Pacific Standard Time (MEZ –9 Std.), vom zweiten So im März bis zum ersten So im November gilt die Sommerzeit.

Geografie, Natur und Umwelt

Extreme Höhenunterschiede zwischen dem unter Meeresniveau gelegenen Death Valley und dem knapp 4500 m hohen Mount Whitney in der Sierra Nevada kennzeichnen die uneinheitliche Topografie. Von der Pazifikküste steigt das Terrain zum Küstengebirge an, hinter dem sich das 640 km lange und 80 km breite Central Valley ausdehnt. Weiter östlich ragt der lang gezogene Gebirgsrücken der Sierra Nevada auf, die an ihrer östlichen Flanke steil zum Owens Valley abfällt. Im äußersten Süden und Südosten bestimmen die Mojave- und bis an die mexikanische Grenze die noch heißere Sonora-Wüste das Landschaftsbild. Dass im ›Golden State‹ Umweltschutz ernst genommen wird, beweisen Nationalparks und andere Naturschutzgebiete. Ob der neue Gouverneur Jerry Brown die von seinem Vorgänger Arnold Schwarzenegger vorangetriebene Klimaschutzpolitik fortsetzen wird, muss sich erst noch zeigen.

Geschichte und Kultur

Prähistorische Chumash-Indianer lebten offenbar schon vor mehr als 10 000 Jahren auf den Channel Islands, ehe sie auch die Festlandsküste zu besiedeln begannen. Nachdem ab dem 16. Jh. europäische Seefahrer und Entdecker den Pazifiksaum Südkaliforniens erkundet hatten, begannen 1769 die Spanier mit der Kolonisierung und Missionierung des Landes. Das endete mit der Unabhängigkeit Mexikos 1821, wonach das Gebiet bis zum verlorenen Krieg gegen die USA von Mexico City verwaltet wurde. Der Goldrausch nach 1848 und die Staatswerdung zwei

Jahre später lösten in Kalifornien ein ungeahntes Wachstum aus, zu dem wesentlich der Eisenbahnbau, die Landwirtschaft und die Entdeckung von Erdöllagerstätten beitrugen. Auf kultureller Ebene brachten bis heute hauptsächlich die Filmindustrie, Architektur und Literatur, nach dem Zweiten Weltkrieg auch die moderne Rock- und Popmusik weltweit beachtete Leistungen zustande.

Staat und Politik

In Kalifornien sind auf Grund eines seltsamen, stark reformbedürftigen Budgetrechts Haushaltskrisen ein Dauerzustand. Verantwortlich dafür sind die jeweiligen Gouverneure nur zum Teil. Vielmehr offenbaren die Probleme regelmäßig, dass Kalifornien an fundamentalen Strukturproblemen leidet. Es gehört zu den wenigen US-Bundesstaaten, die zur Verabschiedung eines Haushalts im Parlament eine Zweidrittelmehrheit benötigen. Das ermöglicht es einzelnen Abgeordneten, etwa Sparpläne oder Steuererhöhungen zu blockieren. Das Wahlsystem indessen fördert den Lobbyismus, und obendrein besteht nach Auffassung von Analysten eine zu große Abhängigkeit von Einkommens- und Unternehmenssteuern.

Wirtschaft und Tourismus

Im 20. Jh. trieben vor allem Rüstungsaufträge der Bundesregierung, Luft- und Raumfahrt und die Hightech-Revolution im Silicon Valley die wirtschaftliche Entwicklung voran. Der Golden State profitiert auch von wichtigen Rohstoffen wie Erdöl und Erdgas, Quecksilber, Wolfram, Kupfer und Eisen. Ein wichtiger Posten ist der Tourismus. Jährlich besuchen Kalifornien ca. 330 Mio. Menschen, von denen die Mehrzahl hauptsächlich den Süden bereist. Mit durchschnittlichen Ausgaben von 120 $ pro Person und Tag tragen sie einen gewichtigen Teil zur Volkswirtschaft bei.

Bevölkerung und Religion

Neben der zahlenmäßig starken Bevölkerung in den urbanen Zentren Los Angeles und San Diego sowie der extrem geringen Bevölkerungsdichte in den wüstenhaften Regionen ist die Demografie des südlichen Kalifornien durch ein weiteres Charakteristikum gekennzeichnet: den hohen Anteil an Spanisch sprechenden Menschen. In Los Angeles sind bereits über die Hälfte aller Einwohner Latinos *(Hispanics),* die als größte landesweite Minderheit die Afro-Amerikaner verdrängt haben. Das ist auch der Grund dafür, dass mehr Menschen als in jedem anderen US-Bundesstaat der römisch-katholischen Kirche angehören.

Südkalifornien

Geschichte im Überblick

Vor- und Frühgeschichte

ca. 10 000 v. Chr. Funde auf den Channel Islands lassen die Anwesenheit von Indianern des Chumash-Stammes schon vor langer Zeit vermuten.

ca. 1500 v. Chr. Chumash-Indianer sind an der Küste von Santa Barbara nachweisbar, wo ihre Dörfer bis zu 1000 Einwohner groß und in ein überregionales Handelsnetz eingebunden sind.

ca. 500 n. Chr. Auf kalifornischem Boden beginnen sich unter den vermutlich über 100 Stämmen der *Native Americans* nach und nach Siedlungsgemeinschaften herauszubilden.

Zeitalter der Seefahrer und Entdecker

1542 Der in spanischen Diensten stehende portugiesische Seefahrer Juan Rodriguez Cabrillo landet in der Bucht von San Diego.

1579 Der berühmte englische Entdecker Sir Francis Drake fährt mit der Golden Hind an der südkalifornischen Küste entlang.

1602 Sebastian Vizcaino entdeckt die Bucht von Monterey.

Kalifornien unter den Spaniern

1769 Eine spanische Expedition unter Gaspar de Portola stößt von Neuspanien nach Kalifornien vor und markiert den Beginn der Kolonisierung und Missionierung des Landes. Der Franziskanerpater Junípero Serra gründet mit der Mission San Diego de Alcala in San Diego die erste von 21 Missionsstationen.

1776 Juan Bautista de Anza durchquert mit einer 240-köpfigen Siedlergruppe das südliche Kalifornien, um am Goldenen Tor den Grundstein für das spätere San Francisco zu legen.

1781 Der Spanier Felipe de Neve gründet zusammen mit einer Gruppe von Pionieren eine Siedlung, aus der später Los Angeles entsteht.

Unter mexikanischer Herrschaft

1821 Mexiko befreit sich von der spanischen Kolonialherrschaft. Alta California (Kalifornien) kommt nach der mexikanischen Unabhängigkeit unter die Verwaltung von Mexico City.

1824 Der US-Kongress richtet das Bureau of Indian Affairs ein, das in der Folgezeit für indianische Angelegenheiten zuständig ist. Im gleichen Jahr wehren sich *Native Americans* der Mission in Santa Barbara gegen ihre Versklavung.

1833 Mexiko verabschiedet ein Gesetz zur Säkularisierung der kalifornischen Missionen.

1846 Die gegen die mexikanische Verwaltung gerichtete sogenannte Bärenflagge-Revolte in Kalifornien lässt über Monterey die US-Flagge wehen. Die USA erklären Mexiko den Krieg.

1848 John Marshall entdeckt das erste kalifornische Gold. Im Vertrag von Huadalipe Hidalgo tritt Mexiko u. a. Kalifornien an die USA ab.

Kalifornien als eigener Bundesstaat

1850 Am 9. September wird Kalifornien als Bundesstaat in die Amerikanische Union aufgenommen.

1854 Sacramento wird Hauptstadt Kaliforniens.

1869 Nach der Fertigstellung der transkontinentalen Eisenbahn ist Kalifornien über den Schienenweg mit den Märkten der Ostküste verbunden.

1885 Die Santa Fe Railroad erreicht Los Angeles.

1891 Explorationsunternehmen stoßen in Los Angeles auf ergiebige Erdölquellen, was einen wirtschaftlichen Aufschwung einleitet.

1892 Naturschützer um den Universalgelehrten John Muir gründen mit dem Sierra Club die älteste und bedeutendste Naturschutzorganisation der USA.

1902 Am 27. Februar kommt in Salinas der Schriftsteller und spätere Literaturnobelpreisträger John Steinbeck zur Welt

1905 Gründung des Yosemite National Park.

1908 In Hollywood beginnt die Produktion der ersten Filme.

1913 Fertigstellung des Los-Angeles-Aquädukts, über den Wasser aus dem Owens Valley bis in das San Fernando Valley nordwestlich von Los Angeles geleitet wird.

1924 Die amerikanischen Indianer bekommen die Staatsbürgerschaft und damit die formale Gleichberechtigung zuerkannt.

1925 Mitte der 1920er-Jahre gilt Los Angeles als die am stärksten motorisierte Stadt der Welt, in der jeder dritte Einwohner ein Auto besitzt.

Der Wildwest-Charme der Ghost Towns zieht viele Reisende an

1928 Bei einem Staudammbruch nahe Saugus nördlich von Los Angeles finden rund 400 Menschen den Tod.

1932 Die Olympischen Sommerspiele werden in Los Angeles veranstaltet.

1941 Nach dem japanischen Angriff auf Pearl Harbor treten die USA in den Zweiten Weltkrieg ein.

Nach dem Zweiten Weltkrieg

1953 Der Wissenschaftler Jonas E. Salk entwickelt in San Diego den nach ihm benannten Impfstoff gegen Kinderlähmung.

1955 Der Disneyland-Vergnügungspark wird in Anaheim im Orange County eröffnet.

1962 Kalifornien ist erstmals bevölkerungsstärkster Bundesstaat vor New York. John Steinbeck wird mit dem Literaturnobelpreis ausgezeichnet.

1965 Schwere Unruhen im Stadtteil Watts in Los Angeles.

1967 Mit dem Summer of Love geht die Flower-Power-Bewegung ihrem Ende entgegen, nicht ohne Einfluss auf alternative Musik und Lebensformen genommen zu haben.

1968	Gründung des Redwood National Park. In New York stirbt Kaliforniens bekanntester Schriftsteller John Steinbeck.
1969	Der unkontrollierte Ölausstoß aus einem Offshore-Bohrloch vor der Küste von Santa Barbara verursacht eine Ölpest.
1980	Der 33. Gouverneur Kaliforniens, Ronald Reagan, wird ins Amt des US-Präsidenten gewählt.
1984	Die Olympischen Sommerspiele finden erneut in Los Angeles statt; erstmals in ihrer Geschichte werden sie von einem kommerziellen Unternehmen ausgerichtet.
1989	Das Loma-Prieta-Erdbeben der Stärke 7,1 auf der Richterskala erschüttert weite Teile Kaliforniens und fordert 62 Menschenleben.
1992	Polizeiwillkür gegen den Afroamerikaner Rodney King löst in Los Angeles Rassenunruhen aus, bei denen viele Menschen umkommen und Schäden in Milliardenhöhe entstehen.
1994	Ein schweres Erdbeben mit dem Epizentrum im San Fernando Valley verwüstet Teile des Großraums Los Angeles und fordert 61 Tote.
1995	Nach schweren Regenfällen kommt es im südlichen Kalifornien zu verheerenden Überschwemmungen.
2003	Ex-Schauspieler und Bodybuilder Arnold Schwarzenegger wird neuer Gouverneur von Kalifornien.
2006	Nach seiner Wiederwahl beginnt für den erfolgreichen Schwarzenegger eine zweite Amtszeit, in der er sich verstärkt für Umweltschutz, Stammzellenforschung und infrastrukturelle Reformen einsetzen will.
2007	Im Herbst zerstören Waldbrände 2000 Häuser. Dabei kommen acht Menschen ums Leben, 640 000 fliehen vor den Flammen.
2008	Waldbrände nördlich von Los Angeles vernichten im Oktober gewaltige Waldflächen und zahlreiche Gebäude.
2009	Ein gigantisches Haushaltsloch bringt Kalifornien an den Rand des Staatsbankrotts. Waldbrände wüten nordöstlich von Los Angeles.
2011	Als Nachfolger von Arnold Schwarzenegger legt der neue Gouverneur Jerry Brown am 4. Januar den Amtseid ab.

Kernkraft auf schwankendem Boden

Der kalifornische Gouverneur Jerry Brown hatte seine Amtsgeschäfte 2011 kaum aufgenommen, als der Streit um knappe Finanzen und Sparprogramme urplötzlich durch Nachrichten über den atomaren Super-GAU in Japan in den Hintergrund gedrängt wurde. Anlass zur Sorge: Auch in Kalifornien stehen die Meiler in erdbebengefährdeten Gebieten.

Das am 11. März 2011 durch ein Erdbeben, eine Riesenwelle und den Atomunfall in Fukushima verursachte Horrorszenario in Japan schlug auch an der 8700 km entfernten Küste Kaliforniens Wellen. Nicht nur durch 2 m hohe Tsunami-Ausläufer, die im Hafen von Santa Cruz südlich von San Francisco Fischerboote und Anlegestellen beschädigten. Im Golden State lösten die schrecklichen Ereignisse eine Diskussion über die Sicherheit der beiden kalifornischen Kernkraftwerke San Onofre und Diablo Canyon (Foto oben) aus.

Seismologisches Risiko

Wo die Pazifische und die Nordamerikanische Platte spannungsgeladen aneinanderreiben und kleinere Beben an der Tagesordnung sind, schließen Atomkraftgegner ein ähnliches Szenario wie nördlich von Tokio nicht grundsätzlich aus. Geologen diskutieren seit Jahren die instabilen seismischen Verhältnisse. In US-Nachrichtensendern tauchten noch am Tag der japanischen Katastrophe Heerscharen von Experten auf, die ähnliche Gefahren auch an der amerikanischen Westküste nicht wegdiskutieren wollten. Bereits wenige Tage später forderte ein für Kernenergie zuständiger Ausschuss in der Hauptstadt Sacramento die kalifornischen Kraftwerksbetreiber zu umfangreichen geophysischen Studien auf, bevor sie ab 2022 bzw. 2024 die Verlängerung der Betriebsgenehmigungen für ihre AKW beantragen.

Sicherheit durch Nachrüstung

Der Bau neuer Anlagen ist auf kalifornischem Boden seit Ende der 1970er-Jahre nicht zulässig, weil noch keine sicheren Endlagerstätten für Atommüll existieren. Im Unterschied zu Japan gibt es in Kalifornien seit Jahrzehnten Zweifel an den Sicherheitsversprechen der AKW-Betreiberfirmen, aus gutem Grund. Nur wenige Kilometer vom Meiler Diablo Canyon entfernt entdeckten Seismologen bereits 1969 während der Bauphase einen tektonischen Graben vor der Küste. Wissenschaftlichen Expertisen zufolge ist er so gestaltet, dass er Erdbeben der Magnitudenstärke 7,5 auslösen kann. Als die Untersuchungen publik wurden, musste der Betreiber eine fast 5 Mrd. Dollar teure Nachrüstung in die Gänge leiten.

Die Angst vor ›The Big One‹ wächst

Kein Wunder, dass auch im Golden State die aus dem Land der aufgehenden Sonne kommenden Nachrichten die Menschen aufschreckten. Ähnlich wie Japan gehört Kaliforniens Küste zum pazifischen Feuerring, einer der gefährlichsten tektonischen Zonen der Erde, die fast den gesamten Stillen Ozean umgibt. Seit Jahren macht das Wort von ›The Big One‹ die Runde, womit ein von Geologen häufig schon als überfällig bezeichnetes Großbeben gemeint ist. Nachdem in Chile am

Kalifornische Kernenergie
Von den sechs kalifornischen AKW sind noch San Onofre und Diablo Canyon mit jeweils zwei Reaktorblöcken in Betrieb. Beide Anlagen liegen direkt an der Küste und nutzen Meerwasser zur Kühlung. Sie sind mit Druckwasserreaktoren ausgerüstet, die ca. 15 % des in Kalifornien verbrauchten Stroms produzieren. Die Betreiberlizenzen laufen 2022 bzw. 2024 aus.

27. Februar 2010, in Neuseeland am 22. Februar 2011 und in Japan am 11. März 2011 die Erde bebte, lag der Schluss nahe, dass in diesem kurzen Zeitraum nur eine Region im ›Ring of Fire‹ verschont geblieben war: die kalifornische Küste. Fachleute schätzen dort die Wahrscheinlichkeit eines gewaltigen Erdbebens mit einer Stärke über 6,7 in den kommenden 20 Jahren auf 62 %, in Südkalifornien auf knapp 100 %!

Nach dem Beben könnte die Flut kommen

Die Kernkraftwerke Diablo Canyon in der Nähe von San Louis Obispo und San Onofre nördlich von San Diego wurden in den 1970er-Jahren unter Zugrundelegung der Einschätzung fertiggestellt, dass in den betreffenden Gebieten keine Erdbeben auftreten, die über eine maximale Stärke von 7,5 respektive 7,0 hinausgehen. Ob sich die Natur an die Prognosen von AKW-Betreibern halten wird, ist zweifelhaft. Im Übrigen gilt das auch für die Tsunami-Gefahr. Diablo Canyon wird auf der Pazifikseite von einer 9 m hohen Mauer gegen Überschwemmungen geschützt. Wäre das AKW einem über 20 m hohen Tsunami wie in Japan ausgesetzt, stünde es ähnlich wie Fukushima unter Wasser. Wissenschaftler schlossen lange Zeit so gigantische, durch Erdbeben ausgelöste Flutwellen vor Kalifornien aus. Neueste Forschungen brachten aber andere Ergebnisse zutage. So weiß man heute, dass an Steilküsten wie in Kalifornien abrutschende Sedimente Tsunamis auslösen können. Derartige Hangrutsche sind für Tsunami-Frühwarnsysteme, die hauptsächlich starke Erdbeben melden sollen, ein großes Problem, weil sie kaum zu prognostizieren sind.

Welchen Kurs steuert Jerry Brown?

Grundsatzerklärungen zu seiner zukünftigen Energiepolitik ließ Gouverneur Jerry Brown in den ersten Monaten seiner dritten Amtszeit vermissen. Doch dass in seiner energiepolitischen Strategie erneuerbare Energien eine wichtige Rolle spielen werden, machte er bereits Wochen vor den Horrornachrichten aus Japan deutlich. Schon während seiner ersten Amtszeit von 1974 bis 1982 als Nachfolger von Ronald Reagan hatte er sich auf die Seite der Atomkraftgegner gestellt. Nach dem Störfall in Fukushima ließ er durchblicken, dass für den Betrieb von Atomkraftwerken neue Regularien notwendig seien. So betrachtet, wird Jerry Brown aller Vermutung nach den von seinem Vorgänger Arnold Schwarzenegger vorgegebenen ›grünen‹ Weg ebenfalls einschlagen.

Tipps für den Fall der Fälle

Die Los Angeles Times versuchte nach der japanischen Natur- und Nuklearkatastrophe in einer ihrer Ausgaben praktische Lebenshilfe zu leisten, indem sie der Bevölkerung Südkaliforniens empfahl, für den Fall der Fälle einen Notfallkoffer mit Wasser, Lebensmitteln und Bargeld bereitzuhalten. Wissenschaftler sprechen diesbezüglich von einer schlimmen Verharmlosung möglicher Katastrophen. Spätestens die apokalyptischen Tragödien in Japan bewiesen, dass Worst-Case-Szenarien betroffene Bevölkerungen nicht nur für wenige Tage, sondern für relativ lange Zeit von einer normalen Versorgung abschneiden können.

Architektur im Wandel

Als Versuchslabor für extravagante Mode, alternative Lebensweisen, trendige Sportarten, Wellness- und Gesundheitsbewegungen und wegweisende Hightech-Erfindungen macht das südliche Kalifornien in der ganzen Welt Furore. Ähnlich verhält es sich mit der Architektur, die in den vergangenen 250 Jahren hie und da verblüffende Wege eingeschlagen hat.

Als Sir Francis Drake 1579 als einer der ersten Europäer kalifornischen Boden betrat, waren die indianischen Ureinwohner des Landes noch unter sich. Das änderte sich mit dem Beginn der spanischen Kolonisation in den 1770er-Jahren, als Soldaten, Siedler und Patres mit den ersten Presidios und Missionsstationen ihren Anspruch auf das fremde Land zu befestigen begannen.

Missionsstil und viktorianische Variationen

Im Zuge ihrer kolonialen Eroberungen kamen die Spanier im südlichen Kalifornien mit der Bauweise der unterschiedlichen Indianerkulturen in Berührung und übernahmen deren wichtigstes Baumaterial: aus einem Lehm-, Stroh- und Wassergemisch hergestellte Adobeziegel, aus denen die Südeuropäer zwischen San Diego und San Francisco Missionsstationen in einer Stilmischung indianischer Bauformen und spanisch-christlicher Architektur errichteten. In der Regel wurden die neuen Gebäude mit Lehmmörtel verputzt.

Als in Kalifornien in den ersten Jahrzehnten des 19. Jh. die letzten Missionsstationen errichtet wurden, dämmerte an der Ostküste architektonisch bereits das viktorianische Zeitalter herauf. Der damals bevorzugte Baustil war bald auch an der Pazifikküste *en vogue* und zeigte sich bis zum Ende des Jahrhunderts in Variationen wie neoklassizistisch, Gothic Revival, Italianate, Second Empire und Queen Anne. Putzige Türmchen und Dachgauben, Veranden mit verzierten Brüstungen, geschnitzte Stützpfeiler und pastellfarbene Außenanstriche verschafften den schmucken Holzhäusern den Beinamen ›Painted Ladies‹.

Aufbruch ins 20. Jh.

Um die Wende vom 19. zum 20. Jh. feierte der amerikanische Arts-&-Crafts-Stil die hohe Kunst des Handwerks. In seiner schönsten Form repräsentiert das in Pasadena stehende Gamble House aus dem Jahr 1908 diesen Stil (4 Westmoreland Pl.). Der Bungalow vereint unterschiedliche Holzarten wie Teak, Mahagoni, Zeder, Eiche, Ahorn und Redwood und gilt zudem als ein Musterbeispiel für meisterhafte Holzverarbeitung. Die aus England stammende Arts-&-Crafts-Bewegung vollzog eine Abkehr vom Historismus der viktorianischen Ära und setzte gleichzeitig dem neuen industriellen Produktverständnis mit der Rückbesinnung auf fachkundige Materialverarbeitung einen Kontrapunkt entgegen.

Im 18. und 19. Jh. erbaute Kirchen und Missionen inspirierten um die Wende vom 19. zum 20. Jh. viele dem Spanish-Revival-Stil verpflichtete Architekten. Als Santa Barbara nach einem Erdbeben 1925 wieder aufgebaut werden musste, entschieden sich die Stadtplaner für den spanischen Missionsstil und gaben ihrer Heimatgemeinde damit ein einheitliches Aussehen, das sie zu einer der sehenswertesten Küstenstädte Kaliforniens machte. Ein wahres Juwel unter den Gebäuden ist das County Courthouse, das nicht nur mit seinem Äußeren glänzt, sondern auch im Innern mit eisernen Lampenfassungen, gefliesten Gängen und Wandgemälden beeindruckt. Wunderschöne Bauten kann man auch an der El-Prado-Prachtstraße im Balboa Park in San Diego bewundern, wo für die ›Panama-California Exposition‹ (1915–16) eine Reihe repräsentativer Gebäude entstand (s. S. 234).

Am längsten währte die in den 1920er-Jahren entstandene Art-déco-Bewegung in den USA, wo sie sogar noch nach dem Zweiten Weltkrieg Bauten und industrielle Produkte beeinflusste. Sie verband Elemente des vorangegangenen Jugendstils mit dem Funktionalismus der 1920er-Jahre und der Bewegung des Futurismus. Neben mehreren Gebäuden am Wilshire Boulevard in Los Angeles ist auch das Rathaus der Stadt ein Beispiel für diesen Baustil (s. S. 109, 127).

Zukunftsweisende Moderne

Klare, transparente Architektur hatten Vertreter des Mid-Century-Modern-Stils wie Raphael Soriano und Richard Neutra im Sinn, als sie um die Zeit des Zweiten Weltkriegs und danach das moderne kalifornische Stahlhaus als einen eigenständigen Wohnhaustypus entwickelten. Diese neue, großzügige und unprätentiöse Architektur zielte darauf ab, den Bewohnern, so Neutra, einen »Seelenankerplatz« zu schaffen. Außer in Los Angeles fiel sein Baukonzept hauptsächlich in Palm Springs auf fruchtbaren Boden. Mit dem Kaufmann House errichtete er dort 1947 für einen Kaufhausbesitzer aus Pittsburgh eine Ikone der modernen Architektur, die 2008 für 16,84 Mio. $ unter den Hammer kam.

Die radikalsten, zum Teil provokativsten baulichen Akzente setzten im experimentierfreudigen Los Angeles in jüngster Vergangenheit Architekten mit klingenden Namen, die der Freestyle- oder Dekonstruktivismus-Bewegung zugeordnet werden. Der international bekannteste unter ihnen ist Frank Gehry, der den Wolkenkratzerkern in Downtown Los Angeles mit der Walt Disney Concert Hall revolutionierte (s. S. 112).

Der 1943 geborene Eric Moss war zuletzt in einem Stadtentwicklungsprojekt in Culver City engagiert, bei dem es um die Umnutzung alter Industrie- und Lagergebäude ging. Brian Murphy wird ebenso wie Pritzker-Preisträger Thom Mayne das Image als *bad boy* der Architektur nicht los, weil beide zum Teil Entwürfe lieferten, die von manchen als zu radikal betrachtet wurden. In Los Angeles baute Mayne die 2004 vollendeten CalTrans Headquarters.

Architekt Frank Gehry vergleicht die Philharmonie von L. A. mit einer sich öffnenden Rose

Die Lateinamerikanisierung von Kalifornien

Demografischen Schätzungen zufolge werden im Jahr 2030 Latinos, also Spanisch sprechende Einwanderer aus Lateinamerika bzw. deren Nachfahren, in Kalifornien die Mehrheit der Bevölkerung stellen.

Zu Beginn der 1990er-Jahre initiierte das Kabelfernsehen in den USA eine Flut von neuen Programmen für ethnische Minderheiten. Von Sendern umworben wurden dabei vietnamesische, koreanische, chinesische und indische Zuschauer. Eine Hauptrolle spielten aber die Latinos, aus gutem Grund. Sie haben die früher einmal zweitstärkste Bevölkerungsminderheit, die Afro-Amerikaner, längst überholt und wurden in jüngster Zeit zur stärksten Minorität im Golden State. Schon vor einigen Jahren machten sie Kalifornien hinter Mexiko, Kolumbien, Spanien und Argentinien zum fünftgrößten spanischsprachigen Land der Erde.

Dass Spanisch in den nächsten Jahrzehnten tatsächlich zur dominierenden Sprache gerade im südlichen Kalifornien werden wird, glauben manche Demografen nicht. Zwar wird am Zuwachs der Latinos nicht gezweifelt. Aber, so meinen die Wissenschaftler, es sei abzusehen, dass Nachfahren der aus Lateinamerika stammenden Einwanderer spätestens in der zweiten oder dritten Generation Englisch als ihre Muttersprache übernähmen.

Flucht ins gelobte Land

Dass Kalifornien auf der Favoritenliste von Hispanics einen Spitzenplatz einnimmt, hat historische, geografische und wirtschaftliche Gründe. Bis zum Mexikanisch-Amerikanischen Krieg (1846–48) waren große Teile des amerikanischen Südwestens ein Teil von Mexiko. Zu den Gebieten, die Mexico City abtreten musste, gehörte auch Kalifornien, zu dem die mexikanischstämmigen Einwanderer in Anbetracht der geschichtlichen Ereignisse immer noch ein besonderes Verhältnis pflegen.

Die knapp 230 km lange Grenze zwischen dem Golden State und Mexiko ist seit langem eine Schicksalsgrenze. Für viele Mexikaner bildet sie eine nur schwer zu überwindende Barriere, um ins gelobte Kalifornien zu gelangen. Viele lassen sich von Schleusern nach Norden bringen oder versuchen auf eigene Faust, die mit ausgefeilten technischen Anlagen gesicherte Grenze zu überwinden, um auf US-Boden nach Jobs zu suchen und dem heimischen Elend zu entkommen.

Die USA haben der illegalen Einwanderung den erbitterten Kampf angesagt, obwohl die gigantische Agrarindustrie in Südkalifornien ohne mexi-

Ohne die Arbeitskraft der Latinos geht im Dienstleistungssektor gar nichts

THE BEST CARD
LA MEJOR TARJETA
EAT 5 A DAY
AND BE ACTIVE
1-888-EAT-FIVE

Religiöse Vielfalt – ähnlich disparat wie die ethnische Zusammensetzung der Bevölkerung

kanische ›Illegale‹ gar nicht auskäme und ohne Dumpinglöhne nicht so profitabel wäre. Durch die poröse Grenze gelangen aber auch gewaltige Drogenmengen in die USA, was die illegale Einwanderung zusätzlich in Verruf gebracht hat, wenngleich die Latinos in erster Linie als Arbeitkräfte und nicht als Drogendealer kommen.

Gesellschaftliche Veränderungen

Die auch in Kalifornien lange idealisierte Vorstellung vom amerikanischen Immigranten als WASP (White, Anglosaxon, Protestant – weiße Hautfarbe, angelsächsische Abstammung, protestantische Religion) ist längst von der Wirklichkeit überholt – nicht nur aufgrund der hohen Latino-Migration, sondern auch wegen der weit über dem amerikanischen Durchschnitt liegenden Geburtenraten dieser Bevölkerungsgruppe.

Dieser Prozess verändert nicht nur das Erscheinungsbild und Selbstverständnis der US-Gesellschaft, sondern zieht auch grundlegende politische Veränderungen nach sich. Für viele in Lateinamerika lebende Familien sind Geldüberweisungen von in den USA arbeitenden Familienmitgliedern un-

verzichtbar. In manchen Ländern sind solche Transfers noch vor Warenexporten zur wichtigsten Devisenquelle geworden. Aber auch auf nationaler und regionaler Ebene zeichnen sich Veränderungen ab. Latinos stellen hauptsächlich im Südwesten ein mittlerweile umworbenes Wählerpotential dar. Von Exilkubanern abgesehen, waren sie früher eine sichere Klientel der Demokraten. Mittlerweile gelten die Latinos, die keine homogene Gruppe bilden, sondern sich eher nach nationaler Herkunft definieren, als Wechselwähler und werden sowohl von der republikanischen wie der demokratischen Partei umworben.

Angst vor einer Parallelgesellschaft

Kalifornien war über lange Zeiträume seiner Geschichte hinweg in den USA als ein Bundesstaat mit einer größtenteils als liberal und tolerant eingestellten Bevölkerung bekannt. Brüche in der Gesellschaft sind aber nicht erst offenkundig geworden, seit sich eine Mehrheit der Einwohner gegen die Zulassung von Homo-Ehen aussprach. Bei vielen Kaliforniern und Amerikanern anderer Bundesstaaten wächst heute die Befürchtung, dass sich hauptsächlich durch die massive Zuwanderung von Latinos eine Parallelgesellschaft mit Konsequenzen für das gesamte Land herausbilden könnte.

Tag für Tag kommen ca. 1000 neue spanischsprachige Zuwanderer über die mexikanische Grenze. Außerdem ist die Geburtenrate von bereits in den USA ansässigen Latinos erheblich höher als unter Weißen, sodass angloamerikanische Bürger in manchen kalifornischen Städten bereits eine Minderheit bilden. Wie etwa im 340 000 Einwohner zählenden Santa Ana im Orange County, wo fast 80 % Spanisch sprechen und meist nur über rudimentäre englische Sprachkenntnisse verfügen. Längst hat sich das öffentliche Leben etwa durch ein zweisprachiges Serviceangebot von Behörden auf die demografischen Verhältnisse eingestellt. Um eine Firma zu gründen oder einen Führerschein zu machen, braucht man kein einziges Wort Englisch mehr zu können. Diese Entwicklung wird von den Latinos in der Regel begrüßt. Viele sind am Erlernen von Englisch nicht sonderlich interessiert, zumal sich zahlreiche Organisationen in Kalifornien dafür einsetzen, Spanisch offiziell zur zweiten Landessprache zu machen.

Kalifornien – kurios, exzentrisch, extravagant

Der Golden State hatte auf Individualisten und Nonkonformisten schon immer eine magische Anziehungskraft. Viele versuchten, dort ihren ganz persönlichen amerikanischen Traum zu verwirklichen – unerschütterlich, voller Optimismus und nicht immer auf konventionelle Weise. Vielleicht ist das der Grund dafür, dass den Einwohnern Südkaliforniens von ihren Landsleuten im Osten ein exzentrischer Charakter und eine Vorliebe für schrille Töne nachgesagt werden.

Südkalifornien tritt den Beweis für nicht alltägliche ›Attraktionen‹ vielerorts an. In Cabazon an der I-10 zwischen Los Angeles und Palm Springs kam ein Coffeeshopbesitzer in den 1960er-Jahren auf die Idee, durch **Dinny & Mr. Rex** auf sein Lokal aufmerksam zu machen, zwei überdimensionale Betonsaurier, von denen jeder über 150 Tonnen wiegt und so hoch wie ein Kirchturm ist. Das Café gibt es schon lange nicht mehr, die auf dem Rastplatz stehenden Urviecher haben überlebt.

Kalifornische Skurrilität – die Bubblegum Alley in San Luis Obispo

Geister sind willkommen

Wer ein B & B oder ein Hotel werbewirksam vermarkten will, lässt potenzielle Gäste wissen, dass im Haus ein Geist umgeht. Offenbar sind viele Amerikaner ganz verrückt darauf, in einem Spukhaus zu nächtigen. Zu den Geisterhotels darf sich das **Chateau Marmont** in West Hollywood ebenso zählen wie das **Hollywood Roosevelt Hotel** am Hollywood Boulevard. Dort soll sich der ehemalige Logisgast Marilyn Monroe ebenso zurück gemeldet haben wie Montgomery Clift, der in Zimmer 928 auf einem Signalhorn für seine Rolle in »Verdammt in alle Ewigkeit« übte. Auch das noble **Hotel Del Coronado** in San Diego kommt nicht ohne Geister aus. Dabei handelt es sich um einen weiblichen Gast, der sich 1892 am Strand vor dem Hotel das Leben genommen haben soll, und um ein Zimmermädchen, das sich in Zimmer 3519 erhängte.

Erheiternde Feste

Kalifornien hätte sein burleskes Image nicht verdient, gäbe es nicht kuriose Feste und irrwitzige Wettbewerbe zur Volksbelustigung. In La Jolla treten seit 1981 jedes Jahr am Wochenende vor Halloween Taucher zum **Underwater Pumpkin-Carving Contest** an, bei dem es darum geht, innerhalb von 20 Minuten unter Wasser den attraktivsten Kürbisgeist zu schnitzen. Im Anza Borrego Desert State Park erinnert das Peg-Leg-Smith-Denkmal an einen zur Legende gewordenen Goldsucher, der in einem Gefecht mit Indianern ein Bein verlor und für seine mit der Wahrheit hadernden Erzählungen bekannt war. Jeden ersten Samstag im April findet am Monument in Erinnerung an den kalifornischen Münchhausen der **Peg Leg Liars Contest** statt. Die Jury prämiiert diejenigen, die dem Publikum die haarsträubendsten Lügengeschichten auftischen.

Total abgefahren

Etwa 100 TV-Shows können nicht irren: Das **International Banana Museum** in North Shore 45 Meilen südöstlich von Palm Springs ist das einzige Spaßmuseum der Welt, das sich ausschließlich mit der gebogenen Südfrucht beschäftigt. Regale und Vitrinen der 1976 gegründeten Einrichtung sind voller Gegenstände in Bananenform, aus Porzellan, Messing, Holz oder Plastik. Eine über 2 m lange Polsterbanane lädt zum Ausruhen ein.

Ähnlich schräg wie das Museum zu Ehren der beliebten Südfrucht ist die **Bubblegum Alley** in San Luis Obispo. In einer schmalen Gasse nahe der Kreuzung von Broad und Higuera Street hinterließen Passanten an den Wänden seit den 1960er-Jahren Abertausende gebrauchter Kaugummis in allen Farben und Formen – beim genaueren Hinsehen eine eher degoutante Kuriosität, die den Hang vieler Südkalifornier zu außergewöhnlichen, manchmal auch provozierenden Sehenswürdigkeiten nachdrücklich unterstreicht.

Auch Wohnhäuser bleiben von den Launen mancher Zeitgenossen nicht verschont. In Cambria komponierte der schrullige Häuslesbauer Art Beal sein Heim aus Materialien, die andere auf den Müll warfen. Über 51 Jahre hinweg brachte er auf diese Weise mit **Nitt Witt Ridge** einen Wohnsitz voller Abstrusitäten zustande, der nach Arts Tod längere Zeit leer stand und nach einer Renovierung heute für Besichtigungen offen steht (881 Hillcrest Dr., Führungen Tel. 805-927-2690).

Wassernotstand am Pazifik

»It never rains in Southern California« dichtete Albert Hammond 1972 und machte aus dem Song einen Welterfolg. Als Wettervorhersage hätte die Zeile Tauglichkeit bewiesen, weil das Klima im südlichen Golden State immer trockener wird. Die Folge ist eine zunehmend prekäre Wasserversorgung. Doch das Problem ist keineswegs neu …

Südlich von Lone Pine im Owens Valley (s. S. 198) dehnte sich zu Beginn des 20. Jh. noch der Owens Lake aus, ein von Wüstenbergen und Mondlandschaften eingerahmtes Gewässer. 1913 begann Los Angeles, Wasser aus den Zuläufen des Sees über Aquädukte Richtung Pazifikküste abzuzweigen, damit die Großstadtbevölkerung auf Swimmingpools und Golfanlagen nicht zu verzichten brauchte. 13 Jahre später war der See trocken wie eine Badewanne, aus der man den Stöpsel gezogen hatte. Der Riesendurst der Küstenmetropole hatte ein intaktes Ökosystem innerhalb kurzer Zeit in Ödland verwandelt.

Owens Lake war nicht das einzige Gewässer, das unter der Gier von Los Angeles zu leiden hatte. Im ganzen Owens Valley waren damals Strohmänner der Metropole unterwegs, um Gemeinden und Landbesitzern Wasserrechte abzuluchsen. Als die Betroffenen den Agenten auf die Schliche kamen, brach in den 1920er-Jahren ein regelrechter Krieg aus. Regisseur Roman Polanski thematisierte die Auseinandersetzungen im 1974 gedrehten Kriminalfilm »Chinatown«.

Durstige Millionenstädte

Dass Südkalifornien mit der Wasserversorgung hadert, hat im Prinzip einen einzigen Grund: viel zu viele Menschen leben in einer Gegend, in der viel zu wenig Niederschläge fallen. Erschwerend kommt hinzu, dass die Konsumenten erst ansatzweise die Notwendigkeit erkannt haben, mit spärlichen Ressourcen pfleglich umzugehen. Anfang der 1990er-Jahre initiierte San Diego wassersparende Maßnahmen. Mittel zum Zweck waren 600 000 effizientere Duschköpfe, 520 000 Spartoiletten und 53 000 Ökowaschmaschinen in Privathaushalten. Trotzdem wuchs der Wasserkonsum während eines Jahrzehnts um 33 %, obwohl die Bevölkerung nur um 13 % zunahm.

Südkaliforniens Farmer sind mittlerweile zu drastischen Maßnahmen gezwungen, fällen Avocadobäume und lassen Gemüseäcker brach liegen, um mit dem rationierten Nass zumindest noch einen Teil der Kulturflächen ver-

Seit fast 100 Jahren bringen Rohrleitungen und Aquädukte Wasser nach Los Angeles

sorgen zu können. Langfristig gesehen werden die Bauern nicht die einzigen sein, die dem Notstand Tribut entrichten müssen. Längst beschäftigen sich auch Demografen und Ökonomen damit. Fachleute gehen davon aus, dass in den kommenden 20 Jahren die agrarische Bodennutzung um bis zu 10 % zurückgehen wird. Gleichzeitig wird Los Angeles bis 2025 von heute 17 auf fast 23 Mio. Einwohner wachsen. Ob der Großraum dann noch mit genügend Wasser versorgt werden kann, steht in den Sternen.

Not macht erfinderisch

Obwohl in der kalifornischen Staatskasse notorisch Ebbe herrscht, werden Maßnahmen geplant, um die Wassernot in Griff zu bekommen. Betagte Dämme, Schleusen und Leitungen müssen repariert oder erneuert werden, neue Techniken sollen bei der Wiederaufbereitung von Abwasser helfen, und mit groß angelegten Kampagnen sollen Verbraucher vom Sinn des Wassersparens überzeugt werden. Entsalzungsanlagen für Meerwasser sind in San Diego, Carlsbad und Huntington Beach geplant. Jede dieser Anlagen würde täglich ca. 1,1 Mrd. l Meerwasser ansaugen und 190 Mio. l davon in Trinkwasser umwandeln – ein Plus von ca. 10 % für die lokale Wasserversorgung. Der Rest würde mit dem ausgefilterten Salz in den Pazifik zurückgeführt. Umweltschützer laufen jetzt schon Sturm gegen diese Pläne, u. a. weil die Ansaugpumpen täglich über 10 Mio. Fischlarven vernichten würden.

Denkmäler der Wasserversorgung

Mono Lake: Der an der Ostflanke der Sierra Nevada liegende bizarre See wurden jahrelang vom Wasserwirtschaftsamt Los Angeles angezapft (s. S. 195).

Imperial Valley: Ein Netz von Bewässerungskanälen hat diesen Landstrich in eines der fruchtbarsten Agrargebiete Kaliforniens verwandelt (s. S. 260).

Kostbare Reservoirs

Ein für den ganzen Südwesten der USA unverzichtbares Wasserreservoir ist der durch den Hoover-Damm aufgestaute Lake Mead an der Grenze zwischen Nevada und Arizona. Er deckt ca. 14 % des südkalifornischen Wasserbedarfs. Aber sein Pegel ist auf den niedrigsten Stand seit 40 Jahren gesunken, sodass bereits Überreste von in den 1930er-Jahren überfluteten Indianersiedlungen auftauchen.

Einige Kommunen haben mittlerweile neue Strategien für die Wasser-Vorratshaltung ersonnen. Aus anderen Regionen wie Nordkalifornien und dem Colorado River importiertes Wasser soll in unter der Erdoberfläche liegende poröse Sedimentschichten gepumpt werden, um auf diese Weise Grundwasserreservoirs anzulegen, die sich am Ende als preisgünstiger herausstellen als oberirdische Wasserdepots und teuere Pipelines. Zusätzlicher Vorteil: Aus unterirdischen Lagerstätten verdunstet kein Wasser.

Aber nicht überall sind die natürlichen Voraussetzungen für solche Depots günstig. San Diego etwa steht auf gewachsenen Felsen, während Geologen südlich von Los Angeles offenbar zehn aufnahmefähige Grundwasserschichten lokalisiert haben. Zwischen Manhattan Beach und Whittier sollen

Der Hoover-Damm staut den Colorado River zum Wasserreservoir Lake Mead

so genannte Aquifers in der Lage sein, soviel Wasser aufzunehmen, wie in ca. eine halbe Million Schwimmbecken von Olympiagröße passen. In der Mojave-Wüste ist man sogar schon dazu übergegangen, eingekauftes Trinkwasser bei der Stadt Victorville in ca. 120 m unter der Erdoberfläche liegende, in vergangenen Jahren bereits geleerte Grundwasserschichten zu pumpen.

High-Tech-Lösung

Kalifornien verdiente seine Reputation als High-Tech-Schmiede nicht, wären Tüftler nicht längst dabei, dem Wassernotstand mit modernster Technologie beizukommen. In jüngster Vergangenheit stellten Forscher der University of California Los Angeles (UCLA) ein membranbasiertes, mobiles Kompaktsystem zur Entsalzung und Filterung von Salzwasser in Kombination mit einem chemischen Demineralisierungsverfahren vor. Die mit einem Van transportierbare Anlage wurde auch entwickelt, um Wasseranalysen zu erstellen. Bei einem Feldversuch im Central Valley führten die Ingenieure ihrem System Brackwasser zu und konnten daraus 65% Trinkwasser produzieren.

Die Wüste lebt

Wenn NASA-Weltraumfähren bei der Rückkehr zur Erde wegen schlechtem Wetter in Florida auf der Edwards Air Force Base in Südkalifornien landen müssen, rücken Fernsehbilder die Mojave-Wüste in den Mittelpunkt des Interesses – ein flacher, öder, in sengender Sonne brütender Landstrich, in dem der Mensch eigentlich fehl am Platz ist.

Oder doch nicht? Tourismusstrategen haben die Wüste längst als Attraktion entdeckt, weil sie mit Naturschönheiten und Freizeitmöglichkeiten großes Interesse weckt. Hinzu kommt in Kalifornien eine besondere Laune der Natur. Dort treffen sich mit der Mojave Desert, der Sonora Desert und der Great Basin Desert drei der vier auf US-Boden vorkommenden Typen, die wegen ihrer leichten Zugänglichkeit zu den am besten erforschten Wüsten der Erde gehören.

Warum gerade Kalifornien und der Südwesten mit Trockengebieten reich gesegnet sind, ist kein Zufall. Verantwortlich dafür ist das Relief im Westen der Vereinigten Staaten. Das Küstengebirge und die Sierra Nevada im Westen sowie die Rocky Mountains im Osten treten weit auseinander und schaffen eine dazwischen liegende intermontane Zone. Das pazifische Gebirgssystem hält feuchte Pazifikluft wirksam davon ab, in diese Zone vorzudringen und für größere Niederschlagsmengen zu sorgen.

Südkaliforniens Wüstentrio

Die heiße Sonora-Wüste erstreckt sich von Südkalifornien bis nach Arizona und Mexiko. Ihr nördlicher, amerikanischer Teil ist auch unter dem Namen Colorado Desert bekannt. Nur etwa 150 bis 300 mm Niederschläge reichen dort aus, um der weltweit größten Anzahl von Kakteen und mit über zwei Dutzend Arten auch der größten Vielfalt einen adäquaten Lebensraum zu schaffen.

Weiter nördlich schließt sich die bis nach Nevada und Arizona reichende Mojave-Wüste an, die von großen Höhenunterschieden geprägt ist. Unter den US-Wüsten ist sie die trockenste (max. 100 mm Niederschlag), weil sie von der Sierra Nevada und den San Bernardino Mountains fast vollständig von feuchter Pazifikluft abgeriegelt wird.

Mit der Great Basin Desert erstreckt sich die größte zusammenhängende Wüste Nordamerikas über das bis zu 1500 m hoch gelegene Große Becken zwischen Sierra Nevada und Rocky Mountains und reicht nach Kalifor-

Devil's Golf Course: Das Loch beweist, dass sich unter der Salzkruste Wasser befindet

Stachelige Schönheit – Teddybär-Kaktus im Joshua Tree National Park

nien. In diesem Riesengebiet dominieren Wermutsträucher, ausgetrocknete Salzflächen, vegetationsarme Gebirgszüge und vereinzelte Sanddünen.

Wirtschaften in der Wüste

Wer durch die Wüsten reist, stellt schnell sehr unterschiedliche Lebensbedingungen fest. Während Palm Springs und das Coachella Valley (s. S. 261) von gut situierten Amerikanern wegen der ausgezeichneten städtischen Infrastruktur als Wohngebiet hoch geschätzt wird, handelt es sich beim Mojave National Preserve (s. S. 271) um ein nur spärlich besiedeltes Gebiet. Auch die wirtschaftliche Inwertsetzung der Wüsten unterscheidet sich. Im Imperial Valley sorgt die Bewässerung durch den All-American-Kanal, der sich aus dem Colorado River speist, für mehrere Ernten pro Jahr. Im Gegensatz dazu sind in den Nationalparks Death Valley und Joshua Tree Touristen aus dem In- und Ausland die einzigen Wirtschaftsfaktoren.

Dekorativer Star: der Joshua Tree

Unterschiedliche Lebensbedingungen herrschen in den Trockengebieten nicht nur für Menschen, sondern auch für die Flora (mit der Fauna kommt man als Tourist in der Regel weniger in Kontakt). Ein Wahrzeichen der südkalifornischen Wüste ist der Joshua Tree *(Yucca brevifolia)*, ein naher Verwandter der Lilien-Familie. Die Art kommt nur in Gebieten zwischen 750 und 1500 m vor. Am wohlsten fühlen sich die dekorativen Bäume anscheinend im nördlichen Teil des Joshua Tree National Park, wo es ganze Wälder gibt. Joshua Trees sind frosttolerant und brauchen Kälteperioden für ein gesundes Wachstum. Für das Überleben in der heißen Wüste sind sie bestens ausgestattet. Die relativ kleinen, bajonett-spitzen Blätter verhindern großen Wasserverlust, und selbst längere Trockenperioden überstehen die Bäume ohne Schaden.

Harter Überlebenskampf

Auch von anderen Pflanzen verlangt die Natur einen hohen Grad an Anpassungsfähigkeit und Durchhaltevermögen. Mit Dornen und Tarnmanövern wehren sich Sträucher und Bäume gegen unliebsame Feinde und Austrocknung. Beispielhaft verhält sich der Kreosote-Busch *(Larrea tridentata)*. Um den Wasserhaushalt zu kontrollieren und das Eindringen von Hitze und ultraviolettem Licht zu verhindern, sind seine Blätter von einer Wachsschicht überzogen. Die grünen Teile des Busches enthalten zudem so übel schmeckende Stoffe, dass sich kein Tier an sie heranwagt. Nach Regenfällen liegt häufig eine Art Desinfektionsmittelgeruch über Wüstenstrichen, in denen der Kreosote-Busch gedeiht.

Teddybear Chollas *(Opuntia bigelowii)* sehen aus der Ferne bzw. bei günstigem Lichteinfall mit ihrem dichten, gelblich-grünen Stachelfell aus wie in der Wüste sitzende Teddybären. Aus der Nähe betrachtet entpuppt sich das vermeintliche Fell als wirksamer Stachelpanzer. Einzelne ›Gliedmaßen‹ scheinen nur lose miteinander verbunden zu sein. Abgefallene ›Ärmchen‹, aus denen neue Exemplare wachsen, umgeben die Elternpflanzen mit einer fast unüberwindbaren Barriere. Bei Wanderungen in der Wüste ist stabiles Schuhwerk unabdingbar. Stacheln durchdringen Sohlen von Sportschuhen so leicht wie ein Messer einen weichen Käse.

Mit etwas Glück lassen sich bis zu 3 m hohe Fasskakteen *(ferrocactus bzw. echinocactus)* finden, die einen Durchmesser bis 60 cm aufweisen können und im späten Frühjahr bzw. Sommer mit einer prächtigen Blütenkrone ausgestattet sind. Diese Art trägt auch den passenden Beinamen Kompasskaktus, weil sie auf der Schattenseite schneller wächst und dadurch eine deutliche Neigung nach Süden bekommt. Ähnlich wie der Saguaro wächst auch der Fasskaktus sehr langsam. Im Alter von vier Jahren ist er kaum 7 cm hoch. Eile tut allerdings keine Not: Er besitzt eine Lebenserwartung von etwa 100 Jahren.

Wildes Blütenmeer

Zwischen Februar und Mai entfalten die Wüsten während der Blütezeit eine verschwenderische Pracht. Dann leuchten die glutroten Blüten der Chuparosa-Büsche *(Justicia californica)* und der Kerzensträucher *(Senna didymobotrya)*, der Wüstenlöwenzahn *(Malacothrix glabrata)* zaubert gelbe Flecken in die Landschaft und die Sandverbene *(Abronia villosa)* fügt ein kräftiges Lila hinzu. Zu den bekanntesten Wildblumengebieten gehören:

Anza Borrego Desert State Park (s. S. 258). Im Visitor Center bekommt man Auskunft über mehrere Wildblumenpfade.

Antelope Valley California Poppy Reserve in der westlichen Mojave-Wüste (s. S. 254). Kalifornischer Mohn verwandelt das ca. 7 km^2 große Areal von März bis Mai in eine orangerote Blütenorgie.

Joshua Tree National Park (s. S. 270). Die Blütezeit der Joshua Trees beginnt Ende Februar und dauert einige Wochen.

179 179

Verkehrstechnisch lebt Kalifornien gefährlich. Nicht aufgrund drohender Erdbeben, die Brücken und Highways einstürzen lassen könnten, sondern weil der Smog Großstädte zu ersticken und Schnellstraßenknoten das Land zu erwürgen drohen. Der Leidensdruck ist mittlerweile so groß, dass bereits Maßnahmen zur Einschränkung des Individualverkehrs unternommen wurden und über Alternativen ernsthaft nachgedacht wird. Wahrscheinlich dämmert ein neues Eisenbahnzeitalter am Horizont herauf.

Leidensweg einer Metropole

Wie keine andere Stadt in Kalifornien leidet Los Angeles unter der Luftverschmutzung. Schon beim Anflug auf den internationalen Flughafen erkennt man eine gelbbraune Schicht wie eine hoch über den Wolken schwebende, giftige Nebelbank. Den Smog schuldet das riesige Ballungsgebiet in erster Linie dem Automobilboom, der in den 1930er- und 1940er-Jahren einsetzte und zum Bau der ersten Freeways führte, während die mächtigen Interessengruppen der Automobilindustrie intensiv darum bemüht waren, dem öffentlichen Nahverkehr den Garaus zu machen. Spätestens seit den 1960er-Jahren war nicht nur die Metropole, sondern das ganze urbane Südkalifornien dem Individualverkehr zum Opfer gefallen. Die Autokultur erwies sich als alles verschlingendes Monster, wie 12-spurige Autobahnen, zur Rush Hour regelmäßige Staus, von Parkplätzen und Parkhäusern gezeichnete Innenstädte sowie Drive-thru-Imbisse und -bankschalter beweisen.

Statt Autowahn ein neues Eisenbahnzeitalter?

Schon vor seiner Amtseinführung im Januar 2009 kündigte der neue amerikanische Präsident Barack Obama das größte Investitionsprogramm in den USA seit einem halben Jahrhundert an; das Programm soll nicht nur dazu beitragen, die Rezession in den Griff zu bekommen, sondern auch den weiteren Jobabbau verhindern bzw. neue Arbeitsplätze schaffen. So sollen Schulen und Krankenhäuser modernisiert, die Breitband-Internet-Verkabelung ausgebaut und öffentliche Gebäude auf Energiesparen getrimmt werden. Außerdem will Obama der Verkehrsinfrastruktur des Landes auf die lahmenden Beine helfen und Milliarden in diesen Bereich investieren.

Dieselloks sollen bald der Vergangenheit angehören

Obama will investieren

Speziell in Kalifornien lösten die Investitionsankündigungen von Präsident Barack Obama ein geradezu begeistertes Echo aus. Der frühere ›Gouvernator‹ Arnold Schwarzenegger liebäugelte während seiner beiden Amtszeiten (2003–2011) mit einem hochmodernen Schienennetz, denn in den Fernzügen der Amtrak-Eisenbahn sah er keine echte Alternative zum Auto. Sie sind erwiesenermaßen unbequem, umständlich und unpünktlich, decken mit ihrem Streckennetz riesige Gebiete gar nicht ab, bieten schlechten Service und dienen weniger dem Massentranspot, sondern eher der Fortbewegung von Schienennostalgikern. Die Statistik spricht eine deutliche Sprache: In den USA kommen die Amtrakzüge gerade einmal auf einen Anteil von 2 % am gesamten Personenverkehr.

Expresszüge auf Aufholjagd

Die USA wurden 2011 zwar von Wirtschaftsproblemen gebeutelt, aber temporär stark gestiegene Spritpreise, immer mehr Autofahrer, die das Meilenfressen verweigerten und Urlaub vor der Haustür machten, Terrorangst und zeitraubende Sicherheitsüberprüfungen beim Einquecken auf Flughäfen gaben Obama Argumentationshilfen bei seinen hochfliegenden Eisenbahnplänen. Der US-Präsident hat sich zwar viel vorgenommen, wenn er den verkehrstechnischen Rückstand gegenüber Ländern wie Deutschland, Frankreich oder Japan egalisieren will. Tatsache ist aber, dass speziell Kalifornien angesichts neuester demografischer Prognosen um ein neues Eisenbahnzeitalter gar nicht herumkommen wird. Die Bevölkerung im Golden State soll nach Meinung von Fachleuten von heute 38 bis auf ca. 50 Mio. Menschen im Jahr 2030 zunehmen. Und wenn bis dahin keine ernsthafte Alternative zu Auto und Flugzeug existiert, ist der letale Verkehrsinfarkt sicher.

Amerikas Bahnvisionen sind im Grunde genommen nicht neu. Bereits Mitte der 1990er-Jahre begann die kalifornische High-Speed Rail Authority (www.cahighspeedrail.ca.gov), über ein Expressbahnnetz nachzudenken und mögliche Trassen festzulegen. Neueste Entwürfe kamen u. a. zum Ergebnis, dass eine Superschnellbahn die ca. 650 km weite Distanz zwischen San Francisco und Los Angeles nicht mehr wie heute in zehneinhalb, sondern in knapp drei Stunden bewältigen würde (s. Kasten). Zu diesem Reisekomfort käme hinzu, dass bei der Realisierung des geplanten Projekts sofort 105 000 und bis zum Jahr 2035 zusätzliche 450 000 neue Arbeitsplätze entstünden – in Krisenzeiten eine Prognose, die für die wirtschaftlich malträtierte Seele Kaliforniens wie Balsam wirkt.

Positive Aussichten

Nach den aktuellsten von der California High-Speed Rail Authority veröffentlichten Plänen soll im Golden State ein neues schienengebundenes Hochgeschwindigkeitsnetz mit 800 Meilen neuen Strecken entstehen. Erster Abschnitt des Projekts soll die Schienenverbindung zwischen San Francisco und Los Angeles sein, die voraussichtlich im Jahr 2013 in Angriff genommen wird. Nachfolgend soll das Highspeed-Netz bis nach San Diego und Sacramento erweitert werden, sodass das Vorhaben um das Jahr 2022 vollendet sein könnte. Nach neuesten Kalkulationen will die US-Regierung bis 2017 ca. 53 Mrd. Dollar in das Schienennetz für Hochgeschwindigkeitszüge investieren. Mit diesem gewaltigen Investitionsprogramm soll in einem Zeitraum von 25 Jahren rund 80 % der US-Bürger Zugang zum neuen Bahnnetz verschafft werden.

Zu den Vorteilen einer neuen Highspeed-Eisenbahn zählen die Planer nicht nur weniger Autounfälle und eine Reduzierung von verkehrsstaubedingten Kosten in Höhe von 20 Mrd. $ pro Jahr. Durch einen Wechsel vom Auto auf die Bahn können nach Schätzungen ab dem Jahr 2030 jährlich 12,7 Mio. Barrel Treibstoff (zu je 159 l) eingespart werden. Das zukünftige Verkehrssystem, das Jahr für Jahr etwa 117 Mio. Passagiere befördern soll, könnte außerdem den Neubau von 3000 Meilen neuer Highways und 60 Flughafen-Gates verzichtbar machen.

Wer baut Eisenbahnen?

Wie weit der Autowahn Amerika gebracht hat, lässt sich nicht nur am dürftigen Zustand öffentlicher Transportnetze ablesen. Sollten sich die Vereinigten Staaten tatsächlich erstmals für den Bau von Hochgeschwindigkeitsstrecken für Züge entscheiden, stünde das Land vor einem Problem: In den USA sind die notwendigen technischen Voraussetzungen dafür gar nicht vorhanden. Eine Schienenindustrie, die den Herausforderungen eines Netzneubaus begegnen könnte, existiert im Land der unbegrenzten Möglichkeiten nicht. Es gibt zwar einige wenige Unternehmen, die Dieselloks bauen, doch wären diese Firmen keinesfalls in der Lage, sich der diffizilen Aufgabe einer Entwicklung von Hochgeschwindigkeitszügen zu widmen. Experten sind sich darüber einig, dass Amerika die nötige Technik im Ausland erwerben müsste, eventuell von europäischen Unternehmen wie Siemens. Das wäre gewissermaßen Traditionspflege, denn schon heute stammt jede dritte Straßen- oder Stadtbahn in den USA aus dem deutschen Großunternehmen.

Highspeed ist rar

Eisenbahnreisen muten in Kalifornien ebenso wie in den restlichen USA antiquiert an. Wer von Los Angeles mit dem nur einmal täglich verkehrenden Pacific Surfliner nach San Francisco reist, ist auf der 650 km langen Strecke zehneinhalb Stunden unterwegs. Eine moderne Hochgeschwindigkeitsstrecke gibt es im Golden State nicht. Die einzige in den USA ist die Verbindung zwischen der Hauptstadt Washington und der neuenglischen Metropole Boston. Der zwischen beiden Städten seit Oktober 2000 pendelnde Acela-Express wurde vom kanadischen Unternehmen Bombardier Transportation und der französischen Firma Alstom gebaut. Der äußerlich dem französischen TGV ähnelnde Zug erreicht zwar Spitzengeschwindigkeiten von 240 km/h, kann dieses Tempo aber nur auf zwei insgesamt 29 km langen Gleisabschnitten der 740 km langen Gesamtdistanz erreichen. In jüngerer Vergangenheit waren zwar neben der Achse Los Angeles–Las Vegas auch Hochgeschwindkeitsverbindungen in Florida und Texas im Gespräch, doch wurde bis heute keines dieser Projekte in die Tat umgesetzt.

Umbruch auf Amerikas Bauernhof

Mitten durch das kalifornische Staatsgebiet zieht sich auf 450 Meilen Länge mit dem Central Valley eine dynamische Agrarregion, aus der etwa ein Viertel aller in den USA konsumierten Lebensmittel stammen. Ganz ungetrübt ist die Provinzstimmung dort nicht mehr, seit Probleme wie Wassernotstand, Pestizidbelastung und illegale Arbeitskräfte den Farmern unter den Nägeln brennen.

Manche Zeitgenossen bezeichnen das Central Valley (auch San Joaquin Valley) als das »andere« Kalifornien oder als »Hinterhof« des Golden State. Nicht ohne Grund. Das bügelbrettflache Tal zwischen dem Küstengebirge im Westen und der Sierra Nevada im Osten ist vom Glamour Hollywoods und von der Attraktivität San Franciscos etwa so weit entfernt wie ein Hot Dog von einem Champagnerbuffet. Aber der Boden ist so fruchtbar und das Klima so günstig wie in nur wenigen Teilen der USA, was die Voraussetzungen dafür waren, die Gegend zu einem der ertragreichsten Agrargebiete der Erde zu machen. Neben Obst aller Arten konzentriert sich die Produktion hauptsächlich auf Nüsse, Weizen, Tomaten, Rosinen, Wein, Baumwolle, Reis, Milch

Gemüseernte im Central Valley, eine der fruchtbarsten Regionen der Erde

und Fleisch. Die meisten Äcker und Plantagen reichen von einem Horizont zum andern, häufig nur unterbrochen von verarbeitenden Industriebetrieben und verschlafenen Käffern, in denen der heiße Sommerwind Ballen von *tumbleweed* wie in einem zweitklassigen Western durch die Straßen rollt.

Zeichen der Veränderung

In der heißen, trockenen Provinzgegend liegen neben der kalifornischen Hauptstadt Sacramento zwar weitere Großstädte wie Bakersfield, Visalia, Fresno und Stockton; im Großen und Ganzen handelt es sich aber nur um Landgemeinden und Agrarflächen von geradezu atemberaubenden Ausmaßen, auf denen Farmer den Krieg gegen Schädlinge nur mit dem Hubschrauber gewinnen können. Aber auch diese Gegend abseits der großen Touristenattraktionen und der viel befahrenen Urlauberrouten ist von wirtschaftlichen und gesellschaftlichen Veränderungen gezeichnet.

Immobilien- und Grundstückspreise, die weit unter denen in küstennahen Gebieten liegen, haben das Central Valley für viele Familien interessant gemacht, die sich das Leben am Rand der teuren Städte nicht mehr leisten können. Dreistündige Fahrten zur Arbeit sind keine Seltenheit – viele nehmen eine derartige Belastung offenbar klaglos in Kauf, weil sie dafür in preisgünstigen, weniger hektischen und ungefährlicheren Umgebungen leben können. Aus diesem Grund sind aber auch im Central Valley viele Gemeinden in den letzten Jahren ständig gewachsen; Neubausiedlungen entstanden auf Kosten von ehemaligem Ackerland, und insgesamt hat sich der Bevölkerungsdruck auf das Tal beträchtlich erhöht.

Bio-Produkte sind ›in‹

Auch die landwirtschaftliche Produktion schlägt seit geraumer Zeit neue Wege ein, weil sich bei vielen Verbrauchern ein verändertes Konsumverhalten abzeichnet. Seit Jahren ist gerade in Kalifornien ein Trend hin zu gesunder Ernährung festzustellen. Bio und Öko sind speziell in Großstädten zu Begriffen mit magischer Anziehungskraft geworden. Gesundheitsbewusste Konsumenten erwarten von Farmern, die Jahrzehnte alte Abhängigkeit von chemischen Dünge- und Pflanzenschutzmitteln zu reduzieren und organisch zu produzieren. Der giftsprühende Bauer wird aber nicht über Nacht zum Öko-Landwirt, zumal Valley-Bewohner der großstädtischen Küstenbevölkerung und Umweltschützern gegenüber meist gewisse Vorbehalte hegen. Außerdem führen Farmer das Argument ins Feld, dass sich die ca. 300 kultivierten Agrarprodukte durch ökologischen Anbau verteuern würden.

Wassernot und Rezession

Auch die Verteilung der Wasserressourcen wird immer komplizierter, weil sich Farmer und Nichtfarmer das teilen müssen, was ohnehin nur äußerst knapp vorhanden ist. Unter dem Zusammenwirken von Trockenheit und Rezession in Folge der globalen Finanzkrise schrumpfte im Central Valley die landwirtschaftliche Produktion und ließ die Arbeitslosigkeit in manchen Orten auf 30 % ansteigen, gut das Dreifache des nationalen Durchschnitts. Die unübersehbare Folge: in wirtschaftliche Schwierigkeiten geratende Farmen, Schließung von Geschäften in Landgemeinden, zunehmende soziale Missstände wie Drogen- und Alkoholkonsum, Hunger und Gewalt in Familien der Landarbeiter. Fachleute rechneten innerhalb eines Jahres mit einem Verlust von 80 000 Arbeitsplätzen und Ernteausfällen in Höhe von 300 Mio. $. Weil der ›Rohstoff‹ für die Bewässerung fehlte, mussten von insgesamt 20 000 km² bebaubarem Ackerland im Valley über 400 km² unkultiviert bleiben. Schätzungen gehen davon aus, dass Brachflächen in absehbarer Zukunft vielleicht sogar ein Fünftel des gesamten Bodens ausmachen könnten. Der Bürgermeister des besonders hart betroffenen 10 000-Seelen-Städtchens Mendota, das vor einigen Jahren noch als Melonenhauptstadt der USA bekannt war, beklagte sich darüber, dass seine Gemeinde bereits als Teil der Dritten Welt apostophiert werde.

Refugien für illegale Einwanderer

Illegalen Einwanderern, die in Kalifornien ohne gültige Papiere aufgegriffen werden, droht die Abschiebung. In den gesamten USA sind davon ca. 12 Mio., im Golden State ca. 3 Mio. Menschen betroffen. Es gibt jedoch zahlreiche Städte im Land, in denen ›Illegale‹ vor diesem Schicksal gefeit sind. Diese sogenannten *Sanctuary Cities,* unter ihnen Los Angeles, Fresno und Long Beach, haben sich zu Asylstädten erklärt, in denen illegale Immigranten von der Polizei unbehelligt bleiben. Die unterschiedliche Behandlung von legalen und illegalen Einwanderern wurde in diesen Kommunen aufgehoben, sodass Menschen ohne rechtmäßige Dokumente unter Umständen auch von den lokalen Wohlfahrtsprogrammen profitieren können. In den übrigen US-Bundesstaaten gibt es über 100 weitere *Sanctuary Cities* (www.ojjpac.org/sanctuary.asp).

Illegale Arbeitskräfte

Wer im Kalifornischen Längstal Salatköpfe erntet, Sellerie in Kartons packt oder in einer Agrarfabrik ein Laufband voller Tomaten beaufsichtigt, ist meist lateinamerikanischer Abstammung – und ohne gültige Papiere im Land. Der Bedarf an billiger Arbeitskraft ist in den gigantischen Agrarindustrien riesig, das Angebot an einheimischen Helfern hingegen verschwindend gering. Schon vor über 50 Jahren konstatierte ein Historiker, das Farmarbeiterproblem sei das Krebsgeschwür des Tales. Daran hat sich bis heute nichts geändert. Wie hoch der Anteil an Tagelöhnern tatsächlich ist, die illegal über die mexikanisch-amerikanische Grenze einwandern, weiß niemand. Die Schätzungen liegen zwischen 50 und 90 %. Diese Menschen arbeiten häufig unter schweren, zum Teil unwürdigen Bedingungen für den in Kalifornien geltenden Mindestlohn von 8 $ pro Stunde, sind nicht krankenversichert, haben keinen Anspruch auf Sozialhilfe und besitzen weder Chancen, ihre Lebensumstände zu verbessern noch jemals in die amerikanische Gesellschaft integriert zu werden. Außerdem hängt permanent ein Damoklesschwert über ihnen: die Abschiebung.

Surfen – Sport mit Kultcharakter

In Peru gefundene steinzeitliche Zeichnungen zeigen Menschen, die sich auf schwimmenden Gegenständen stehend durch die Meeresbrandung treiben lassen. Polynesier benutzten historischen Dokumenten zufolge schon in vorchristlicher Zeit Baumstämme, Holzplanken u. Ä. zum Wellenreiten. Dass aber letztlich Südkalifornien dem modernen Surfsport zu Marktreife und Kultstatus verhalf, steht außer Zweifel.

Wer Anfang der 1960er-Jahre in Kalifornien das Autoradio einschaltete, hatte gute Chancen, von Jan and Dean musikalisch beglückt zu werden. Das einheimische Rock 'n' Roll-Duo landete damals mit »Surf City« einen Nummer 1-Hit, der aus jedem Rundfunkempfänger dudelte. Was die beiden damals nicht wissen konnten: Über 40 Jahre später sollte nicht der Song selbst, sondern der Titel »Surf City« Furore machen.

Surfpioniere

Wellenreiten ist in Südkalifornien so populär wie hierzulande Fußball. Dabei erhielt der Sport seine ersten Weihen nicht im Golden State, sondern in Hawaii, wo sich der Schriftsteller Jack London zu Beginn des 20. Jh. von der einheimischen Surfkultur sehr angetan zeigte. Ein Unternehmer lud den damaligen Surfstar George Freeth im Sommer 1907 zu einer Demonstration an die kalifornische Pazifikküste ein, um mit dessen Ritt durch die Brandung für die eben eröffnete Eisenbahnstrecke von Los Angeles nach Redondo Beach zu werben. Freeths Show, von den Zuschauern begeistert aufgenommen, markierte den Beginn einer neuen sportlichen Subkultur in Kalifornien.

Ein weiterer Pionier des kalifornischen Surfsports war der hawaiianische Schwimmweltmeister Duke Kahanamoku, der 1912 Südkalifornien einen Besuch abstattete, dabei Station u.a. in Santa Cruz, Newport Beach und Huntington Beach machte und wesentlich zu einer Popularisierung des Wellenreitens beitrug.

Streit um Surf City

Seit dem Werbefeldzug Kahanamokus streiten sich die beiden Küstengemeinden Santa Cruz und Huntington Beach darüber, in welcher der beiden Städte der kalifornische Surfsport seine Premiere erlebte. Ein Streit um des Kaisers Bart, könnte man meinen, versteckte sich dahinter nicht ein gewichtiges Motiv: *big business*. Sowohl Santa Cruz als auch Huntington Beach beanspruchen den Beinamen Surf City für sich, wobei das Huntington Beach Visitors Bureau bereits vor Jahren »Surf City USA« als Markennamen, der auf vielen Produkten als Logo auftaucht, patentrechtlich schützen ließ. Mit im Boot der Huntingtoner Werbestrategen sitzen der heute noch in der Stadt lebende Dean Torrence und die Witwe von Jan Berry, die beide mit Verweis auf den Kultsong der 1960er-Jahre Urheberrechte am Namen »Surf City« und daraus resultierende Einnahmen beanspruchen.

Ein Sport wird zum Kult

Keine Querelen gibt es über die Tatsache, dass Kalifornien entscheidend dazu beigetragen hat, den Surfsport zu dem zu machen, was er heute ist: Kult pur. Dabei leistete der hohe technische Standard in den USA wertvolle Hilfe. 1952 stieß der kalifornische Surfer Jake O'Neill mit Neopren auf ein ideales, widerstandsfähiges und gut gegen Kälte isolierendes Material für Surfanzüge. Wichtiger noch war der Fortschritt bei den Surfboards. Gegen Ende der 1950er-Jahre fertigte man die ersten Bretter aus leicht zu verarbeitendem Polyurethan-Schaum. Dadurch wogen die Boards erheblich weniger – beste Bedingungen für Massenproduktionen und den in den 1960er-Jahren einsetzenden Surfboom.

Mit der explodierenden Surfszene in Kalifornien wuchs der Bedarf nach adäquater Sportbekleidung und das Angebot spezieller Hersteller – ein gigantischer Markt entstand, zu dem letztlich auch der von dem Drehbuchschreiber Frederick Kohner verfasste Teenie-Schnulzenroman »Gidget« zählt, der das Surfen quasi zur Religion erhob. Der passende Soundtrack der Epoche stammte nicht nur von Jan and Dean, sondern vor allem von den Beach Boys, die Karriere weniger auf Surf- als auf Bühnenbrettern machten.

Promenaden nach Nirgendwo

Die Piers entlang der südkalifornischen Pazifikküste haben in den vergangenen 100 Jahren ihre Funktion zum Teil mehrfach verändert. Heute haben die meist auf Holz- oder Betonpfeilern ruhenden Stege nur noch einen Zweck: Sie dienen der Bevölkerung und den Besuchern als Vergnügungsmeilen, gleichgültig ob es sich um Freizeitangler, Flaneure, Sonnenanbeter oder Kneipenbesucher handelt.

Kalifornien ging mit seinen Verführungskünsten schon immer verschwenderisch um. Mitte des 19. Jh. löste der Goldrausch eine Völkerwanderung nach Westen aus. Einige Jahrzehnte später versprach das aus der Erde sprudelnde ›schwarze‹ Gold Hilfestellung auf dem Weg zur Erfüllung des amerikanischen Traums. Dann brachte Hollywood seine Träume auf die Kinoleinwände, ehe Agrar- und Großindustrien den Menschen Arbeit und Brot versprachen. Unter all den Verlockungen ist eine immer geblieben: der Pazifik, der sich trockenen Fußes nirgendwo sonst so hautnah genießen lässt wie auf einem Pier.

Piers im Wandel

Die ersten Piers entstanden als Anlegestellen für Fracht- und Personenschiffe

Nach der jüngsten Renovierung erstrahlt der Malibu Pier in neuem Glanz

zu Zeiten, als Mensch und Material noch nicht über Schienenwege bzw. Highways transportiert wurden. Zu den ältesten zählt der Newport Pier von 1888, der dort entstand, wo ein Canyon im Meeresboden für ruhiges Wasser sorgte und es Schiffen ermöglichte, ohne größere Schwierigkeiten am Kai festzumachen. 1905 endete am Fuß des Piers eine Trolleylinie, die zur schnellen Entwicklung der Stadt wesentlich beitrug.

Den Santa Monica Pier hingegen gibt es seit 1909; er diente ursprünglich dem Zweck, Kanalisationsrohre bis hinter die Brandung zu führen. Da das Bauwerk bei der einheimischen Bevölkerung sehr beliebt war, kam ein Unternehmer 1916 auf die Idee, einen eigens gebauten Pier mit einem Vergnügungspark auszustatten. In einem 1924 hinzugefügten Ballsaal fanden bis 1930 große Veranstaltungen statt. Als die beiden Piers in den 1970er-Jahren ihre Popularität zum Teil eingebüßt hatten, war es einer Bürgerinitiative zu verdanken, dass die städtischen Wahrzeichen vom geplanten Abriss verschont blieben. In späteren Jahren durch Betonstützen verstärkt, trugen neue Einrichtungen des Rummelplatzes Pacific Park (www.pacpark.com) zur neuerlichen Attraktivität bei. Schon von weitem erkennt man das Riesenrad, das sich zwischen zahlreichen anderen Fahrbetrieben erhebt.

Unterschiedlicher Piercharakter

Die südkalifornischen Piers unterscheiden sich auf vielfache Art und Weise. Während etwa Manhattan Beach mit einem kleinen, relativ spartanisch ausgestatteten Bauwerk auskommt, an dessen Ende ein achteckiges Aquarium Meeresleben zeigt, besteht der hufeisenförmige Redondo Beach Pier (www.redondopier.com) aus vier miteinander verbundenen Stegen und ca. 50 Restaurants, Imbissbuden und Geschäften in einem über Strand und Wasser errichteten Vergnügungsviertel. Im Juli und August finden jeweils am Donnerstag und Samstag zwischen 18 und 20 Uhr Konzerte statt.

Niemand, der die kalifornischen Piers kennt, bezweifelt, dass sie in den meisten Küstenstädten zu den romantischen Treffpunkten zählen. Die Piers auf der Balboa Peninsula bei Newport Beach oder in Goleta legen diesen Schluss nahe. Auch der in Kalifornien längsten hölzernen Flaniermeile über dem Meer, dem 592 m langen Pier in Oceanside, eilt der Ruf voraus, bei Sonnenuntergang ein spektakulärer Flecken zu sein. Aber nicht nur deshalb ist er etwas Besonderes. Ortskundige Angler loben diesen Küstenplatz als einen der besten für ihr Hobby, wenngleich sich die Verhältnisse vor Jahren durch den Bau eines kleinen Hafens und damit verbundenen Änderungen der Strömungen nicht eben positiv veränderten. Außerdem ist er an Ort und Stelle schon der fünfte, erst 1987 fertiggestellte Pier. Vier Vorgänger gingen in den 100 Jahren zuvor in Stürmen zu Bruch. Ähnliches widerfuhr dem Newport Pier 1939. Ein fürchterliches Unwetter fiel mit unvorstellbarer Gewalt und Zerstörungskraft über den Steg her und machte aus seinen exponiertesten 130 m mit fast 10 m hohen Brechern Kleinholz – im wahrsten Sinne des Wortes.

Der Malibu Pier stammt ursprünglich aus dem Jahr 1905, wurde aber durch Stürme mehrfach beschädigt, auch nachdem zum Schutz 1960 ein künstliches Riff errichtet worden war. Nach einer umfassenden Renovierung erstrahlt der Steg in neuem Glanz.

Waldbrände – nicht nur böse Launen der Natur

Satellitenaufnahmen zeigen riesige Rauchfahnen über den kalifornischen Küstenregionen. Zehntausende flüchten vor der Feuerwalze aus ihren Häusern. Nicht selten bleiben in betroffenen Gebieten nur Asche und zerstörte Gebäude zurück. In Südkalifornien wiederholt sich diese Katastrophe Jahr für Jahr. Schuld ist nicht nur eine unkalkulierbare Natur. Experten betrachten die Brandkatastrophen eher als hausgemacht.

Wieder und wieder haben in den vergangenen Jahren die berüchtigten Santa-Ana-Winde bei Santa Barbara verheerende Waldbrände über die Küstengebirge gepeitscht, Hunderte Anwesen zerstört und zigtausend verzweifelte Menschen in die Flucht geschlagen. Während in den Medien bei solchen Anlässen gerne von Naturkatastrophen gesprochen wird, sehen Fachleute die eigentlichen Ursachen für die regelmäßig ausbrechenden Feuer in einer verfehlten Politik der Forstwirtschaft und Feuerbekämpfung.

Hausgemachtes Problem

Grenzenloses Wachstum von Städten und Gemeinden, so die Wissenschaftler, habe die Zersiedlung von Gegen-

Löschhubschrauber der Feuerwehr von Los Angeles im Einsatz in den Granada Hills

den speziell um Los Angeles, Santa Barbara, Big Sur und viele Orte entlang dem Highway 1 zugelassen, in denen die Brandgefahr extrem hoch ist. Tatsache ist, dass auf Arealen, auf denen Bäume massiv eingeschlagen wurden, leicht entflammbare Flächen entstehen. Einzelne, nicht gefällte Bäume sind verstärkt der Sonneneinstrahlung ausgesetzt, trocknen schnell aus und sind damit ebenso wie nachwachsendes Strauch- und Buschwerk ein gefundenes Fressen für die Flammen. In ursprünglichen Wäldern hingegen stehen mächtige Bäume, die kleineren Feuern durchaus standhalten können.

Wegen der Erdbebengefahr und aus Kostengründen entstanden vielerorts Häuser aus Holz bzw. den als Baumaterial beliebten Spanplatten – und zwar an Stellen, die den Bewohnern einen fantastischen Blick auf den Küstensaum bescheren, gleichzeitig allerdings von alten und trockenen Baum- und Buschbeständen umgeben sind. Präventive Maßnahmen wie etwa Brandschneisen als Pufferzonen zwischen Bäumen und Häusern werden sträflich außer Acht gelassen und meist erst dann in die Wälder geschlagen, wenn sich eine Feuerwalze nähert. Diese Siedlungsweise fordere ihren Tribut, wenn eine abgerissene Hochspannungsleitung, eine achtlos weggeworfene Zigarette oder eine als Brennglas dienende Glasflasche ein Feuer auslöst. Der Expertenrat: Lasst die Feuer möglichst kontrolliert brennen, sodass altes und zundertrockenes Buschwerk regelmäßig reduziert wird und junges, feuchtes Buschwerk nachwachsen kann. Bei verheerenden Bränden nordöstlich von Los Angeles im Herbst 2009 wurden vielen Häusern Wald- und Buschbestände zum Verhängnis, in denen sich 60 Jahre lang ausgedörrtes Unterholz angesammelt hatte.

Grassierende Trockenheit

Erschwerend kommt im südlichen Kalifornien hinzu, dass die gesamte Region ohnehin mit geringen Niederschlägen auskommen muss und seit geraumer Zeit immer trockener wird – ein Wetterphänomen, das Wissenschaftler im gesamten Südwesten der USA feststellen. In jüngerer Vergangenheit fielen in manchen Jahren im Großraum Los Angeles und der weiteren Umgebung weniger als 30 mm Niederschlag. Außerdem stellten Meteorologen fest, dass die Temperaturen um mehrere Grad höher lagen als in zurückliegenden Jahrzehnten. Auch der ehemalige US-Vizepräsident Al Gore, der 2007 für sein Engagement in Sachen Klimawandel und Erderwärmung mit dem Friedensnobelpreis ausgezeichnet wurde, sieht eine Mitursache für die verheerenden Waldbrände in Kalifornien in der gegenwärtigen Klimakrise.

Branddetektive gegen Pyromanen

Nachweislich werden in Kalifornien wie in anderen Teilen der Welt Waldbrände nicht selten von Brandstiftern gelegt. Mit ausgeklügelten kriminalistischen Methoden versuchen Branddetektive, den Feuerteufeln auf die Spur zu kommen. Sie werten Beweisstücke wie Feuerwerkskörper und Brandbeschleuniger aus und sichern auf Bierflaschen oder Zigarettenkippen Fingerabdrücke und DNA-Spuren, die helfen sollen, Pyromanen zu entlarven und ihnen das Handwerk zu legen. Versteckt installierte Überwachungskameras halfen Ermittlern bereits bei der Suche nach zündelnden Kriminellen.

›Straßenschlacht‹ der Hitzezombies

Amerika ist vernarrt in Bestmarken. Höher, schneller, weiter, größer: Kalifornien setzt der Sucht nach Superlativen mit dem Badwater Ultramarathon zwischen dem tiefsten und höchsten Punkt der kontinentalen USA die Krone auf. Dieser härteste Langstreckenlauf der Welt markiert nicht nur die Grenze zwischen Sport und Irrsinn, sondern rückt auch ein weltweit einzigartiges topografisches Phänomen ins Blickfeld.

Bei Langstreckenrennen geht es normalerweise um den Kampf Mann gegen Mann oder Frau gegen Frau. Beim »toughest foot race of the world« stimmt das zwar auch. Aber jeder Teilnehmerin bzw. jedem Teilnehmer machen zwei weitere Gegner das Leben schwer: Klima und Topografie. Die Startlinie des Extremwettbewerbs liegt bei Badwater im Death Valley National Park, der mit 86 m unter Meeresniveau liegenden tiefsten Stelle der gesamten westlichen Hemisphäre. Fände der berühmt-berüchtigte Badwater Ultramarathon (www.badwaterultra.com) im Winter statt, könnten sich die jährlich ca. 100 Starterinnen und Starter zumindest auf den ersten Kilometern über angenehme, frühlingshafte Temperaturen freuen. Um dem Wettkampf aber zusätzlichen Biss zu verschaffen, legen die Veranstalter den Termin auf den Monat Juli, wenn das Tal des Todes regelmäßig bei über 45 °C in der Hitze schmort und sich Besucher selbst im Schatten der Palmen bei der Furnace Creek Ranch im Innern eines Pizzaofens wähnen.

Der gnadenlose Kampf gegen Sportrivalen aus mehr als einem Dutzend Ländern und gegen eine unerbittliche Natur endet für jene, die es überhaupt schaffen, nach 217 km am Mount Whitney Portal auf 2533 m Höhe an der Ostflanke der Sierra Nevada bzw. am Fuß des Mount Whitney, des mit 4416 m höchsten Berges auf dem zusammenhängenden Staatsgebiet der USA. Die topografischen Verhältnisse entlang der Rennstrecke sind damit aber nur sehr unzureichend beschrieben. Denn zwischen dem tiefsten und höchsten Punkt der höllischen Distanz liegen drei Gebirgsrücken, die das haarsträubende Streckenprofil um einen Gesamtanstieg von 3962 m und ein Gefälle von 1433 m ›giftiger‹ machen.

Eine unmenschliche Strapaze

Kaum vorstellbar, dass es sich bei dieser Rennstrecke um eine entschärfte Variante der ursprünglichen Piste handelt. Als am 3. August 1977 der erste Badwater Ultramarathon gestartet wurde, ging auch der 49-jährige Amerikaner Al Arnold an den Start. Mit jedem Atemzug füllten sich seine Lungen an diesem Tag mit 50 ° heißer Wüstenluft. Der Affenhitze nicht genug:

Auf dem köchelnden Asphalt der Straße begannen sich die Gummisohlen seiner Laufschuhe schon bald vom Rest des Schuhwerks zu verabschieden, während der Schweiß schon trocknete, bevor er ihm den Nacken hinunter rinnen konnte. Arnold beendete die damalige 234-km-Schufterei nach 84 Stunden, und zwar auf dem eiskalten Gipfel des Mount Whitney.

Mittlerweile liegt der aus Sicherheitsgründen verlegte Zielstrich fast 2000 m tiefer bei Mount Whitney Portal, wo für Bergsteiger die Normalroute für den Gipfelsturm beginnt. Eine geradezu unmenschliche Strapazen erzwingende Herausforderung ist der Extremlauf trotzdem geblieben, wenngleich Spitzenläufer die kürzere und vor allem am Ende weniger qualvolle Strecke heute in ›nur‹ 22 bis 26 Stunden absolvieren. Die schnellste Zeit lief bisher im Jahr 2007 der Brasilianer Valmir Nunez mit 22:51:29 Stunden, während die Rekordmarke bei den Frauen mit 26:16:12 Stunden 2010 durch die Amerikanerin Jamie Donaldson aus dem Bundesstaat Colorado aufgestellt wurde.

Sport oder Irrsinn?

Natürlich ist schon oft die Frage gestellt worden, warum sich jemand freiwillig eine solche Schinderei antut, die über ein Laufabenteuer weit hinausgeht. Eine schlüssige Antwort darauf gibt es nicht, weil vermutlich jede Läuferin und jeder Läufer eigene Gründe dafür hat. Ein attraktives Preisgeld jedenfalls kann es nicht sein, weil im Unterschied zu anderen berühmten Marathons wie etwa in Boston und New York gar keine Prämie ausgelobt wird. Das einzige, was es bei diesem höllischen Wettbewerb außer einer persönlichen Extremerfahrung zu gewinnen gibt, ist eine Erinnerungsmedaille für jene, die das Rennen in maximal 60 Stunden absolvieren und eine Gürtelschnalle für Teilnehmer, die nicht mehr als 48 Stunden benötigen. Eine solche Schnalle hat sich die deutsche Extremsportlerin Dagmar Großheim erkämpft, die das Rennen im Jahr 2007 in einer Zeit von 42:56 Stunden absolvierte und damit einen deutschen Da-

menrekord aufstellte. Über ihre Befindlichkeiten während dieser Herausforderung hat sie auf ihrer persönlichen Internetseite einen spannenden Bericht verfasst, der Einblicke in das Unternehmen Badwater Ultramarathon gibt.

Warum tut sich ein Mensch die Tortur an, innerhalb von 48 Stunden vom Tal des Todes in die 215 km entfernte Sierra Nevada zu rennen, und zwar bei klimatischen Verhältnissen, wie sie etwa Mitteleuropäern gänzlich unbekannt sind? Plausibel erscheint aber, was ein Teilnehmer nach dem Pionierlauf im Jahr 1977 sagte. »Ich hab's getan, um zu beweisen, dass es machbar ist«. Dagmar Großheim hat ihre Begründung für die Teilnahme auf einen anderen, ebenfalls knappen Nenner gebracht: »Der Schmerz vergeht, der Stolz bleibt«.

Ist die ›Meereshöhe‹ erreicht, warten noch ca. 3900 Höhenmeter auf die Extremsportler

Zitadelle der Rock- und Popmusik

Seit Jahrzehnten gilt Kalifornien als vor Kreativität strotzendes Experimentierfeld für Musik. Hauptsächlich in den 1960er-Jahren zu Zeiten der Hippie-Kultur trugen im Golden State entstandene Trends zur Globalisierung der Rock- und Popmusik bei.

Totgesagte leben länger. Keine Musikgruppe gibt dieser Volksweisheit so sehr recht wie die 1970 gegründeten Eagles, die mit »Hotel California« einen Kultsong schufen, der zur Imagebildung Kaliforniens vermutlich mehr beitrug als jede Werbebroschüre (wenngleich der Text ziemlich kritisch mit dem *American Way of Life* umgeht). 1981 löste sich die Band auf, vollzog 1994 die Wiedervereinigung, nur um den Hickhack um Fortbestehen oder Trennung weiter zu kultivieren. Mit dem Album »Long Road Out of Eden« feierte sie schließlich 2007 ihre Wiedergeburt.

Der Summer of Love

Außer den ›Adlern‹ bewiesen im südlichen Kalifornien andere Denkmäler der Rock- und Popmusik wie die Beach Boys, Bob Dylan, Guns & Roses, Randy Newman und Ozzy Osbourne die einflussreiche Rolle des Golden State im Musikgeschäft. 1967 entfaltete sich kreativer Geist beim Summer of Love bzw. beim Monterey Pop Festival. Bis heute gab es keine Jugendbewegung, die zu nachhaltigeren Veränderungen innerhalb westlicher Gesellschaften beigetragen hätte.

L.A. schreibt Musikgeschichte

Die damalige Rock- und Popära wird meist mit San Francisco in Zusammenhang gebracht, weil dort die Hippie-Bewegung entstand. Aber 1965 und 1966 entwickelten sich Sunset Strip und Laurel Canyon in Hollywood mit Bands wie The Byrds, The Doors und The Seeds quasi über Nacht zum elektrifizierenden Epizentrum der Rock- und Popszene. In Nachtclubs gaben sich Love, Captain Beefheart & His Magic Band, The Turtles, The Mamas & The Papas, Neil Young und Frank Zappa die Klinken in die Hand.

Die lokale Szene inspirierte die Beatles, die Rolling Stones, Them, Velvet Underground und The Yardbirds und zog sogar Pop Art, Literatur, Filmstudios und TV-Anstalten in ihren Sog. So schnell, wie sie gekommen waren, verschwanden viele Rocker, Folksänger und Popgruppen wieder aus Hollywood, nachdem es auf dem Sunset Strip 1967 zwischen Polizei und Hippies zu Zusammenstößen gekommen war.

In späteren Jahren kursierten am Abend Namen von Punk Bands, von denen man am Tag zuvor noch nichts gehört hatte. Der Acid Rock bereicherte die Popkultur mit neuen Klängen, während sich der Folk Rock an Bob Dylan und dessen Umfeld orientierte.

Jazz in Kalifornien

Die Popmusik, die in Kalifornien riesige Erfolge feiert, hat ihre Wurzeln u. a. im Jazz, der zwischen den 1920er- und 1940er-Jahren die Populärmusik in den USA dominierte. Er entstand zwar in New Orleans, fand aber bereits 1912 mit Ferdinand ›Jelly Roll‹ Morton den Weg nach Kalifornien. Die erste im Golden State auftretende Gruppe war Joe ›King‹ Oliver's Creole Jazz Band, die 1921 in San Francisco und ein Jahr später in Los Angeles Konzerte gab. In den Folgejahren bildeten sich hauptsächlich in San Francisco zwei Stilrichtungen heraus: in den 1930er-Jahren der traditionelle und nach dem Zweiten Weltkrieg der moderne ›West Coast Style‹. Zu Beginn der 1940er-Jahre feierte vor allem der Western Swing in Los Angeles mit dem Orchester von Spade Cooley Triumphe.

In Kontrast zu dieser kommerzialisierten Big-Band-Musik bildete sich hauptsächlich unter dem Einfluss von Dizzy Gillespie und Charlie Parker der von kleinen Combos vorgetragene Bebop heraus, der auch in Kalifornien viele Anhänger fand. Eine musikalische, im Golden State entstandene Weiterentwicklung war der Cool-Jazz, der in Miles Davis und Chet Baker vom Gerry Mulligan Quartett zwei seiner berühmtesten Interpreten hatte. Bis heute hat der Jazz in Kalifornien seine Bedeutung nicht verloren, wie Jazzgesellschaften, auf Jazz spezialisierte Radiostationen, Jazzclubs und Festivals wie das Monterey Jazz Festival beweisen.

Gwen Stefani mit Tony Kanal, dem Basssisten der Rock-Band ›No Doubt‹

Unterwegs in Südkalifornien

Naturszenerie der Badlands im Death Valley

Majestic

Das Beste auf einen Blick

Los Angeles

Highlight!

Hollywood: Wer nach Los Angeles reist, denkt in der Regel zuallererst an den Stadtteil Hollywood. Keine andere Destination im südlichen Kalifornien ist so sehr zum Synonym für auf Leinwand projizierte Traumwelten geworden wie die Gegend um den legendären Hollywood Boulevard und den nicht weniger berühmten Sunset Strip. S. 89

Auf Entdeckungstour

Kinokulissen in Downtown, Hollywood und Beverly Hills: Wo berühmte Stars vor der Kamera standen, lässt sich auf einer Tour durch einzelne Stadtviertel leicht herausfinden. Dabei bescheren *movie locations* passionierten Kinogängern Déjà-vu-Erlebnisse am laufenden Band. S. 96

Ruhestätte für Stars – Westwood Village Memorial Park Cemetery: Außer abweisenden Mauern und verriegelten Toren vor Promi-Residenzen bekommt man auf Hollywood-Touren von den Stars nichts zu sehen. Auf dem Friedhof in Westwood Village hingegen ist die Nähe zu großen Namen der Filmgeschichte garantiert. S. 124

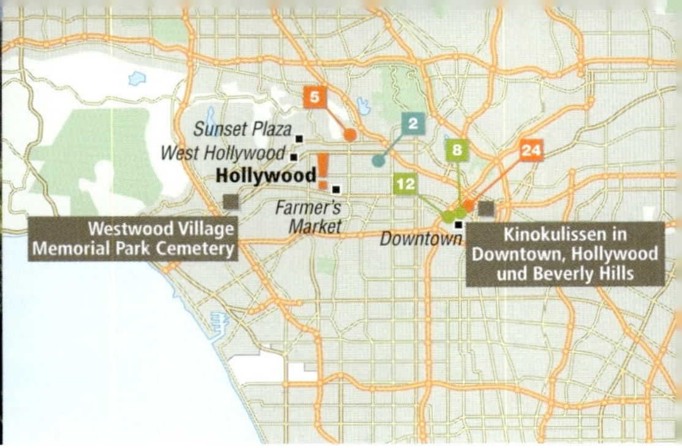

Kultur & Sehenswertes

Hollywood & Highland Center: Die babylonischen Kulissen eines 1916 von David Wark Griffith gedrehten Stummfilms standen Pate beim Bau dieses Einkaufs- und Unterhaltungszentrums, das als Hommage an die Traumfabrik verstanden werden kann. 5 S. 93

Walt Disney Concert Hall: Stararchitekt Frank Gehry setzte mit diesem futuristischen Bau einen Akzent, der als Fanal für eine architektonische Erneuerung im Herzen von L.A. dienen soll. 24 S. 112

Aktiv & Kreativ

Downtown-Touren: Im Wolkenkratzerkern von L.A. können sich Besucher professionell geführten Touren anschließen, um Kunst und Architektur zu besichtigen. 8 S. 120

Los-Angeles-Marathon: Die Stadt der Engel veranstaltet Jahr für Jahr ein bei Profi- wie Amateursportlern beliebtes Langstreckenrennen. 12 S. 121

Genießen & Atmosphäre

Sunset Plaza in West Hollywood: Gediegene Straßenrestaurants und Cafés mit Flair sind wie gemacht fürs *people watching* – hier sind die Chancen am besten, unter den Flaneuren Prominente zu entdecken. S. 106

Farmers Market: Seit 75 Jahren bildet der Bauernmarkt mitten in der Megacity eine ländliche Oase – sowohl Einkaufszentrum als auch stimmungsvoller Frühstücks- und Lunchtreff. S. 130

Abends & Nachts

Hollywood Forever Cemetery: Die Einwohner von L.A. pflegen einen lockeren Umgang mit Verblichenen. Filmvorführungen an Wochenenden auf diesem Friedhof haben den Status von Kultveranstaltungen. 2 S. 105

West Hollywood: Der Stadtteil ist berühmt für seine extravagante Restaurantszene und die bekanntesten Nachtclubs der Stadt. S. 106

Die Megacity

Die ›Stadt der Engel‹, der Jahr für Jahr 25 Mio. Touristen aus aller Welt einen Besuch abstatten, lässt sich mit anderen Weltmetropolen kaum vergleichen. Sie ist ein 1200 km² großes urbanes Konglomerat mit Wolkenkratzerinseln aus Stahl und Glas, kleinbürgerlichen Reihenhausidyllen mit Vorgärten hinter Hibiskushecken, unentwirrbar scheinenden Highwayknoten ebenso wie idyllischen Palmenalleen. Sündhaft teure Nobelrestaurants liegen neben Minimalls mit Imbissketten für den kleinen Geldbeutel, heruntergekommene Elendsquartiere neben luxuriösen Villenvierteln, sogenannten *gated communities*, in denen sich die Prominenz aus Film, Fernsehen, Sport und Wirtschaft durch Zäune, Mauern und elektronische Sicherungssysteme vom wirklichen Leben abschottet.

Die ca. 14 Mio. Einwohner zählende Megacity, die sich aus Dutzenden von Städten und Gemeinden zusammensetzt, gilt hinsichtlich der Herkunft ihrer Bürger als zweitgrößte mexikanische und zweitgrößte koreanische Stadt der Welt. Menschen aus 140 Ländern, die fast 100 Sprachen sprechen, haben hier eine Heimat gefunden und tragen zum Facettenreichtum bei. Der

Infobox

Reisekarte: ► F 7/8 und Karte 2, 3, 4

Touristeninformation

Downtown Los Angeles Visitor Information Center: 685 S. Figueroa St., Los Angeles, CA 90017, Tel. 213-689-8822, 1-800-228 24 52, www.latourist.com, www.downtownla.com

Stadtpläne: http://down townla.com/map6.htm; www.mapquest.com/maps?city=LosAngeles&state=CA.

Veranstaltungshinweise: Gute Informationsquellen sind die Tageszeitung Los Angeles Times (www.latimes.com), die Wochenzeitung L.A. Weekly (www.laweekly.com) und das monatlich erscheinende Los Angeles Magazine (www.losangelesmagazine.com).

Kartenservice: Tickets für Kultur- und Sportveranstaltungen gibt es bei Ticketmaster (Tel. 213-480-32 32, www.ticket master.com), Theatertickets zum halben Preis unter www.theatrela.org.

Steuer: Die Mehrwertsteuer in L.A. beträgt 8,25 %, die Hotel Tax 14 %.

Anreise und Weiterkommen

Flugzeug: Internationale Flüge kommen auf dem Los Angeles International Airport (LAX) an (Tel. 310-646-5252, www.lawa.org/welcomeLAX.aspx, Flugzeit von Frankfurt ca. 12 Std.). Ein Shuttlebus fährt zur Haltestelle der Metro Rail Green Line. Von dort kommt man nach Downtown. Zwischen LAX und Union Station fahren im Halbstundentakt FlyAway-Busse (www.LAWA.org), 6 $.

Bahn: Fernverbindungsterminal ist Union Station (800 N. Alameda Ave., Tel. 1-800-872-7245, www.amtrak.com); z. B. L.A.–Tucson 77 $; L.A.–Seattle 104 $. Metrolink-Züge bedienen den Großraum L.A. (www.metrolinktrains.com).

Bus: Greyhound Terminal, 1716 E. 7th St., Tel. 1-800-229-9424, www.greyhound.com. Verbindungen in alle Richtungen.

»The Silver Four Ladies« markieren den Beginn des Walk of Fame

Eindruck, dass der angloamerikanische Bevölkerungsanteil mittlerweile nicht mehr die Mehrheit bilde, bestätigt sich in zahlreichen Stadtteilen. Schon heute ist die Muttersprache der Hälfte aller Einwohner nicht mehr Englisch, sondern Spanisch. Auch der für eine zweite Amtszeit bis 2013 wiedergewählte Bürgermeister Antonio Villaraigosa ist lateinamerikanischer Abstammung.

Nicht nur Fremde, auch die Bürger selbst haben zu ihrer Heimatstadt ein ambivalentes Verhältnis. Viele geraten über die Qualitäten und Möglichkeiten von L.A. trotz Erdbeben, Waldbränden, Kriminalität, täglichem Verkehrschaos und Wasserknappheit ins Schwärmen, was wohl eher mit Lokalpatriotismus als mit der Wirklichkeit zu tun hat. Andere halten die Stadt für einen geradezu unregierbaren Moloch. Tatsache ist, dass die Kontraste zwischen den einzelnen Stadtteilen vermutlich größer sind als irgendwo sonst in Kalifornien. Im Los Angeles County sind über 20 % der Bevölkerung auf Sozialhilfe oder Lebensmittelmarken angewiesen. Anfang 2011 lag die Arbeitslosenrate bei 13 %.

Hollywood !

Die Wiege der amerikanischen Filmindustrie hat in den vergangenen Jahren einen bemerkenswerten Aufschwung erlebt. In den 1990er-Jahren nur noch eine von Nostalgie beladene Stadtteilruine mit heruntergekommenen Straßenzügen, hat sich die Traumfabrik ihre Reputation und Attraktivität als Unterhaltungszentrum der Stadt zurückerobert. Das gilt zumindest für den Kern um die zentralen Boulevards.

Hollywood Boulevard

Mit dem Hollywood Boulevard durchquert eine der berühmtesten Straßen von Los Angeles den Stadtteil Hollywood in Ost-West-Richtung und stellt auch eine Verbindung nach West Hollywood her.

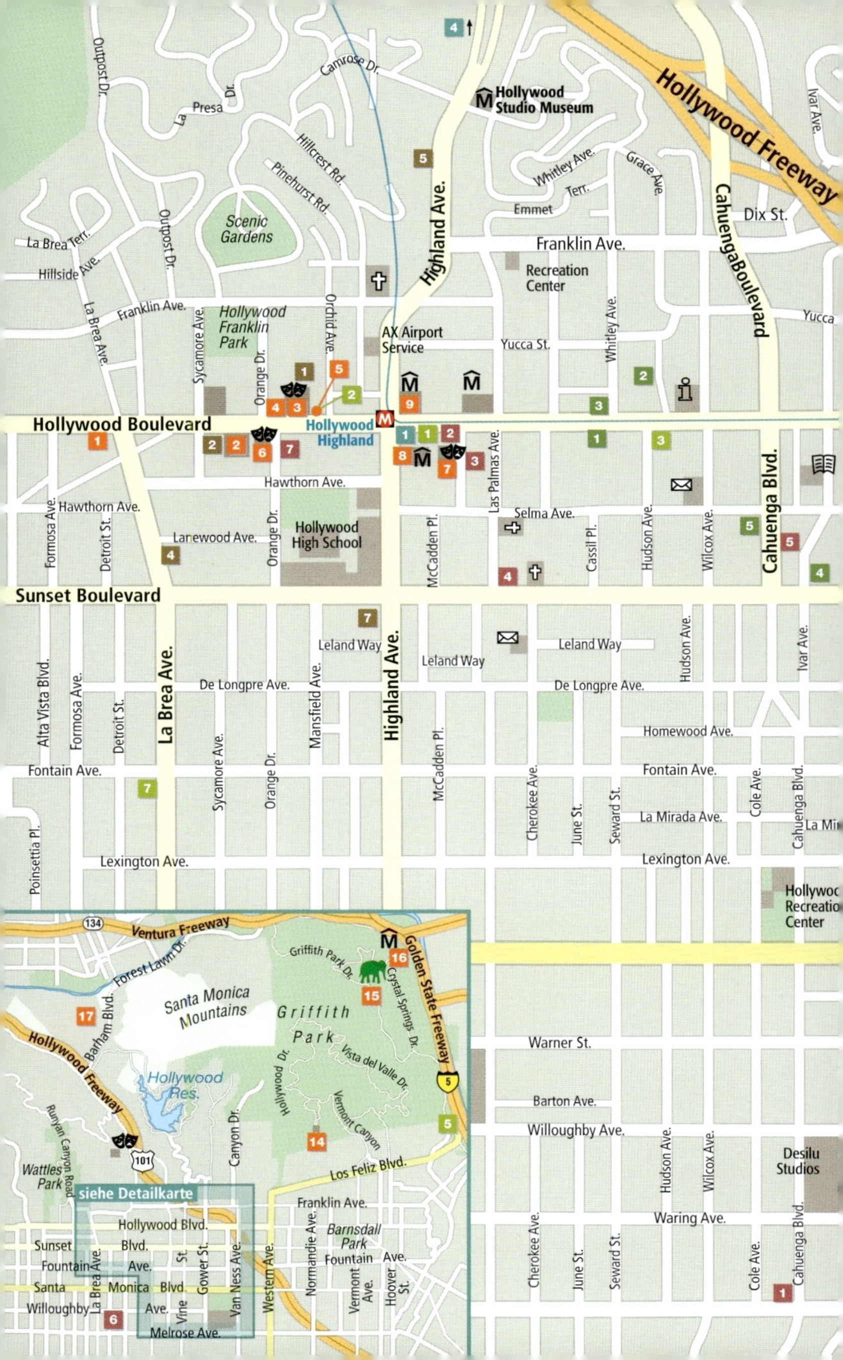

Outpost Dr.
La Presa Dr.
Camrose Dr.
Hillcrest Rd.
Pinehurst Rd.
Hollywood Studio Museum
Hollywood Freeway
Ivar Ave.
Highland Ave.
Whitley Ave.
Grace Ave.
Terr.
Emmet
Dix St.
Cahuenga Boulevard
Scenic Gardens
La Brea Terr.
Hillside Ave.
Franklin Ave.
Recreation Center
La Brea Ave.
Hollywood Franklin Park
Sycamore Ave.
Orchid Ave.
Orange Dr.
AX Airport Service
Yucca St.
Whitley Ave.
Yucca
Hollywood Boulevard
Hollywood Highland
Las Palmas Ave.
Hawthorn Ave.
Formosa Ave.
Detroit St.
Lanewood Ave.
Hollywood High School
Selma Ave.
McCadden Pl.
Cassil Pl.
Hudson Ave.
Wilcox Ave.
Cahuenga Blvd.
Sunset Boulevard
Leland Way
Alta Vista Blvd.
De Longpre Ave.
Mansfield Ave.
Homewood Ave.
Fontain Ave.
Cherokee Ave.
June St.
Seward St.
Cole Ave.
La Mirada Ave.
Poinsettia Pl.
Lexington Ave.
Hollywoc Recreatio Center
134
Ventura Freeway
Forest Lawn Dr.
Griffith Park Dr.
Golden State Freeway
Crystal Springs Dr.
Santa Monica Mountains
Griffith Park
Barham Blvd.
Vista del Valle Dr.
Hollywood Dr.
Hollywood Res.
Vermont Canyon
Canyon Dr.
Runyan Canyon Road
101
Los Feliz Blvd.
Wattles Park
siehe Detailkarte
Franklin Ave.
Hollywood Blvd.
Barnsdall Park
Sunset Blvd.
Fountain Ave.
Santa Monica Blvd.
Willoughby Ave.
Melrose Ave.
Vine St.
Gower St.
Van Ness Ave.
Western Ave.
Normandie Ave.
Vermont Ave.
Hoover St.
Warner St.
Barton Ave.
Willoughby Ave.
Desilu Studios
Waring Ave.

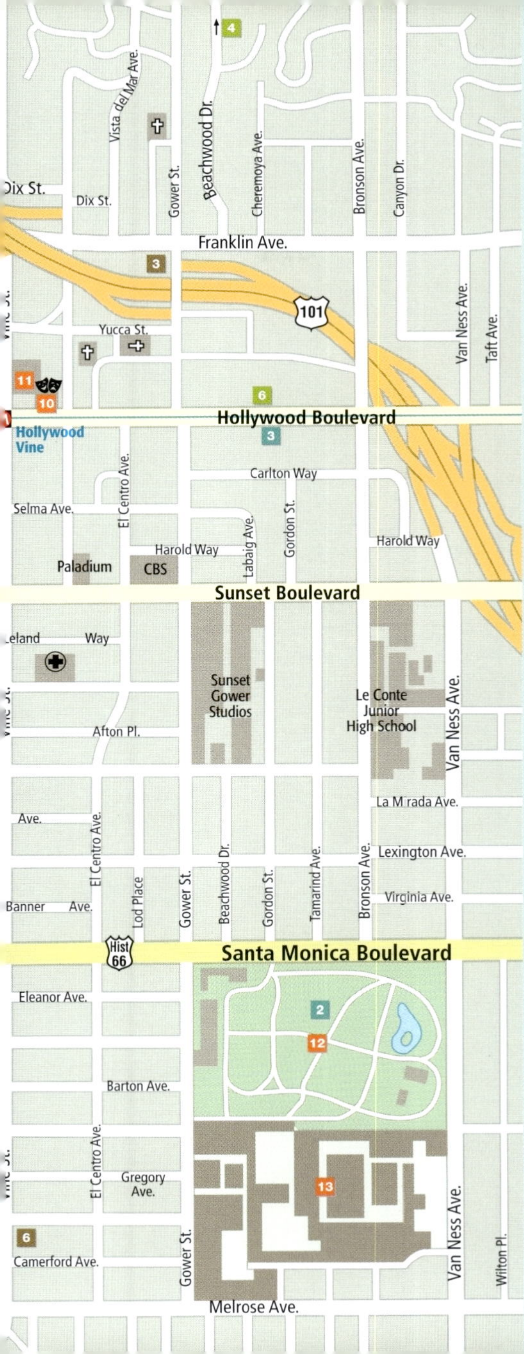

Hollywood

Sehenswert

1 Walk of Fame
2 Hollywood Roosevelt Hotel
3 Grauman's Chinese Theatre
4 Madame Tussauds Hollywood
5 Hollywood & Highland Center
6 El Capitan Theatre
7 Egyptian Theatre
8 Hollywood Museum
9 Hollywood Wax Museum
10 Pantages Theater
11 Capitol Records
12 Hollywood Forever Cemetery
13 Paramount Pictures
14 Griffith Observatory
15 Los Angeles Zoo & Botanical Gardens
16 Museum of the American West
17 Universal Studios
18–40 S. 110

Übernachten

1 Renaissance Hollywood Hotel
2 Hollywood Roosevelt Hotel
3 Best Western Hollywood Hills Hotel
4 Quality Inn Hollywood
5 Best Western Hollywood Plaza
6 Econo Lodge of Hollywood
7 Rodeway Inn Hollywood
8–14 S. 110

Essen & Trinken

1 Providence
2 Pig 'n Whistle
3 Miceli's Restaurant
4 Roro's Chicken
5 Snackbar

6 Pink's Hot Dogs
7 Disney's Soda Fountain
8–13 S. 110

Einkaufen
1 Hollywood Toys and Costumes
2 Hollywood Book & Poster Company
3 Frederick's of Hollywood
4 Amoeba Music
5 Hennessey & Ingalls
6–9 S. 110

Aktiv & Kreativ
1 Behind the Scenes Walking Tour
2 Kodak Theatre Tours
3 Starline Tours
4 Sunset Ranch Hollywood
5 Griffith Park Pony & Wagon Rides
6 Thai Orchid Massages
7 High Voltage Tattoo
8–12 S. 110

Abends & Nachts
1 Lucky Strike Lanes
2 Hollywood Forever Cemetery
3 Vanguard Hollywood
4 Hollywood Bowl
5–8 S. 110

Walk of Fame 1

www.hollywoodusa.co.uk/walkoffame.htm; www.hollywoodusa.co.uk/walkoffamestarlocations.htm

Der zu beiden Seiten des Hollywood Boulevard zwischen La Brea Avenue im Westen und Gower Street im Osten verlaufende **Walk of Fame** besteht aus knapp 2400 ins Gehwegpflaster eingelassenen Sternen mit den Namen nicht nur von berühmten Filmstars, sondern auch Prominenten aus der TV-, Musik-, Theater- und Radiobranche. Den ersten bekam 1960 die Schauspielerin Joanne Woodward. Offizieller Beginn des Walk ist ein silberfarbiger, offener Pavillon, dessen vier Eckpfeiler aus lebensgroßen Statuen bestehen, für die Mae West, Dolores Del Rio, Dorothy Dandridge und Anna May Wong Modell standen.

Hollywood Roosevelt Hotel 2

7000 Hollywood Blvd., Tel. 323-466-70 00, www.thompsonhotels.com, s. S. 101

Seit Marilyn Monroe auf dem Sprungbrett des Swimmingpools dieses Hotels für ein Sonnenschutzmittel posierte, ließ sich in der Nobelherberge die gesamte High Society sehen, die Hollywood berühmt machte. Clark Gable mietete sich mit Carole Lombard in einem zum Hotel gehörenden Penthouse für 5 $ pro Nacht ein. Der heutige Preis liegt bei 3500 $. Montgomery Clift bewohnte 1953 Suite Nr. 928 und bereitete sich dort für seine Rolle in »Verdammt in alle Ewigkeit« vor.

Grauman's Chinese Theatre 3

6925 Hollywood Blvd., Tel. 323-463-9576, www.manntheatres.com, Führungen tgl. ab 9.30 Uhr

Als das Theater 1927 mit einer großen Gala eröffnet wurde, feierten Medien und Öffentlichkeit den Bau als spektakulärsten Lichtspieltempel der Welt. Der Bauherr hatte von der Regierung in Washington D.C. die Erlaubnis erhalten, Tempelglocken, Skulpturen, Pagoden und Kunstgegenstände aus China zu importieren, um den 30 m hohen, von original chinesischen Himmelhunden aus Stein bewachten Fantasiebau fernöstlich ausstatten zu können. Nach wie vor werden in dem Theater Filme gezeigt, aber auch viele Premierenfeiern veranstaltet.

Größte Attraktion für viele Touristen ist nicht das Theater selbst, sondern eine Sammlung von prominenten Hand-, Nasen- und Fußabdrücken vor dem Gebäude, die in weichem Zement verewigt wurden. Wer seine eigenen Extremitäten mit denen von Denzel Washington, Kevin Costner, Johnny Depp, Matt Damon oder dem ehemaligen Gouverneur Arnold Schwarzenegger vergleichen möchte, hat dazu auf dem Vorplatz Gelegenheit.

Madame Tussauds Hollywood 4

6933 Hollywood Blvd., Tel. 323-798-1670, www.madametussauds.com/Hollywood, Erw. 25 $, Kinder 4–12 Jahre 18 $, Mo–Do 10–18, Fr und So 10–20, Sa 10–22 Uhr

Direkt neben Grauman's Chinese Theatre findet die größte ständige Promiversammlung in L.A. statt. Im neuen, in ein Dutzend Themen wie Spirit of Hollywood, Western, Krimis, Moderne Klassiker, Filmemacher, Sport- und Action-Helden aufgeteilten Wachsfigurenkabinett sind Stars zu Hause, deren wächserne Konterfeis in einzelnen Fällen bis zu 150 000 $ kosteten, unter ihnen US-Präsident Obama, Brad Pitt, Angelina Jolie und Britney Spears.

Hollywood & Highland Center 5

6801 Hollywood Blvd., Tel. 323-817-0200, www.hollywoodandhighland.

Vielleicht bekommt auch er eines Tages einen Stern – Tänzer auf dem Walk of Fame

com, Mo–Sa 10–22, So 10–19 Uhr, Theater, Restaurants und Clubs haben eigene Öffnungszeiten

Das Hollywood & Highland Center hat sich zum belebten Zentrum am Hollywood Boulevard entwickelt. Es besteht aus einem Komplex, dessen offener zentraler Platz mit Straßencafés in Baustil und Design an die babylonischen Kulissen des 1916 von D.W. Griffith (1875–1948) gedrehten Stummfilmepos »Intolerance« erinnert. Auf hohen Säulen sitzen überdimensionale Elefanten, und nach Osten wird der Platz von einem gewaltigen Tor begrenzt, durch dessen Öffnung man auf das berühmte Hollywoodzeichen in den Hügeln über der Stadt blickt. Zum Zentrum gehören das Renaissance Hollywood Hotel, Kinosäle, Bowlingbahnen, einige der besten Restaurants, über 60 Fachgeschäfte, ein TV-Studio und zwei Rundfunkstudios. Auf dem Walk of Fame direkt davor tummeln sich kostümierte Charaktere und Märchenfiguren aus populären Filmen. Ein Besuchermagnet ist das Kodak Theatre, in dem jedes Jahr im Februar die Oscar-Verleihungen stattfinden (Tel. 323-308-6300, www.kodaktheatre.com/theatre_tours.htm, halbstündige Führungen im Hochsommer tgl. 10.30–16, sonst bis 14.30 Uhr, Erw. 15 $, Kinder unter 17 J. 10 $).

El Capitan Theatre 6

6838 Hollywood Blvd., Tel. 818-845-3110, http://disney.go.com/disneypictures/el_capitan

Nach zweijähriger Renovierung feierte das Theater 1991 unter dem neuen Besitzer Walt Disney Company seine Wiedereröffnung und unternahm damit einen wichtigen Schritt, um dem damals noch dahinsiechenden Hollywood neues Leben einzuhauchen. Von der mächtigen Wurlitzer-Orgel einmal abgesehen, wirkt das Interieur aus dem Jahr 1926, als stamme es aus einem indischen Maharadschapalast. Auf der Bühne, auf der früher Stars wie Buster Keaton, Henry Fonda, Will Rogers und Clark Gable standen, werden Shows und Disney-Events veranstaltet.

Egyptian Theatre 7

6712 Hollywood Blvd., Tel. 323-461-2020, www.egyptiantheatre.com, Führungen zu wechselnden Zeiten, Infos unter http://egyptiantheatre.com/mastercalendar.htm

Als 1922 in dem neu eröffneten Kinopalast mit »Robin Hood« der erste Film über die Leinwand flimmerte, kam das Publikum aus dem Staunen nicht heraus – nicht nur über das Leinwandabenteuer, sondern vor allem über die prunkvolle orientalische Innenausstattung des Theaters mit einem von Säulen gesäumten Innenhof, der die Gäste ins antike Ägypten der Pharaonen versetzen sollte. Außer gängigen Kinofilmen wird regelmäßig der Streifen »Forever Hollywood« über die 100-jährige Geschichte von Hollywood gezeigt.

Hollywood Museum 8

1660 N. Highland Ave., Tel. 323-464-7776, www.thehollywoodmuseum.com, Mi–So 10–17 Uhr, Erw. 15 $, Kinder unter 12 J. 12 $

Die Boxhandschuhe von »Rocky« Sylvester Stallone, der schwarze Anzug von Tommy Lee Jones aus »Men in Black«, ein Flugzeugmodell aus »Jurassic Park 3«, Hannibal Lecters Zelle aus dem Thriller »Das Schweigen der Lämmer«: Auf vier Etagen können Cineasten Teile von Filmkulissen und persönliche Memorabilien von Stars aus fast einem Jahrhundert Filmgeschichte bewundern. Gut ausgestattet ist das Museum vor allem mit Kostümen, die von Leinwandgrößen wie Marilyn Monroe, Barbara Stanwyck, Bette Davis und Elizabeth Taylor getragen wurden.

Hollywood Wax Museum 9

6767 Hollywood Blvd., Tel. 323-462-5991, www.hollywoodwax.com, tgl. 10–24 Uhr, Erw. 15,95 $, 5–12 J. 8,95 $

Marilyn Monroe, Antonio Banderas, Brad Pitt, Julia Roberts, Tom Hanks – sie alle warten zusammen mit knapp 200 anderen wächsernen Nachbildungen auf kinoverliebte Museumsgäste.

Pantages Theater 10

6233 Hollywood Blvd., Tel. 323-468-1700, www.broadwayla.org, auf der Internetseite bekommt man Infos über das Programm und Tickets

An der Kreuzung Hollywood Boulevard/Vine Street hat sich das 1930 im damals modernen Art-déco-Stil erbaute Kino seit den 1970er-Jahren auf Live-Bühnenshows und Musicals spezialisiert. Im 2700 Plätze großen, grandios ausgestatteten Auditorium wurden nach dem Zweiten Weltkrieg einige Jahre lang die Oscars verliehen.

Capitol Records 11

1750 Vine St., www.hollywoodand vine.com

Der runde, 13 Stockwerke hohe Turm von Capitol Records gehört zu den architektonischen Kennzeichen der Kreuzung Hollywood Boulevard/Vine Street. Das Label hatte früher Berühmtheiten wie die Beatles, die Beach Boys, Pink Floyd, Frank Sinatra, Duran Duran und Tina Turner unter Vertrag und betreut heute u. a. Kylie Minogue. Vor dem Gebäude kann man den Walk-of-Fame-Sternen von John Lennon und Garth Brooks einen Besuch abstatten.

Am Santa Monica Boulevard

Hollywood Forever Cemetery 12

6000 Santa Monica Blvd., Tel. 323-469-1181, www.hollywoodforever.com, Kinoprogramm unter www.cinespia. org, Eintritt 10 $. Im Blumenladen am Eingang gibt es Gräberpläne

Die letzten Ruhestätten von Kinostars wie Douglas Fairbanks, Peter Lorre, Jayne Mansfield, Tyrone Power und Rudolph Valentino machten diesen Friedhof berühmt. Zur Kultstätte wurde die mit Teichen, Palmen, schneeweißen Marmormausoleen und Statuen reizvoll ausgestattete Anlage in jüngerer Vergangenheit aber durch einen sehr speziellen Event. An Wochenenden wird der Friedhof in ein Open-Air-Kino verwandelt, zu dessen Vorführungen Filmliebhaber mit Picknickkörben und Luftmatratzen anreisen (s. S. 105).

Paramount Pictures 13

5555 Melrose Ave., Tel. 323-956-1777, www.paramount.com, Touren Mo–Fr 10–14 Uhr, Reservierung obligatorisch, Mindestalter 12 J., Fotoverbot, 40 $

In der Nachbarschaft des Hollywood Forever Cemetery dehnt sich das 1926 eröffnete Gelände der letzten großen, direkt in Hollywood ansässigen Filmgesellschaft aus. Wen die Studios, Bühnen und Kulissen interessieren, schließt sich am besten einer zweistündigen Trolleytour durch Paramounts Illusionsfabrik an. Auf die Gelegenheit, Bond-Darsteller Daniel Craig oder der Oscar-Preisträgerin Kate Winslet über den Weg zu laufen, darf man dabei allerdings genauso wenig hoffen wie auf eine Kurzvisite bei tatsächlichen Drehs.

In den Santa Monica Mountains

Griffith Park

www.laparks.org/dos/parks/griffith PK/griffith.htm

Mit 1700 ha zählt der Griffith Park zu den größten städtischen Grünzonen der USA. Er dehnt sich ▷ S. 99

Auf Entdeckungstour

Kinokulissen in Downtown, Hollywood und Beverly Hills

Tom Hanks, Clint Eastwood oder Julia Roberts wird man in Los Angeles kaum über den Weg laufen. Wo berühmte Stars aber vor der Kamera standen, lässt sich auf einer Tour durch einzelne Stadtviertel leicht herausfinden. Dabei bescheren *movie locations* passionierten Kinogängern Déjà-vu-Erlebnisse am laufenden Band.

Planung: Alle nachfolgend genannten Drehorte sind frei zugänglich. Wer die City Hall betreten will, muss sich einer Ausweiskontrolle unterziehen.

Info: Unter www.movielocationsguide.com/movie_location_maps/California_(Los_Angeles).php findet man einen Stadtplan von Los Angeles, auf dem viele Drehorte eingetragen sind.

Wer in Downtown durch die **City Hall** 21 (s. S. 109) schlendert, um die wunderschöne Marmorrotunde zu besichtigen, stört keine Angestellten, weil die an Publikumsverkehr und Filmteams gewöhnt sind. 1928 ließ Regisseur Jack Conway Szenen des Stummfilms »Wenn die Stadt schläft« dort drehen. In »Krieg der Welten« sprengten Aliens das Gebäude in die Luft. Für die Spezialeffekte musste eine Miniatur des Gebäudes herhalten. In »Mission Impossible II« hetzt Tom Cruise durch Flure und Büros der Stadtverwaltung. Arbeitsplatz der Polizisten Dan Aykroyd und Tom Hanks ist im Film »Dragnet« eine Polizeistation, für die ebenfalls das Rathaus herhalten musste. Auch die Komödie »Evan Allmächtig« mit Morgan Freeman und Steve Carell sowie »Die nackte Kanone« rückten das Gebäude ins Scheinwerferlicht.

Wo die Wiege der US-Filmindustrie stand, werden Jahr für Jahr ca. 1000 Kinofilme, TV-Serien und Werbespots gedreht – viele davon in der Stadt selbst, die nicht nur sich selbst, sondern häufig auch andere Metropolen darstellt.

Action-Dreh am Bahnhof

Der Bahnhof **Union Station** 20 (s. S. 109) darf auf keiner Stadttour fehlen, weil man in dem Art-déco-Gebäude reizvolle Architekturdetails und einen fürstlich dekorierten Wartesaal zu sehen bekommt. In der Gaunerkomödie »Catch Me if You Can« mit Leonardo DiCaprio als Hochstapler und Tom Hanks als FBI-Ermittler fungierte der Terminal als Bank. Auch in »So wie wir waren«, »Schuldig bei Verdacht« und »Blade Runner« taucht er als Kulisse auf. Wer mit Arnold Schwarzenegger gleichziehen will, benutzt im futuristischen **Westin Bonaventure Hotel** 37 einen Aufzug in die oberen Etagen. Den nahm der ehemalige Gouverneur in »Wahre Lügen« auch, und zwar im Sattel eines Pferdes sitzend. Das zentrale Atrium, wo Gäste die Qual der Wahl unter 42 Restaurants und Shoppinggelegenheiten haben, kennt man aus Filmen wie »Rain Man« mit Dustin Hoffman und Tom Cruise, »Die zweite Chance« mit Clint Eastwood und John Malkovich und »Gegen die Zeit« mit Johnny Depp und Christopher Walken.

Im historischen Kern

Verlässt man nach einer mexikanischen Mahlzeit frisch gestärkt den Central Market, erreicht man nach wenigen Schritten das historische **Bradbury Building** 30 (s. S. 115), das von außen eher unauffällig wirkt, im Innern aber mit einem bis unter das Glasdach reichenden Atrium und wunderschönen Treppengeländern beeindruckt.

Orson Welles drehte dort »Citizen Kane«, Billy Wilder »Frau ohne Gewissen« mit Barbara Stanwyck, Fred MacMurray und Edward G. Robinson, Roman Polanski nutzte es für »Chinatown«, Mel Gibson und Danny Glover waren im Bradbury im Dienst der Gerechtigkeit tätig (»Lethal Weapon 4«), und das Duo Harrison Ford/Rutger Hauer verhalf »Blade Runner« zum Status eines Kultfilms.

Um sich Szenen aus dem Hitchcock-Thriller »Vertigo – Aus dem Reich der Toten«, aus »Chinatown«, »Ghostbusters«, »Der Clou« und »Die fabelhaften Baker Boys« in Erinnerung zu rufen, braucht man sich im teuren **Millennium Biltmore Hotel** 34 (s. S. 116) nicht einzumieten. Die Hotelangestellten wissen, dass sie in einem architektonischen Juwel beschäftigt sind, das auf Besucher sehr anziehend wirkt. Der reizende, im Rokoko-Stil gehaltene Rendezvous Court lädt am Nachmittag zu einer Teepause ein. Verlässt man das Hotel durch den Eingang an der Olive Street, steht man auf geschichtsträchtigem Boden. An dieser Stelle wurde 1947 das 22-jährige Starlet Elizabeth Short, von Verehrern wegen ihrer Schönheit Schwarze Dahlie genannt, zum letzten Mal lebend gesehen. Ihre Leiche wurde wenig später in der Nähe von Hollywood gefunden. Der nie aufgeklärte Mord hielt damals ganz Amerika in Atem und war Thema eines 1987 erschienenen Romans von James Ellroy und des 2006 in die Kinos gekommenen Films »Die schwarze Dahlie« von Regisseur Brian De Palma.

Legendäres Hollywood

Hollywood wäre nicht die amerikanische Traumfabrik schlechthin, spielte es nicht eine tragende Rolle im Filmgeschäft. Bummelt man auf dem Sunset Strip über die wahrscheinlich längste Straße im Großraum Los Angeles, hat man gute Chancen, auf eine drehende Filmcrew zu treffen. Über 70 % aller Film- und TV-Produktionen vor Ort nutzen den Sunset Strip als Open-Air-Kulisse. »Get Shorty«, »Casper«, »Heat« und »Leaving Las Vegas« sind nur einige der bekanntesten Filme, die dort entstanden.

Kein Wunder, dass sich um manches Gebäude recht bizarre Geschichten ranken, beispielsweise um das **Sunset Tower Hotel** (8358 Sunset Blvd., www.sunsettowerhotel.com). Logisgast John Wayne soll auf seinem Balkon eine Kuh gehalten haben, um täglich in den Genuss frischer Milch zu kommen. In der Fenix Bar kann man vor Ort gedrehte Klassiker wie »Jagd auf Millionen« mit Donald Sutherland, »Schnappt Shorty« mit John Travolta und Danny DeVito oder Robert Altmanns Komödie »The Player« Revue passieren lassen.

Schlendert man durch das 1927 eröffnete **Hollywood Roosevelt Hotel** 2 (s. S. 92), kann man sich kaum mehr vorstellen, dass es einmal zu den heißesten Promi-Treffs der Stadt zählte, wo sich Stars von Clark Gable über Marilyn Monroe bis Montgomery Clift die Klinke in die Hand gaben. Als Filmkulisse diente es 1987 in »Beverly Hills Cop II« mit Eddie Murphy, 1988 in »Dämmerung in Hollywood« mit Bruce Willis und James Garner und 1989 in »Trau ihm, er ist ein Cop« mit Richard Gere.

Promibühne Beverly Hills

Erinnerungen an »Pretty Woman« mit Julia Roberts und Richard Gere, die Filmkomödie »Bulworth« mit Halle Berry und Warren Beatty bzw. »Beverly Hills Cop« mit Eddie Murphy lassen sich im **Wilshire Beverly Hills** (9500 Wilshire Blvd., www.fourseasons.com/beverlywilshire) auffrischen. Das Nobelhotel liegt nur wenige Schritte vom Shoppingmekka Rodeo Drive entfernt und passt sowohl mit seiner Reputation als auch seinem Edelinterieur in den Prominentenstadtteil. Das gilt auch für das legendäre **Beverly Hills Hotel** (9641 W. Sunset Blvd., www.beverlyhillshotel.com), vor dem man Filmdiven in abgedunkelten Stretchlimousinen ebenso vorfahren sieht wie Rapper im Gammellook. Das Gästebuch mit prominenten Namen aus Film und Showbusiness ist so dick wie das Telefonbuch einer Kleinstadt.

Auch das im spanischen Renaissancestil erbaute Rathaus in Beverly Hills zählt zu den Favoriten unter den Filmkulissen, wie der Film »Beverly Hills Cop« mit Eddie Murphy zeigt – für Filmemacher allerdings ein teures Vergnügen, weil die Stadtverwaltung für einen Drehtag unter freiem Himmel 2000 $ und für Innenaufnahmen 3000 $ verlangt.

über den östlichen Teil der Santa Monica Mountains aus und bietet neben Wanderwegen und Sportmöglichkeiten eine ganze Reihe von Sehenswürdigkeiten und Attraktionen. Im Mai 2007 zerstörte ein Feuer große Teile des Parks, sodass etwa die Wege zum Mount Hollywood durch brandgeschädigte Wälder führen.

Griffith Observatory 14

2800 E. Observatory Rd., Tel. 213-473-0800, www.griffithobservatory.org, Mi–Fr 12–22, Sa–So 10–22 Uhr, Mo–Di geschl., Eintritt frei, Planetariumshow 7 $, Kinder 3–12 J. 3 $, Pendelbusse ab Vermont/Sunset Metro Red Line Station Sa, So 10–22 Uhr

Auf 300 m Höhe gelegen, ist das kuppelförmige Observatorium nicht nur eine attraktive Sehenswürdigkeit für Sternegucker, sondern auch ein hervorragender Aussichtspunkt mit Blick über Los Angeles. Vor allem Sonnenuntergänge tauchen den Ballungsraum in eine Licht- und Farbenorgie. Außer Gesteinsbrocken von Mars und Mond, Bruchstücken von Meteoriten, einem Modell des Hubble-Weltraumteleskops und einem Foucaultschen Pendel haben sich besonders die Shows im Planetarium zu Publikumsattraktionen entwickelt.

Los Angeles Zoo und Botanical Gardens 15

5333 Zoo Dr., Tel. 323-644-4200, www.lazoo.org, tgl. 10–17 Uhr, ab 13 J. 14 $, Kinder 2–12 J. 9 $

Im Zoo haben 1200 seltene und bedrohte Säugetiere, Reptilien und Vögel ein Refugium gefunden, darunter Seelöwen, Schimpansen, Orang-Utans, Elefanten, Tiger und Koalabären, die in artgerechten Milieus leben. Kinder können sich über den Winnick Family Children's Zoo und den Streichelzoo Muriel's Ranch freuen. Im Botanischen Garten sind einheimische Pflanzen und solche aus unterschiedlichen Trockengebieten der Erde zu sehen.

Museum of the American West 16

4700 Western Heritage Way, Tel. 323-667-2000, http://theautry.org, Di–Fr 10–16, Sa–So 11–17 Uhr, Mo geschl., jeden 2. Di im Monat Eintritt frei, Erw. 10 $, Senioren ab 60 J. 6 $, Kinder 2–12 J. 4 $

Das 1988 vom Leinwandstar, Songdichter und TV-Serienheld Gene Autry gegründete Autry National Center beschäftigt sich ausschließlich mit der Geschichte und Kultur des amerikanischen Westens. Dabei vereinigt es neben dem wissenschaftlichen Institute for the Study of the American West zwei Museen unter seinem Dach: Das **Southwest Museum of the American Indian** mit einer der besten Sammlungen über Amerikas Indianer soll nach umfassenden Renovierungsmaßnahmen voraussichtlich 2013 wiedereröffnet werden. Umfassender als jedes andere Museum westlich des Mississippi dokumentiert das **Museum of the American West** den amerikanischen Westen. In den Ausstellungen geht es nicht nur um Western-Legenden wie Billy the Kid und Buffalo Bill, sondern auch um die Beinahe-Ausrottung der Büffel und die große Westwärtsbewegung des 19. Jh., um Cowboyausrüstungen (historische Colts, Sättel u. a.) und den berühmten Künstler Frederick Remington sowie um das von den Medien verbreitete Image des Westens.

Universal Studios 17

100 Universal City Plaza, Tel. 818-777-1000, www.universalstudioshollywood.com, tgl. 10–17 Uhr, je nach Saison länger, Erw. 74 $, Kinder (unter 1,20 m) 66 $, unter 3 J. frei; mit dem Front of Line Pass (119 $) vermeidet man Wartezeiten (Online-Preise)

2005 für 100 000 $ restauriert – das knapp 140 m lange ›Hollywood Sign‹

Mit spektakulären Stunts, Spezialeffekten, Computeranimationen, pyrotechnischen Shows, interaktiven Filmkulissen, Requisiten und haarsträubenden Fahrbetrieben gehören die Universal Studios zu den größten Themenparks der USA. Dabei dreht sich alles um bekannte Filme und TV-Serien wie »Jurassic Park«, »Zurück in die Zukunft«, »Spider-Man«, »Die Mumie«, »Crossing Jordan«, »CSI« und »Shrek«. Das Gelände ist in eine obere und eine untere Hälfte *(Upper Lot* und *Lower Lot)* geteilt, die durch die größte Rolltreppe der Welt miteinander verbunden sind. Wer hinter die Kulissen zahlreicher Filmproduktionen blicken möchte, hat dazu bei der Studio-Tour Gelegenheit, bei der man mit der Tram durch das Gelände eines Flugzeugabsturzes aus dem Spielberg-Film »Krieg der Welten« fährt und das schaurige Bates Hotel aus »Psycho« zu sehen bekommt.

Auf dem gesamten Studiogelände verteilen sich Imbisse, Restaurants und Geschäfte. Der frei zugängliche City-Walk vor dem eigentlichen Themenpark hat sich zu einem hippen Treffpunkt für Nachtschwärmer entwickelt, weil es dort neben vielen Restaurants und Bars auch schicke Nacht- und Musikclubs gibt. Zur amüsanten Atmosphäre tragen Straßenmusiker, Jongleure und Akrobaten bei, und hin und wieder geben bekannte Gruppen oder Interpreten große Konzerte. Vor allem abends, wenn Neonreklamen das Ambiente in exotische Beleuchtung tauchen, besitzt der City Walk ein vor Dynamik sprühendes Flair.

Übernachten

Wo heute Stars nächtigen – **Renaissance Hollywood Hotel 1**: 1775 N. Highland Ave., Tel. 323-856-1200, www.renaissancehollywood.com, DZ etwa 280 $. Während der alljährlichen Oscar-Verleihungen wird die zum Hollywood & Highland Center (s. S. 93) gehörende Nichtraucher-Nobelherberge zum Promi-Schlafsaal von Los Angeles. Pool-Terrasse, komfortable Ausstattung in den 600 Gästezimmern und professioneller Service machen den Aufenthalt zum Erlebnis.

Wo früher Stars nächtigten – **Hollywood Roosevelt Hotel 2**: (s. S. 92). DZ ab ca. 240 $. Komplett renoviertes Traditionshotel der früheren Filmelite von Hollywood mit Swimmingpool, Poolbar und dem derzeit angesagten Nachtclub Teddy's. Die Unterkunft liegt im Epizentrum des Stadtteils.

Gutes Preis-Leistungs-Verhältnis – **Best Western Hollywood Hills Hotel 3**: 6141 Franklin Ave., Tel. 323-464-5181, www.bestwestern.com/hollywoodhillshotel, DZ ab ca. 130 $. Alle Zimmer mit Klimaanlage, WLAN, Kühlschrank, Mikrowelle und Föhn. Zum Hotel gehört ein beheizter Außenpool, eine Cafeteria und ein Waschsalon. Im hinteren Gebäudeteil schläft man ungestörter.

Nichts für höhere Ansprüche – **Quality Inn Hollywood 4**: 1520 N. LaBrea Ave., Tel. 323-464-3243, www.qualityinn.com, DZ im Durchschnitt ca. 120 $. Günstig gelegenes Hotel, alle Zimmer mit kostenlosem Highspeed-Internetzugang, Kühlschrank und Mikrowelle, kleines Frühstück inklusive. In puncto Ordnung muss man Abstriche machen.

Nahe den Hollywood-Attraktionen – **Best Western Hollywood Plaza 5**: 2011 N. Highland Ave. Tel. 323-851-1800, www.bestwestern.com, DZ ab ca. 110 $. Zu Fuß ist das mit Pool und Jacuzzi ausgestattete Hotel nur 5 Minuten vom Hollywood & Highland Center entfernt. TV, Mikrowelle, Kühlschrank und Kaffeemaschine gehören in den Zimmern zum Standard.

Einfach und preiswert – **Econo Lodge of Hollywood 6**: 777 N. Vine St., Tel. 323-463-5671, www.econolodge.com, DZ ca. 90 $. Das Motel liegt in der Nähe der Paramount Studios, mit Außenpool und kostenlosem Highspeed-Internetzugang. Die Ausstattung der 43 Zimmer ist nicht gerade umwerfend, genügt aber einfachen Ansprüchen.

Für den kleinen Geldbeutel – **Rodeway Inn Hollywood 7**: 6826 Sunset Blvd., Tel. 323-465-7186, www.choicehotels.com, DZ ab ca. 70 $. Budgethotel für Reisende ohne große Ansprüche, nur 27 Zimmer; kostenloser WLAN-Service, Parkplatz direkt vor dem Motel.

Mein Tipp

Attraktives Kurvenwunder Mulholland Drive

Als wahrscheinlich schönste Panoramaroute im Großraum Los Angeles hat der wie eine Achterbahn im Bergland verlaufende Mulholland Drive einen legendären Ruf. Von vielen Aussichtspunkten aus zeigen sich die Riesenmetropole und die Pazifikküste von ihrer Bilderbuchseite. Der Zugang zu dieser 1924 fertiggestellten, ca. 20 Meilen langen Route liegt etwas versteckt. Beim Hollywood & Highland Center biegt man in nördlicher Richtung auf die Highland Avenue ab, die parallel zur I-101 bis zur Abzweigung des Mulholland Drive verläuft. Die Straße verläuft zum Teil durch offene Hügellandschaften, zum Teil auch durch bebautes Gelände, in dem die versteckten und abgeschotteten Wohnsitze vieler Prominenter liegen. Es gibt zahlreiche Stellen, an denen man von der Panoramastraße abbiegen und die bis zum Topanga State Park führende Gesamtstrecke abkürzen kann. Wochentags sollte man den Mulholland Drive nach 15 Uhr wegen des hohen Verkehrsaufkommens meiden.

Essen & Trinken

Seafood vom Meisterkoch – **Providence 1**: 5955 Melrose Ave., Tel. 323-460-4170, www.providencela.com, Lunch Fr 12–14.30, Dinner Mo–Fr 18–22, Sa 17.30–22, So 17.30–21 Uhr, ab ca. 50 $. Das mit zwei Michelin-Sternen ausgezeichnete Lokal schraubt die Erwartungen hoch – und enttäuscht sie nicht. Kritiker zählen die Küche von Chef Michael Cimarust zu den 50 besten in den USA, hauptsächlich wegen der perfekten Zubereitung von Fisch und Meeresfrüchten. Wer noch nie Seeigel gekostet hat, hat hier Gelegenheit dazu.

Küche mit Tradition – **Pig 'n Whistle 2**: 6714 Hollywood Blvd., Tel. 323-463-0000, keine eigene Webpage, So–Mi 11.30–1.30, Do–Sa 11.30–2 Uhr, Mi–Sa musikalische Unterhaltung. In dem seit 1927 bestehenden Lokal wurde nach der ersten Oscar-Verleihung der Filmgeschichte eine rauschende Party gefeiert. Heute werden im kathedralenähnlichen Innern Steaks, Gourmet-Sandwiches, Salate, Meeresfrüchte und Fish & Chips nach englischer Art serviert. Hauptgerichte 12–26 $.

Dinieren bei Verdi-Arien – **Miceli's Restaurant 3**: 1646 N. Las Palmas Ave., Tel. 323-466-3438, www.micelisrestaurant.com, Mo–Do 11.30–24, Fr bis 1, Sa 16–1, So 16–23 Uhr, Gerichte alle unter 20 $. Außer Pasta-Spezialitäten, ausgezeichneten Pizzen und Salaten kommen auch Seafood-Gerichte auf den Tisch. Zur Atmosphäre des Lokals tragen Arien schmetternde Kellner und Kellnerinnen bei.

Im Hähnchenhimmel – **Roro's Chicken 4**: 6660 W. Sunset Blvd., Tel. 323-461-9999, www.roroschicken.com, tgl. 11–23 Uhr. Gute libanesische Küche mit Rind- und Lammgerichten, gefüllten Weinblättern und Auberginengemüse. Der Renner des einfachen Lokals sind die köstlichen Hähnchen. Erfrischende Joghurtdrinks und Säfte. Ab 8 $.

Schnelles Lunch und Dinner – **Snackbar 5**: 1520 N. Cahenuga Blvd., Tel. 323-871-1220, keine eigene Webpage, Mo–Sa 11–24, So 10–23 Uhr, 8–12 $. In einer kleinen Mall liegendes, einfaches Restaurant mit guten, meist kleineren Gerichten, Sandwiches und Salaten.

Hot-Dog-Zitadelle – **Pink's Hot Dogs 6**: 709 N. La Brea Ave., Tel. 323-931-

4223, www.pinkshollywood.com, tgl. ab 9.30 Uhr, So–Do bis 2, Fr–Sa bis 3 Uhr. Seit 1939 bestehendes Familienunternehmen, in dem Promi-Fotos an den Wänden die Berühmtheit des Imbisses dokumentieren. Man kann auch draußen unter Sonnenschirmen essen. Chili Dog With Sauerkraut 3,65 $, Double Bacon Chili Cheeseburger 6,70 $, Lord of the Rings Dog 4,65 $.

Für Leckermäuler – **Disney's Soda Fountain 7**: 6834 Hollywood Blvd., Tel. 323-817-1475, http://disney.go.com, tgl. ab 10 Uhr. Neben dem El Capitan liegende Eisdiele mit ausgezeichneten kalten Leckereien, vom Eiscremesandwich (4,25 $) bis zum Bananensplit (8,95 $). Es gibt auch warme Snacks.

Einkaufen

Kostüme und Requisiten – **Hollywood Toys and Costumes 1**: 6600 Hollywood Blvd., Tel. 323-464-4444, yourhollywood costumes.com, Mo–Fr 9.30–19, Sa 10–19, So 10.30–19 Uhr. Das Geschäft beliefert Filmstudios mit Kostümen, Perücken, Accessoires und Requisiten. Wer sich selbst einen Oscar verleihen will, kann hier eine Kopie käuflich erwerben.

Poster für Filmfans – **Hollywood Book & Poster Company 2**: 6562 Hollywood Blvd., Tel. 323-465-8764, www.holly woodbookandposter.com, Mo–Do 11–18, Fr–Sa 11–19, So 12–17 Uhr. Wer als Reisemitbringsel das Poster eines berühmten Filmklassikers sucht, wird in diesem Geschäft garantiert fündig.

Verführerische Dessous – **Frederick's of Hollywood 3**: 6751 Hollywood Blvd., Tel. 323-957-5953, www.fredericks.com, Mo–Sa 10–21, So 11–19 Uhr. Berühmte Adresse für raffinierte Dessous. Manche Auslaufmodelle bekommt man zu reduzierten Preisen. In einem Teil des Geschäfts befindet sich ein Reizwäschemuseum.

Mekka für Musikfans – **Amoeba Music 4**: 6400 W. Sunset Blvd., Tel. 323-245-6400, www.amoeba.com, Mo–Sa 10.30–23, So 11–21 Uhr. Musikfans können unter Millionen von DVDs, CDs und Schallplatten aussuchen. Sämtliche Genres und Epochen sind vertreten. Man kann auch gebrauchte Tonträger zu reduzierten Preisen erwerben.

Zwischen Buchdeckeln – **Hennessey & Ingalls 5**: 1520 N. Cahuenga Blvd.,Tel. 323-466-1256, www.hennesseyingalls.com, Mo–Fr 11–20, Sa–So 10–20 Uhr. Kaum irgendwo sonst finden Bücherwürmer eine so große und gut sortierte Auswahl an Büchern über Kunst, Mode, Design und Architektur.

Aktiv & Kreativ

Hinter den Kulissen von Hollywood – **Red Line's Hollywood Behind the Scenes Walking Tour 1**: 6708 Hollywood Blvd., Tel. 323-402-1074, www.redlinetours.com, Erw. 24,95 $. Tgl. werden vier ca. 80-minütige Touren durch Hollywood u. a. mit Besuchen im Egyptian und El Capitan Theatre angeboten. Die Touren beginnen beim Ticketbüro der Tourorganisation, das sich beim Egyptian Theatre befindet. Parken kann man im Hollywood & Highland Shopping Center.

Wo Oscars verliehen werden – **Kodak Theatre Tours 2**: Hollywood & Highland Center (s. S. 93), Tel. 323-308-6300, www.kodaktheatre.com, tgl. 30-minütige Führungen (außer um die Zeit der Oscar-Verleihungen), 15 $.

Citytouren ›oben ohne‹ – **Starline Tours 3**: Tel. 323-463-3333 oder 1-800-959-3131, www.starlinetours.com, u. a. Tour im offenen Doppeldeckerbus durch Beverly Hills, Hollywood und Downtown, Erw. 35 $, Kinder 20 $.

Im Sattel durch die Hollywood-Hügel – **Sunset Ranch Hollywood 4**: 3400

9009
ROXY

N. Beachwood Dr., Tel. 323-469-5450, www.sunsetranchhollywood.com. Wie John Wayne durch die Hollywood-Hügel, auch mit Dinner. Man kann auch private Reitstunden nehmen (85 $/Std.). Der Reitstall liegt in der Nähe des berühmten Hollywoodschriftzugs.

Familienspaß – **Griffith Park Pony & Wagon Rides** 5: 4400 Crystal Springs Dr., Tel. 323-664-3266, http://griffithparkponyride.com/index.html, Di–So 10–16 Uhr, Kinder 1–14 J. 3 $. Kleine Gäste können auf Ponys reiten und gleich in der Nachbarschaft in Waggons um das Gelände fahren. Eine Snackbar serviert Hot Dogs, Pizzen und Getränke, die man an Picknicktischen konsumieren kann.

Entspannung pur – **Thai Orchid Massages** 6: 6051 Hollywood Blvd., Tel. 323-464-7221, tgl. 9–22 Uhr. Echt thailändische Tiefengewebs-, Fuß-, Öl- und Aromatherapiemassagen sowie Gesichtsakupressur zum Entspannen und Stressabbau.

Der Körper als Kunstwerk – **High Voltage Tattoo** 7: 1259 N. La Brea Ave., Tel. 323-969-9820, www.highvoltagetattoo.com, tgl. 12–24 Uhr. Bekanntes Tattoostudio, das auch bei Prominenten aus Film, Showbusiness und Sport wegen seiner penibel ausgeführten Arbeiten hoch im Kurs steht.

Abends & Nachts

Eine ruhige Kugel schieben – **Lucky Strike Lanes** 1: 6801 Hollywood Blvd., Tel. 323-467-7776, www.bowlluckystrike.com, Mo–Mi 15–24, Do–Fr 12–2, Sa–So 11–2 Uhr. Mit seinem hippen Interieur ähnelt die Bowlingbahn eher einem Nachtclub. Zur DJ-Musik gibt es an der Bar coole Drinks und leckere Snacks.

Amüsement auf dem Friedhof – **Hollywood Forever Cemetery** 2: 6000 Santa Monica Blvd., www.cinespia.org. Zum Kultereignis haben sich Filmabende unter freiem Himmel auf dem Promi-Friedhof entwickelt, zu denen Besucher jedes zweite Wochenende mit Decken und Picknickkörben anreisen. Vor und nach den Filmen gibt es DJ-Musik (Mai–Okt., Parkplatz 5 $).

Klasse Atmosphäre – **Vanguard Hollywood** 3: 6021 Hollywood Blvd., Tel. 323-463-3331, www.vanguardla.com, Mi–So 21.30–4 Uhr. Das Hightech-Licht- und Soundsystem ist zum Markenzeichen des Clubs geworden. Viele Abende stehen unter einem speziellen Motto, und häufig finden Live-Performances, Designer-Modeshows und Tanz-Events auf einer der größten Tanzflächen in Los Angeles statt.

Arien oder Rockhits – **Hollywood Bowl** 4: 2301 N. Highland Ave., Tel. 323-850-2000, www.hollywoodbowl.com, Infos über Veranstaltungskalender und Tickets im Internet. Im bekanntesten Amphitheater der Stadt (Picknickmöglichkeit!) stehen regelmäßig bekannte Interpreten klassischer Musik sowie Rock- und Pop-Stars auf der Bühne.

Auf der Bühne des Roxy standen schon Stars wie Neil Young und Miles Davis

Infos & Termine

Touristeninformation

Visitor Center Information: Hollywood & Highland Center, 6801 Hollywood Blvd., Tel. 323-467-6412, www.hollywoodandhighland.com

Termine

Gay Pride Parade & Celebration: 1. Junihälfte. Großes Schwulenfest in West Hollywood (www.lapride.org).

Los Angeles Film Festival: Juni/Juli. Über die gesamte Stadt verteilte Filmvorführungen und kulturelle Rahmenprogramme (www.lafilmfest.com).

Verkehr
Union Station–Hollywood bzw. Universal Studios mit Metro Red Line. In Hollywood fahren auf mehreren Routen DASH-Busse (Routenplan unter www.ladottransit.com/dash/routes/hollywood/hollywood.html, 35 Cent). Der Holly Trolley verkehrt auf dem Hollywood und Sunset Blvd. (1 $). Senioren zahlen 1,80 $ für ein Metro-Tagesticket, mit dem man von Hollywood bis Long Beach fahren kann.
Parken in Hollywood: Im Hollywood & Highland Center (Eingang Highland und Orange Ave.) kann man preisgünstig parken (mit Entwertung des Parkscheins im Geschäft oder Restaurant kosten 4 Std. 2 $, max. 10 $ pro Tag).

West Hollywood

► Karte 2, G/H 3/4

Die Unterschiede zu anderen Regionen von Los Angeles bleiben in WeHo, wie die Einheimischen sagen, auch jenen Besuchern nicht verborgen, die nur eine Stippvisite machen. Vom Rodeo Drive in Beverly Hills abgesehen, sind Modeboutiquen und Restaurants merklich eleganter und mondäner als sonstwo. Außerdem zeigt sich der 36 000 Einwohner zählende Stadtteil so fußgängerfreundlich wie keine andere Gemeinde im Großraum Los Angeles. Auf dem Robertson Boulevard schlendert man an den unerschwinglichen Auslagen von Antiquitätengeschäften und Designerboutiquen vorbei, und auf dem La Cienega Boulevard kann man sich an der Mode von Ralph Lauren, an Accessoires und Parfüms von John Varvatos, an den Schuhen von Christian Louboutin und den Handtaschen von Fendi sattsehen.

Sunset Plaza
Dass WeHo ein Dorado für Flaneure ist, zeigt sich auf der Sunset Plaza, einem ca. zwei Straßenblocks langen Abschnitt des West Sunset Boulevards nordöstlich des Schnittpunktes mit dem Holloway Drive. Bistros, Modeboutiquen und Straßencafés sorgen auf der unamerikanischen Flaniermeile für ein Flair, wie es eher für europäische Großstädte typisch ist. Offenbar schätzen auch Stars und Sternchen die Atmosphäre. Kenner jedenfalls behaupten, dass die Chance, einer Berühmtheit über den Weg zu laufen, nirgends in Los Angeles so groß ist wie an der Sunset Plaza.

Pacific Design Center
Mit dem Komplex des Architekten Cesar Pelli entstand in den 1970er-Jahren zunächst ein blauer Glasbau, der im Volksmund auch der Blaue Wal genannt wird. Firmen der Dekorations- und Möbelbranche richteten dort Ausstellungs- und Verkaufsräume ein. 15 Jahre später um ein grünes, würfelförmiges Gebäude erweitert, beherbergt der von einem kleinen Park mit Brunnen umgebene Komplex heute ein Restaurant, Café, Theater, Konferenzzentrum und eine Filiale des **Museum of Contemporary Art** mit Werken sowohl etablierter als auch weitgehend unbekannter Künstler sowie Design- und Architekturentwürfen, Fotografien und zeitgenössischer Kunst. 2009 kam ein neuer, roter Gebäudekomplex hinzu (8687 Melrose Ave., Tel. 310-657-0800, www.pacificdesigncenter.com, Mo–Fr 9–17 Uhr).

Übernachten

Stilvoll und komfortabel – **Petit Ermitage:** 8822 Cynthia St., Tel. 310-854-1114 oder 1-800-835-7997, www.vala

donhotel.com, 210–350 $. Renoviertes, klassisches Boutiquehotel, in dem französische, venezianische und türkische Elemente für eine warme Atmosphäre sorgen. Alle Suiten lassen an Stil und Komfort nichts vermissen. Auf dem Dach gibt es einen Salzwasser-Swimmingpool.

Erschwinglicher Komfort – **Best Western Sunset Plaza:** 8400 Sunset Blvd., Tel. 323-654-0750 oder 1-800-421-36 52, www.bestwestern.com, 179–229 $. Die 100 ansprechend ausgestatteten Zimmer des Hotels liegen im Herzen von West Hollywood in nächster Nähe von Clubs, Hotels und Geschäften.

Behaglich nächtigen – **Ramada Plaza:** 8585 Santa Monica Blvd., Tel. 310-652-6400 oder 1-800-845-8585, www.ramada.com, ab 159 $. In einer fußgängerfreundlichen Gegend gelegenes Hotel mit Nichtraucherzimmern inkl. Kaffeemaschine, Kühlschrank, Safe und kostenlosem Highspeed-WLAN-Zugang. Ein beheizter Pool, Sonnenterrasse, Business- und Fitnesscenter sowie eine Bar in der Lobby machen den Aufenthalt angenehm.

Wo Jim Morrison nächtigte – **Alta Cienega Motel:** 1005 N. La Cienega Blvd., Tel. 310-652-5797, www.altacienegamotel.com, ab 60 $. Sehr schlichte Unterkunft mit 21 Zimmern. Jim Morrison wohnte von 1968 bis 1970 in Nr. 32.

Essen & Trinken

Treff der Schönen und Berühmten – **Koi:** 730 N. La Cienega Blvd., Tel. 310-659-9449, www.koirestaurant.com, Dinner So–Mi 18–23, Do bis 23.30, Fr–Sa 18–24 Uhr, ca. 60 $. Außer in New York, Las Vegas und Bangkok gibt es auch in West Hollywood eine Koi-Filiale. Das nach Feng-Shui-Prinzipien eingerichtete Lokal hat sich längst zum Treff der High Society entwickelt; man bevorzugt asiatische Küche mit kalifornischem Akzent.

Gospel Brunch – **House of Blues:** 8430 Sunset Blvd., Tel. 323-848-5100, www.hob.com/la, So 10 und 13 Uhr, ab 13 J. 40,50 $, Kinder 5–12 J. 19 $. Jeden Sonntag findet in dem abbruchreif aussehenden Gebäude ein Gospel-Brunch statt, bei dem ein All-you-can-eat-Buffet den Magen versorgt, während die Auftritte von Gospel-Gruppen den Liebhabern dieser Musik einen Ohrenschmaus bereiten.

Für hungrige Nachtschwärmer – **Pinches Tacos:** 8200 W. Sunset Blvd., Tel. 323-650-0614, www.pinchestacos.com, Mo–Mi 11–24, Do–Sa 11–3, So 11–22 Uhr, 6–11 $. Der mexikanische Schnellimbiss bietet alles (und in guter Qualität), was die mexikanische Küche im südlichen Kalifornien populär gemacht hat – am Wochenende bis lange nach Mitternacht.

Einkaufen

Im Viertel um das Pacific Design Center liegen mehr als 300 meist auf Mode spezialisierte Geschäfte, Kunstgalerien, Einrichtungsläden und Restaurants.

Nicht von der Stange – **Kitson:** 115 S. Robertson Blvd., Tel. 310-859-2652, www.shopkitson.com, Mo–Sa 10–19.30, So 11–18 Uhr. Exklusives Geschäft für Damenmode, Schuhe, Handtaschen, Schmuck und Geschenke. In der Nähe gibt es auch Niederlassungen für Herren- und Kindermode.

Kleidung für Modebewusste – **Melrose Heights Shopping District:** Westlich der Straßenkreuzung von Melrose und Fairfax Avenue liegender Modebezirk mit vielen im Trend liegenden Geschäften.

›Grün‹ einkaufen – **Visionary:** 8568 ½ Melrose Ave., Tel. 310-659-1177, Mo–Fr

10–18.30, Sa–So 11–17 Uhr. Öko-Shop mit umweltfreundlich hergestellter Ware wie Kleidung, Schmuck, Kosmetika, Wein und Tee.

Aktiv & Kreativ

Rocklegenden auf der Spur – **Hollywood RockWalk/Guitar Center:** 7425 Sunset Blvd., Tel. 323-874-1060, http://guitarcenter.com, Mo–Fr 10–21, Sa 10–20, So 11–20 Uhr. Das Gitarrenfachgeschäft besitzt im Innenhof eine Sammlung von Handabdrücken und Unterschriften berühmter Rocklegenden wie Little Richard, Aerosmith, Chuck Berry, B. B. King, Jethro Tull und Ozzie Osbourne. Bronzetafeln erinnern an Elvis Presley, Jimi Hendrix, Marvin Gaye, Keith Moon, Ricky Nelson u. a.

Abends & Nachts

Schicke Clubatmosphäre – **Area Night Club:** 643 N. La Cienega Blvd., Tel. 310-652-2012, www.sbe.com/area, Mo, Mi–Sa 22–2 Uhr. Die DJs in diesem von vielen Promis besuchten Club legen zum Tanzen vorzugsweise Soul, Rap und Funk auf. Gäste lümmeln sich auf weißen Sofas. Für Raucher gibt es einen Patio. Wer keine schicke Garderobe trägt, kommt kaum am Türsteher vorbei.

Promi-Treff – **The Viper Room:** 8852 W. Sunset Blvd., Tel. 310-358-1881, www.viperroom.com, tgl. 20–2 Uhr. Der Club zählt zu den Top-Adressen der Stadt. Bis 2004 war der Schauspieler Johnny Depp Mitbesitzer. 1993 starb River Phoenix vor dem Lokal an einer Überdosis Kokain.

Happy-Hour-Mekka – **Fiesta Cantina:** 8865 Santa Monica Blvd., Tel. 310-652-8865, Mo–Do 16–2, Fr–Sa 12–2 Uhr, Happy Hour tgl. 16–20 und 22.30–0.30 Uhr. Kneipe mit angenehm lockerer Atmosphäre, aber leider sehr saumseligem Service. Während der Happy Hour gibt es zwei Getränke für den Preis von einem. Man sollte davon absehen, in diesem Lokal mit Kreditkarte zu bezahlen.

Infos & Termine

Touristeninformation

West Hollywood Visitors Bureau: 8687 Melrose Ave., Suite M-38, West Hollywood, CA 90069, Tel. 310-289-2525, 1-800-368-6020, www.visitwesthollywood.com.

Termine

Halloween: Auf dem Santa Monica Boulevard findet jedes Jahr in der Nacht zum 1. November die größte Halloween-Straßenparty der USA statt, ein Event von umwerfendem Unterhaltungswert.

Downtown

Der früher nach Geschäftsschluss menschenleere Kern von Los Angeles ist in den vergangenen Jahren lebendiger geworden. Von 29 000 Einwohnern im Jahr 2006 nahm die Bevölkerung bis 2008 auf knapp 40 000 Menschen zu. Restaurants, Bars und Clubs kamen zurück nach Downtown, und die Gegend soll sich nach dem Willen der Stadtväter auch in den kommenden Jahren weiter verändern.

Mit dem Grand Avenue Project wurde eine Umgestaltung des Korridors zwischen Music Center und City Hall beschlossen. Herzstück des neuen Projekts soll ein 64 ha großer Park mit Gehwegen, Sitzbänken, öffentlichen Konzertflächen und Kiosken sein, um das Herz von Downtown für Fußgänger attraktiver zu machen. An der Grand Avenue selbst sollen Geschäfte für betuchte Kunden, Apartments, ein Shopping Center und ein Luxushotel entstehen.

Nördliches Downtown

Außer dem historischen Gründungsviertel um die Olvera Street, Chinatown und dem Amtrak-Bahnhof liegen in diesem Teil der Stadt das Verwaltungszentrum und bedeutende kulturelle Einrichtungen.

Chinatown 18

Nördlicher Broadway & Hill St.

Als in den 1930er-Jahren die Union Station errichtet wurde, wurde Chinatown von den Stadtplanern weiter nach Norden verlegt. Dort leben heute etwa 15000 Asiaten nicht nur aus dem Reich der Mitte, sondern auch aus anderen fernöstlichen Ländern. Zentrum ist der **Sun Yat-Sen Square**, benannt nach dem ersten Präsidenten der Chinesischen Volksrepublik. Auf dem Platz steht das fotogene, pagodenähnliche Chinesische Tor. Kleine Läden mit exotischen Gewürzen, Obst- und Gemüseauslagen und zahlreiche Restaurants verführen zum Rasten und Stöbern.

El Pueblo de Los Angeles 19

El Pueblo de Los Angeles Historical Monument, 125 Paseo de la Plaza, Los Angeles, CA 90012, Tel. 213-485-6855, www.ci.la.ca.us/elp

In diesem 18 ha großen Areal entstand 1781 die erste spanische Ansiedlung auf dem Boden von Los Angeles. Ganzer Stolz dieses Viertels sind die ältesten Gebäude der Stadt wie das um 1818 errichtete, aus 7 Zimmern bestehende **Avila Adobe** (11 E. Olvera St., tgl. 9–17, im Winter 10–16 Uhr, Eintritt frei). Im italienisch geprägten viktorianischen Stil entstand Ende der 1860er-Jahre mit dem **Pico House** (430 N. Main St.) das damals feinste Hotel der Stadt. Der nach dem letzten mexikanischen Gouverneur Kaliforniens benannte Bau war im 19. Jh. ein exklusiver Treffpunkt der Reichen und Berühmten.

Im Pueblo von Los Angeles kommen aber nicht nur Freunde historischer Architektur auf ihre Kosten. Längst hat sich das Viertel mit Taco-Ständen, Tortilla-Imbissständen und Restaurants, in denen es nach Enchiladas und Chili duftet, in einen touristischen Rummelplatz im Stil eines mexikanischen Dorfes verwandelt. Auf der zentralen Olvera Street kann man sich vor Sombrerohändlern, Margarita-Angeboten, Plastikkakteen und farbigen Wolldecken kaum retten.

Union Station 20

800 N. Alameda St., Tel. 1-800-872-7245, www.amtrak.com

Der heutige Amtrak-Terminal, 1939 im spanischen Missionsstil erbaut, war damals der letzte große Bahnhofsbau in den USA und signalisierte den Beginn des Niedergangs des öffentlichen Transportwesens, das spätesten nach dem Zweiten Weltkrieg durch den Auto- und Flugverkehr verdrängt wurde. Erst in den 1990er-Jahren erlebte die Union Station ihre Renaissance, als die Amtrak ihre Schienenverbindungen ausbaute und der Bahnhof zur zentralen Station der neuen innerstädtischen Metro-Linien wurde. Auch die Ausstattung mit modernen Boutiquen, Geschäften und Restaurants zollte der neuen Zeit Tribut.

City Hall 21

200 N. Spring St., Tel. 213-485-2121, Mo–Fr 10–16 Uhr, www.lacity.org

Der 27 Stockwerke hohe quadratische Art-déco-Turm mit einer Fassade aus kalifornischem Granit und einem pyramidenförmigen Dach war nach seiner Fertigstellung Ende der 1920er-Jahre

0
150
300 m
South. Calif. Metrop. Water Distr.
Hollywood Freeway
Sunset Bd
Temple St.
Angelina St.
Cortez St.
East Edgeware Rd.
Bixel St.
Court St.
Colton St.
Rockwood St.
Glendale Blvd.
Douglas St.
Toluca St.
Edgeware Rd.
Boylston St.
Beaudry Ave.
Mignonette St.
1st Street
Belmont HS
2nd St.
Wittmer St.
Lucas Ave.
Miramar St.
Emerald St.
2nd Street
County Health Department
Harbor Freeway
Figueroa Street
Ahmanson Theater
Dept. of Water and Power
3rd St.
4th St.
Maryland St.
L.A.-Area Chamber of Commerce
5th St.
6th St.
Hall
Administratio
County Court House
Civic Center
World Trade Center
Hope St.
State Offices
Grand Ave.
Olive St.
Broadway
St. Pauls Pl.
St. Pauls Ave.
Wilshire Bd
St. Pauls Cathedral
Bank of America
Subway Terminal Bldg.
Hill St.
7th St.
6th Street
Temple Bapt. Church
First Interst. Tower
Univ. Club
Pershing Square
Spring St.
Francisco St.
7th Street / Metro Center
First Methodist Church
Pacific Stock Exchange
Los Angeles St.
Flower St.
8th St.
Police Dept Centr. Faciliti
9th St.
Main Street
Greyhound RTD Depot
Olympic Blvd.

Downtown L.A.

Sehenswert

1–17 S. 88–89
18 Chinatown
19 El Pueblo de Los Angeles
20 Union Station
21 City Hall
22 Cathedral of Our Lady of the Angels
23 Music Center
24 Walt Disney Concert Hall
25 Japanese American National Museum
26 Geffen Contemporary at MOCA
27 Japanese American Cultural and Community Center
28 Million Dollar Theater
29 Grand Central Market
30 Bradbury Building
31 Angel's Flight
32 Los Angeles Theatre
33 Pershing Square
34 Millennium Biltmore Hotel
35 Los Angeles Central Library
36 U.S. Bank Tower
37 Westin Bonaventura Hotel
38 Wells Fargo History Museum
39 California Plaza
40 Museum of Contemporary Art

Übernachten

8 Marriott
9 Omni Hotel
10 Miyako Inn
11 Standard Downtown
12 Kawada Hotel
13 Cecile Hotel
14 Stay

Essen & Trinken

8 Arnie Morton's the Steakhouse
9 Cicada
10 R-23

11 Drago Centro
12 Ocean Seafood
13 The Original Pantry

Einkaufen
6 Macy's Plaza
7 7th & Fig
8 Jewelry District

9 El Pueblo

Aktiv & Kreativ
8 Red Line Tours
9 Los Angeles Conservancy
10 Art Walk
11 Hilton Checkers
12 Los-Angeles-Marathon

Abends & Nachts
5 Roy and Edna Disney/ CalArts Theater
6 Los Angeles Master Chorale
7 Museum of Neon Art/ Neon Cruises
8 Elevate Lounge

bis 1959 das einzige Gebäude der erdbebengefährdeten Stadt, das mit einer Sondergenehmigung über 13 Etagen hinaus gebaut werden durfte. Das Rathaus zählte in den vergangenen Jahrzehnten zu den begehrtesten Filmkulissen der Stadt (s. Entdeckungstour S. 96). Vom Observation Deck auf der obersten Etage hat man einen fantastischen Ausblick.

Cathedral of Our Lady of the Angels 22

555 W. Temple St., Tel. 213-680-5200, www.olacathedral.org, Mo–Fr 6.30–18, Sa 9–18, So 7–18 Uhr, Orgelproben meistens Mi 12.45 Uhr, kostenlose Führungen Mo–Fr 13 Uhr

Die nach Plänen des spanischen Architekten José Rafael Moneo erbaute und 2002 eingeweihte Kathedrale betritt man durch schwere Eingangsportale aus Bronze, die mit dekorativen Reliefs geschmückt sind. Das Gotteshaus umgibt eine Grünzone, die ebenso wie ein Café zum Ausruhen einlädt.

Music Center 23

135 N. Grand Ave., Tel. 213-972-7211, www.musiccenter.org, Informationen über Führungen unter www.musiccenter.org/visit/tours.html

Musikalischer Brennpunkt von Los Angeles ist mit dem Music Center eine Einrichtung, die aus mehreren Teilen besteht und Heimbühne von bekannten Ensembles ist. Im **Dorothy Chandler Pavilion** veranstaltet die unter Leitung von Plácido Domingo stehende Los Angeles Opera ihre Abende (Tel. 213-972-7219, www.losangelesopera.com). Auf Dramen, Musicals und Komödien hat sich das **Ahmanson Theatre** spezialisiert, während im **Mark Taper Forum** eher experimentelle Produktionen zu sehen sind (Tel. 213-628-2772, www.centertheatregroup.org).

Walt Disney Concert Hall 24

111 S. Grand Ave., Tel. 323-850-2000, www.laphil.com

Mit der futuristischen Konzerthalle und dem dort residierenden Los Angeles Philharmonic Orchestra stehen zwei bedeutende Einrichtungen im Wettstreit um die größere Prominenz. Einerseits gilt das 1919 gegründete Ensemble als eine der führenden Institutionen klassischer Musik in Kalifornien. Andererseits hat das von Frank Gehry entworfene Gebäude seit der Fertigstellung 2003 nicht nur unter Architekturkennern Furore gemacht. Der Komplex mit seinen schrägen Edelstahlfassaden erinnert an ein unter Segeln stehendes Schiff; manche sehen in ihm auch eine stählern funkelnde Magnolienblüte, während der Architekt selbst von einer sich öffnenden Rose sprach. Wie auch immer die Vergleiche ausfallen: Die Konzerthalle hat Downtown L.A. mit einem grandiosen baulichen Akzent versehen.

Die Rotunde der City Hall dient immer wieder als Filmkulisse

Little Tokyo

Eine belebte Gegend in diesem Stadtteil ist die nördliche First Street zwischen San Pedro Street und Central Avenue. Eine Erinnerung an vergangene Zeiten des Viertels verewigte die Künstlerin Sheila Levrant de Bretteville im Gehweg entlang der Straße mit einer ca. 300 m langen, in Messingbuchstaben eingelegten Chronik. Die **Japanese Village Plaza** (350 E. First St.) lässt mit Geschäften für Kimonos und japanisches Porzellan, mit Sushi-Restaurants und Cafés erkennen, dass Little Tokyo auch eine lebendige Gegenwart besitzt.

Japanese American National Museum 25

369 E. First St., Tel. 213-625-0414, www.janm.org, Di–Mi, Fr–So 11–17, Do 12–20 Uhr, Erw. 9 $, Kinder 6–17 Jahre 5 $

Mein Tipp

Für Raumfahrtfans – Onizuka-Denkmal mit Challenger

An der Ellison S. Onizuka Street in Little Tokyo steht ein Glasfibermodell des Space Shuttel ›Challenger‹ im Maßstab 1:10. Das Denkmal erinnert an Ellison Shoji Onizuka, der gemeinsam mit sechs anderen Astronauten ums Leben kam, als das Raumschiff nur 73 Sekunden nach dem Start am 28. Januar 1986 explodierte. Im Jahr zuvor hatte Onizuka als erster Japaner an Bord der ›Discovery‹ an einer Mission in den Orbit teilgenommen. Mit Little Tokyo stand er u. a. deswegen in Verbindung, weil er 1985 die Parade beim traditionellen Nisei-Week-Fest angeführt hatte.

Das überaus sehenswerte Museum beschäftigt sich u. a. mit einem düsteren Kapitel der kalifornischen Geschichte. Im Zweiten Weltkrieg gerieten in Kalifornien lebende Japaner unter Generalverdacht und wurden in einem Lager im Owens Valley interniert (s. S. 198). Visualisiert und dokumentiert wird dieser politische Irrweg mit seinen fatalen Konsequenzen u. a. durch Fotografien des berühmten Fotokünstlers Anselm Adams, der seine Bilder 1943 und 1944 im Konzentrationscamp Manzanar aufnahm.

Geffen Contemporary at MOCA 26

152 N. Central Ave., Tel., Öffnungszeiten und Eintritt s. MOCA, S. 118

Als vor Jahren während des Umbaus des MOCA-Hauptgebäudes viele Exponate temporär in eine ehemalige Polizeigarage ausgelagert werden mussten, ahnte niemand, dass daraus nach einem Umbau ein neues, attraktives Museum werden würde. Seit 1983 hat sich der MOCA-Ableger als Ausstellungszentrum für multimediale und elektronische Installationen sowie für überdimensionale Skulpturen etwa von Richard Serra und Studien von Autodesigner J. Mays etabliert.

Japanese American Cultural and Community Center 27

244 S. San Pedro St., Tel. 213-628-2725, www.jaccc.org, Di–Fr 12–17, Sa–So 11–16 Uhr

Kultureller Mittelpunkt der mit über 200 000 Einwohnern größten japanischen Gemeinde außerhalb des Landes ist Amerikas größtes ethnisches Kunst- und Kulturzentrum. Dazu gehören das Aratani Japan America Theatre, die George J. Doizaki Gallery mit wechselnden Ausstellungen (Di–Fr 12–17, Sa–So 11–16 Uhr), eine Erinnerungsstätte an Gefallene dreier Kriege und der James

Irvine Garden (Di–Fr 10–16 Uhr) mit Wasserläufen, Bambushainen, japanischen Glyzinien und anderen Arten aus dem Land der aufgehenden Sonne.

Der historische Kern

Schon lange bevor in den 1960er-Jahren Wolkenkratzer den Himmel über Downtown Los Angeles zu erobern begannen, besaß die Stadt einen historischen Kern. Seine Lebenslinie bildete der Broadway, bis Anfang der 1920er-Jahre die prominenteste Unterhaltungsmeile im Westen der Vereinigten Staaten. Noch heute stehen an diesem Straßenzug und in seiner näheren Umgebung zahlreiche Gebäude, deren Fassaden sich seit den 1930er-Jahren kaum verändert haben. Die Stadtverwaltung denkt gegenwärtig darüber nach, mit dem Bau einer Straßenbahnlinie zur Aufwertung des Broadway beizutragen.

Million Dollar Theater 28

307 S. Broadway, Tel. 213-617-3600, http://milliondollartheater.com

Im Jahr 1918 in Anwesenheit von Charlie Chaplin eröffnet, war der mit einer Fassade im spanischen Neobarock geschmückte Lichtspielpalast eines der ersten Kinos in Kalifornien. Bauherr des im Innern pompös ausgestalteten Komplexes war der Kinozar Sid Graumann, der später mit neuen Theaterbauten das städtische Unterhaltungszentrum nach Hollywood verlagerte. Früher traten in diesem Theater Berühmtheiten wie Nat King Cole, Dolores Del Rio und José Feliciano auf. In den 1960er-Jahren war das Haus ein Mittelpunkt der spanischsprachigen Unterhaltungsindustrie und wurde, nachdem es jahrelang anderen Zwecken gedient bzw. leer gestanden hatte, 2008 wieder zur Bühne für überwiegend mexikanische Theaterstücke, Filme und Konzerte.

Grand Central Market 29

317 S. Broadway, www.grandcentralsquare.com, tgl. 9–18 Uhr

Berge von frischem Obst und Gemüse, knusprige Hähnchen vom Grill, nach mexikanischen Originalrezepten zubereitete Burritos, kubanische Sandwiches, exotische Gewürze, von Hand gemachte *pupusas* (eine Art Tortilla) – der Grand Central Market ist seit fast 100 Jahren das zentrale Versorgungszentrum in Downtown und eine vitale Markthalle im alten Stil.

Bradbury Building 30

304 S. Broadway, Mo–Fr 9–18, Sa–So 9–17 Uhr

Das älteste, 1893 entstandene Bürogebäude in Downtown diente mehreren Filmen als Kulisse (s. S. 96) – aus gutem Grund. Architekt George Wyman ließ sich bei seinen Entwürfen durch einen utopischen Roman von Edward Bellamy inspirieren und stattete den viktorianischen Ziegelbau mit einem bis unter das Glasdach reichenden Atrium aus. Offene Fahrstühle, Marmortreppen und mit Ornamenten verzierte Gusseisenbalustraden verleihen dem Innenraum einen unvergleichlichen Reiz. Auf der gegenüberliegenden Straßenseite der Third Street kann man einen Blick werfen auf eine häufig abgebildete, überdimensionale Wandmalerei an der Fassade des Victor Clothing Building, die den tanzenden Schauspieler Anthony Quinn zeigt.

Angel's Flight 31

Hill St. zwischen 3rd und 4th St.

Die Standseilbahn zwischen der Talstation an der Hill Street und der Bergstation an der California Plaza gilt als kürzeste Eisenbahn der USA. Sie besteht aus den beiden Waggons Sinai und Olivet. Fährt der eine Waggon nach unten, zieht er automatisch den anderen nach oben. Die 1901 eingeweihte Bahn war lange außer Betrieb, transportierte ab 1996 aber wieder Passagiere auf den Bunker Hill. Nach einem Unfall 2001 stillgelegt, transportiert der Oldtimer mittlerweile wieder Passagiere und stattet Downtown mit einer populären Sehenswürdigkeit aus.

Los Angeles Theatre 32

6155 S. Broadway

Das zweifellos schönste historische Theater am Broadway stammt aus der Zeit der Weltwirtschaftskrise und wurde 1931 mit dem Charlie Chaplin-Klassiker »City Lights« eröffnet. Der ehemalige Lichtspielpalast ist derzeit geschlossen und kann nur von außen besichtigt werden.

Pershing Square 33

Zwischen Hill & Olive, 5th und 6th St.

Der 1886 angelegte öffentliche Platz wurde 1994 kosmetisch umgestaltet und mit einem 40 m hohen, lilafarbenen Campanile versehen. Eine richtige Parkatmosphäre will allerdings nicht aufkommen, mangelt es dem Platz doch an Grünflächen und Bäumen. Auch ein zu Ehren des Gründers des Los Angeles Philharmonic Orchestra aufgestelltes Beethovendenkmal vermag das Ambiente nicht freundlicher zu gestalten.

Millennium Biltmore Hotel 34

506 S. Grand Ave., Tel. 213-624-1011, www.millenniumhotels.com

In dem 1923 fertiggestellten Bau fanden von 1931 bis 1942 die Oscar-Verleihungen statt. 1960 wurde dort John F. Kennedy zum Präsidentschaftskandidaten der Demokratischen Partei nominiert. Sieht das Nobelhotel von außen auch nicht sonderlich attraktiv aus, so macht es diesen Eindruck durch ein grandioses, in vielen Filmen verewigtes Interieur wett (s. Entdeckungstour S. 96). Das gilt vor allem für die prächtige, im italienischen Neo-Renaissancestil gestaltete Lobby und den von Arkaden gesäumten Rendezvous Court.

Finanzdistrikt

Los Angeles Central Library 35

630 W. 5th St., Tel. 213-228-7000, www.lapl.org/central, Di/Do 10–20, Mi/Fr–So 10–17.30, So–Mo geschl., Führungen Di–Fr 12.30, Sa 11/14 Uhr

Ein Mix aus spanischen, byzantinischen, romanischen, ägyptischen und Art-déco-Stilelementen gemischt mit geometrischen Formen verleiht der von einem Turm mit Pyramidendach überragten Bibliothek ein reizvolles Äuße-

res. Auch im Innern ist das ursprünglich von 1930 stammende und in den 1980er-Jahren nach einem Brand umgebaute Gebäude mit einem bis unter das Glasdach reichenden Atrium im Thomas-Bradley-Flügel sehenswert. Dean Cornwell verwandelte die Rotunde auf der dritten Etage in eine mit Wandmalereien geschmückte Galerie.

U.S. Bank Tower 36

633 W. 5th St., www.mpgoffice.com/ USBankTower

Der 295 m hohe, 1989 fertiggestellte Riese ist das höchste Gebäude zwischen Chicago und Hongkong und damit auch der höchste Wolkenkratzer in Kalifornien. An seiner runden, nachts illuminierten Krone und seiner terrassenförmig abgestuften Fassade ist er leicht erkennbar. Seine Statik soll Erdbeben bis zur Stärke 8,3 auf der Richterskala widerstehen können. Neben dem Tower führen die **Bunker Hill Steps** bergan Richtung Wells Fargo Plaza.

Westin Bonaventura Hotel 37

Unter den zahlreichen großen Stadthotels ist das 1976 errichtete und einen Komplex von fünf 35 Stockwerke hohen Glaszylindern umfassende **Westin Bonaventura Hotel** mit an der Außenfassade befindlichen Aufzügen das berühmteste, weil es wegen seiner außergewöhnlichen Architektur schon mehrfach als Filmkulisse diente. In den Leinwandstreifen »Rain Man« mit Dustin Hoffman und Tom Cruise, »Die zweite Chance« mit Clint Eastwood und John Malkovich, im Thriller »Gegen die Zeit« mit Johnny Depp und in der romantischen Komödie »Vergiss

Downtown L.A. wirkt relativ bescheiden – zumindest in Relation zur Größe der Megacity

Paris« mit Billy Crystal und Debra Winger spielte der spiegelnde Riese eine Hauptrolle (404 S. Figueroa St., Tel. 213-624-1000, www.starwoodhotels.com).

Wells Fargo History Museum 38

333 S. Grand Ave., Tel. 213-253-7166, www.wellsfargohistory.com, Mo–Fr 9–17 Uhr, Eintritt frei

Mit Postkutsche, Goldsucherausrüstungen, Bergbaugerät, Dokumenten und historischen Fotos lässt die 1852 gegründete Wells Fargo Bank in einem kleinen Museum den Wilden Westen wiederaufleben.

California Plaza 39

Grand Ave. & 4th St.

Zwei gewaltige Bürogebäude, Eigentumswohnungen und das 450 Zimmer große Omni Los Angeles Hotel flankieren diesen Platz, auf dem man von der Bergstation des Angel's Flight auf das tiefer gelegene historische Zentrum der Stadt blickt. Um den wie ein Amphitheater angelegten Water Court mit Wasserspielen finden von Ende Juni bis Ende Oktober viele kostenlose Musik-, Tanz- und Filmveranstaltungen statt, zu denen die Zuschauer bestens ausgerüstet mit Picknickutensilien anrücken.

Museum of Contemporary Art (MOCA) 40

250 S. Grand Ave., Tel. 213-626-6222, www.moca-la.org, Mo 11–17, Do 11–20, Fr 11–17, Sa–So 11–18, Do 17–20 Uhr Eintritt frei, Erw. 10 $, Kinder unter 12 J. frei

Das Flaggschiff der Museumsszene in Downtown wurde nach Plänen des japanischen Architekten Arata Isozaki aus rotbraunen Steinquadern erbaut und zeigt in seinen permanenten Ausstellungen im Wesentlichen amerikanische und europäische Kunst seit 1940. Darunter sind Gemälde von Franz Kline, Roy Lichtenstein und Mark Rothko, Zeichnungen und plastische Arbeiten von George Segal, Fotografien von Anselm Adams, Skulpturen von Claes Oldenburg, Robert Rauschenberg und Frank Gehry, Film- bzw. Videoinstallationen von Jessica Bronson und Computerkunst von Jennifer Steinkamp. Im Café **Patinette** können Besucher ihre Eindrücke Revue passieren lassen.

Übernachten

Behaglicher Luxus – **Marriott 8**: 333 S. Figueroa St., Tel. 213-617-1133, ca. 345 $. Das komfortable, mit 400 Nichtraucherzimmern und 69 Suiten ausgestattete Hotel liegt günstig, um viele Downtown-Attraktionen zu Fuß zu erreichen. In allen Bädern sind Dusche und Badewanne getrennt. Highspeed-WLAN (9,95 $/Tag) auf allen Zimmern. Durch große Panoramafenster blickt man auf die Stadt.

Fürstlich nächtigen – **Omni Hotel 9**: 251 S. Olive St., Tel. 213-617-3300, www.omnihotels.com, ab ca. 300 $. Nobelhotel für Verwöhnte im Herzen von Downtown. Auf 17 Etagen verteilen sich 450 Zimmer und Suiten, die keine Wünsche offen lassen. Das Haus verfügt über ein Spa, in dem man bei einer River Rock Massage oder einem Body Polish entspannen kann.

Fernöstliches Flair – **Miyako Inn 10**: 328 E. First St., Little Tokyo, Tel. 213-617-2000, Fax 213-617-2700, www.miyakoinn.com, DZ ca. 170 $. Japanisches Hotel mit komfortablen Zimmern inkl. Kaffeemaschine, Bügeleisen, Highspeed-Internet, Schreibtisch und Safe. Businesscenter, Restaurant, Café, Sauna und Fitnessstudio im Haus.

Todschickes Boutiquehotel – **Standard Downtown 11**: 550 S. Flower St., Tel. 213-892-8080, www.standardhotel.com, DZ ab 160 $. Unterkunft mit coo-

Skulptur vor dem Museum of Contemporary Art

lem, sehr modernem Ambiente. Die Rooftop Bar neben dem Pool ist ein richtiger Hingucker; auch der abendliche Blick auf die umgebenden Wolkenkratzer beeindruckt.

Preis-Leistungs-Verhältnis stimmt – **Kawada Hotel 12**: 200 S. Hill St., Tel. 213-621-4455, www.kawadahotel.com, ca. 110 $. Alle 116 klimatisierten Zimmer mit Kabel-TV, Minibar, Highspeed-Internet und Teeküche. Im Hotel befinden sich das Epicenter Restaurant und das Cherry Pick Café im Stil eines Delis.

Budget-Unterkunft – **Cecile Hotel 13**: 640 S. Main St., Tel. 213-624-4545, www.thececilhotel.com, ab ca. 90 $. Einfach eingerichtete Gästezimmer für 1 oder 2 Personen mit eigenem Bad oder Etagendusche, auch Minisuiten für Familien, Highspeed-Internet in der Lobby.

Für junge Reisende – **Stay 14**: 636 S. Main St., Tel. 213-213-7829, www.stayhotels.net, 70–100 $. Auf drei Etagen des Cecile Hotels eingerichtete Mischung von Budgethotel und Jugendherberge mit moderner Ausstattung, hauptsächlich für junge Reisende. Man kann in ordentlichen Mehrbettzimmern oder Privatzimmern übernachten, Dusche zum Teil auf der Etage.

Essen & Trinken

Himmlische Steaks – **Arnie Morton's the Steakhouse 8**: 735 S. Figueroa St., Tel. 213-553-4566, www.mortons.com, Mo–Fr 11.30–23, Sa 17–23, So 17–22 Uhr, Abendessen ab ca. 50 $. Ob Rib-eye, Porterhouse oder New York Strip: Die Steaks in diesem Lokal sind perfekt zubereitet. Das gilt ebenfalls für andere Klassiker wie Prime Rib oder Filet Mignon. Auch Liebhaber von Fisch und Meeresfrüchten kommen bei Arnie Morton's Steakhouse voll auf ihre Kosten.

Musealer Gaumenkitzel – **Cicada 9**: 617 S. Olive St., Tel. 213-488-9488, www.cicadarestaurant.com, tgl. außer So ab 18 Uhr, 30–50 $. Das Gebäude wurde 1928 als Hauptquartier einer Herrenmodefirma gebaut und könnte Gäste mit seinem prächtigen Interieur vom eigentlichen Grund des Besuchs ablenken: der ausgezeichneten italienischen Küche.

Im Sushi-Himmel – **R-23 10**: 923 E. Second St., Tel. 213-687-7178, www.r23.com, Mo–Fr 11.30–14 und 17.30–22, Sa 17.30–22 Uhr. Dem Lokal verleihen bemalte Wände, hohe Decken und eine minimalistische Einrichtung ein schickes Flair. Für Sushi- und Sashimi-Liebhaber gehört es zu den besten Empfehlungen in der gesamten Stadt. Manche Gerichte sind schon für 12 $ zu haben.

Kulinarischer Geheimtipp – **Drago Centro 11**: 525 S. Flower St., City National Plaza, Tel. 213-228-8998, www.dragocentro.com, Lunch Mo–Fr 11.30–14.30, Dinner Mo–Sa 17.30–22 Uhr. Fabelhafte, in zwei Räumen servierte italienische Küche mit Fisch- und Fleischgerichten (24–27 $), großer Auswahl an Pasta- und Risottospeisen (14–18 $) sowie knackigen Salaten und köstlichen Desserts. Hervorragend schmeckt die Lasagne nach sardischem Rezept.

Fernöstliche Leckerbissen – **Ocean Seafood 12**: 747 N. Broadway, Tel. 213-687-3088, www.oceansf.com, Mo–Fr 9–22, Sa–So 8–22 Uhr, Hauptgerichte 8–13 $. Die klassische chinesische und Hong-Kong-Küche wird in einem großen Speisesaal serviert. Dazu gehört auch eine große Auswahl an Dim-Sum-Spezialitäten (3–5 $).

Herr Minister lässt bitten – **Original Pantry 13**: 877 S. Figueroa St., Tel. 213-972-9279, www.pantrycafe.com, tgl. 24 Stunden, ca. 5–12 $. Das einfache Lokal gehört dem früheren Bürgermeister von L.A. (1993–2001) und kalifornischen Bildungsminister (2003–05) Richard Riordan. Kulinarische Kabinettsstückchen darf man nicht erwarten. Frikadellen mit Krautsalat oder Schinken mit Eiern sind solide Hausmannskost.

Einkaufen

Alles, was man braucht – **Macy's Plaza 6**: 700 S. Flower St., www.macys.com, Mo–Sa 10–19.30, So 11–18 Uhr. Großes Kaufhaus mit Abteilungen für Mode, Accessoires, Kosmetik, Schmuck und Schuhe, auch Kindermode.

Kauf- und Konsumtempel – **7th & Fig 7**: 735 S. Figueroa St., www.7fig.com, Mo–Fr 10–19, Sa 10–18, So 12–17 Uhr, Restaurants mit unterschiedlichen Öffnungszeiten. Etwa 40 Fachgeschäfte von Mode bis Schokolade und mehrere Restaurants bzw. Imbissstände. In der zugehörigen Garage kann man mit Validierung gratis parken.

Gold, Silber und Diamanten – **Jewelry District 8**: 640 S. Hill St., www.lajd.net, zwischen 5th & 8th St. und Olive St. & Broadway. Direkt vom Gold- und Silberschmied kann man zum Teil preisreduzierten Schmuck kaufen. Über 3000 einschlägige Geschäfte konzentrieren sich in diesem Viertel.

Fiesta Mexicana – **El Pueblo 9**: Das historische Zentrum entlang der Olvera Street geht im Riesenangebot an mexikanischem Kitsch und Kunsthandwerk fast unter.

Aktiv & Kreativ

Downtown-Touren – **Red Line Tours 8**: 304 S. Broadway, Tel. 323-402-1074, www.redlinetours.com, der Tourbeginn ist am Bradbury Building. Auf den Touren besuchen die Teilnehmer u. a. den Grand Central Market, das Edison Buil-

Das Fließband muss nicht sein – Sushi-Lokal in Little Tokyo

ding, die Central Library, das historische Biltmore Hotel, das Palace Theatre und das Warner Pantages Theater.

Per Pedes durch Downtown – **Los Angeles Conservancy** 9: Tel. 213-623-2489, www.laconservancy.org, jeden Sa 10 Uhr ca. 2,5-stündige Führungen zu Fuß durch den historischen Kern, Erw. 10 $, Kinder unter 12 J. 5 $.

Kostenloser Kunstgenuss – **Art Walk** 10: Östlich des Pershing Square zwischen Broadway und Main Street. Jeden zweiten Donnerstag im Monat (18–22 Uhr) öffnen Galerien, Geschäfte und Museen in ganz Downtown für kostenlose Besichtigungen (www.downtownartwalk.org).

Spa und Wellness – **Hilton Checkers** 11: 535 S. Grand Ave., Tel. 213-624-0000, www.hiltoncheckers.com, tgl. 9–21 Uhr. Viele Anwendungen von einer Fußpflege mit Kräutern bis zur Reflexzonen- und Sportmassage.

Für Aktive oder Zuschauer – **Los-Angeles-Marathon** 12: Startpunkt eines der bekanntesten Langstreckenrennen der Welt ist die Kreuzung von 6th & Figueroa St. Das Ziel des im Mai ausgetragenen Wettbewerbs liegt zwei Blocks entfernt an der 5th & Flower St. (www.lamarathon.com).

Abends & Nachts

Avant-Garde-Kunst – **Roy and Edna Disney/CalArts Theater** 5: 631 W. Second St., Tel. 213-237-2800, www.redcat.org. Dieses Zentrum für Darstellende Kunst in der Walt Disney Concert Hall ist bekannt für innovative und experimentelle Veranstaltungen wie Video-Art-Installationen, Ausstellungen und Avantgarde-Theaterstücke.

Vielstimmiger Kunstgenuss – **Los Angeles Master Chorale** 6: Etwa 15 Konzerte des professionellen Chors finden pro Jahr in der Walt Disney Concert Hall (s. o.) statt, Tel. 213-972-7282, http://lamc.org.

Neonkunst-Touren – **Museum of Neon Art** 7: 136 W. 4th St., Tel. 213-489-9918, www.neonmona.org, Juni–Nov., jeden Sa 55 $. Nächtliche Neon Cruises per Bus durch Downtown und Hollywood, bei denen Teilnehmer alte Kinopalastreklamen und Neonkunstinstallationen zu sehen bekommen.

Immer auf der Höhe – **Elevate Lounge** 8: 811 Wilshire Blvd., Tel. 213-623-7100, www.takamisushi.com, Do–So 21–3 Uhr. Ultra-hipper Club zum Tanzen auf der 21. Etage eines Penthauses. Vom Patio blickt man auf die Wolkenkratzer von Downtown. Exotische Drinks und Martinis sind die Spezialität der Bar.

Infos

Touristeninformation

Visitor Information Center: 685 S. Figueroa St., Los Angeles, CA 90017, Tel. 213-689-8822, http://discoverlosangeles.com. Gute Übersichtspläne von Downtown findet man unter http://downtownla.com und http://college.usc.edu/geography/la_walking_tour.

Verkehr

Das aus fünf Linien bestehende Metro Rail System schließt den ganzen Großraum ein (Metro Day Pass, 24 Std. auf allen Bus- und Metrolinien, 5 $; Einzelfahrt 1,25 $, www.metro.net). DASH-Busse in Downtown, Hollywood und West Side (Tel. 213-808-2273, www.ladottransit.com, pro Fahrt 0,35 $).

Südliches Downtown

► Karte 2, L 5/6

Um Downtown Los Angeles neues Leben einzuhauchen, konzentrieren sich Investoren in letzter Zeit hauptsächlich auf das südliche Downtown.

Convention Center

1201 S. Figueroa St., Tel. 213-741-1151, www.lacclink.com

Das architektonisch ansprechende gläserne Kongresszentrum gehört zu den größten seiner Art an der amerikanischen Pazifikküste. Es dient nicht nur als Informationszentrum, sondern richtet auch in mehreren Ausstellungshallen unterschiedliche Veranstaltungen und Shows aus. Außerdem gibt es dort vier Cafés und eine Bierbar.

Staples Center

1111 S. Figueroa St., Tel. 213-742-7326, www.staplescenter.com

In der multifunktionalen Arena mit 20 000 Sitzplätzen finden neben großen Sportveranstaltungen auch Konzerte mit internationalen Ikonen wie Bruce Springsteen und den Eagles statt. Der 1999 eingeweihte Riesenbau ist Heimstadion der NBA-Basketballklubs Los Angeles Lakers und Los Angeles Clippers sowie des NHL-Eishockeyclubs Los Angeles Kings. Vor der Arena präsentieren sich drei Ikonen der US-Sportgeschichte in glänzender Bronze: Basketballprofi Magic Johnson, Eishockeylegende Wayne Gretzky und Boxweltmeister Oscar de la Hoya.

L.A. LIVE

Zusammen mit dem Staples Center und dem Kongresszentrum entstand mit **L.A. Live** ein sechs Straßenblocks großer neuer Stadtdistrikt mit riesigen Videowänden auf Pfeilern, die ständig ihre Farbe ändern. Das 2,5 Mio. $ teure Entertainment- und Apartmentviertel wird womöglich erst 2011 fertig sein. Aber bereits heute ziehen zahlreiche Einrichtungen wie Clubs und Kinos das Publikum an, das angesichts riesiger Videoscreens und Beleuchtungsorgien aus dem Staunen nicht herauskommt. Im **Club Nokia** (www.clubnokia.com) kommen Nachtschwärmer und Musikliebhaber bei Live-Auftritten bekannter Künstler auf ihre Kosten, während der **Conga Room** (www.congaroom.com) in erster Linie Liebhaber lateinamerikanischer Rhythmen anzieht. Bowlingfans können auf den 18 Bahnen von **Lucky Strike Lanes** (www.bowlluckystrike.com) ihre Sportlichkeit beweisen.

Nokia Theatre

777 Chick Hearn Court, Tel. 213-763-6030, www.nokiatheatrelalive.com
Kein Sitzplatz in diesem Theater ist weiter als 60 m von der Bühne entfernt, auf der das ganze Jahr hindurch berühmte Entertainer, Interpreten und Musikgruppen für Unterhaltung sorgen und bedeutende Preisverleihungen stattfinden.

Grammy Museum

Ecke Olympic Blvd. & Figueroa St., Tel. 213-765-6800, www.grammymuseum.org, Mo–Fr 11.30–19.30, Sa–So 10–19.30 Uhr, Erw. 12,95 $, Kinder 6–17 Jahre 10,95 $
Der 34 Mio. $ teure Komplex präsentiert sich auf drei Stockwerken als ein Zentrum, das ein halbes Jahrhundert Grammy-Awards-Verleihungen dokumentiert und sowohl den Ursprung als auch den kulturellen Einfluss moderner Musik auf unsere Zeit zu ergründen versucht. Neben allen wichtigen musikalischen Genres beschäftigt sich das Museum mit Fotos, Filmmaterial, historischen Kostümen, Instrumenten und vielen interaktiven Einrichtungen.

Exposition Park

► Karte 2, K 6

Der Park ist eine bei den Einwohnern beliebte grüne Oase mit einem duftenden Rosengarten und zugleich Standort mehrerer interessanter Museen. Bekannt wurde die Anlage aber in erster Linie als einer der Austragungsorte der Olympischen Sommerspiele 1984.

Los Angeles Memorial Coliseum

3939 Figueroa St., Tel. 213-747-7111, www.lacoliseumlive.com
Das 1923 eröffnete Stadion war das erste Mal 1932 und dann wieder 1984 Mittelpunkt der Olympischen Sommerspiele. Zudem fand vor Ort der erste Super Bowl (Football-Endspiel um die US-Meisterschaft) statt. Mittlerweile werden im 90 000 Zuschauer fassenden Oldtimer aber so gut wie keine Sportevents mehr ausgetragen. Die Stadtverwaltung liebäugelte mit der Idee, 2016 die Olympiade nach Los Angeles zu holen und dafür das alte Coliseum umzubauen, scheiterte aber.

California Science Center

700 State Dr., Tel. 323-724-3623, www.californiasciencecenter.org, tgl. 10–17 Uhr, permanente Ausstellung Eintritt frei, IMAX-Theater Erw. 8,25 $, Kinder 12–17 J. 6 $
Per Knopfdruck in Gang gesetzte interaktive Installationen sollen Besuchern interessante Phänomene aus Wissensbereichen wie Mathematik, Physik, Medizin, Seismologie und Raumfahrt näherbringen. Auch ökologischen Themen widmen die sich ständig verändernden Ausstellungen des Zentrums breiten Raum, etwa eine neue Show über das Ökosystem der Erde.

Natural History Museum

900 Exposition Blvd., Tel. 213-763-3466, www.nhm.org, tgl. 9.30–17 Uhr, Erw. 9 $, Kinder 13–17 Jahre 6,50 $
Das in einem 1913 errichteten Beaux-Arts-Gebäude eingerichtete Museum ist die zweitälteste Kultureinrichtung sowie das größte naturkundliche und naturgeschichtliche Muse- ▷ S. 127

Auf Entdeckungstour

Ruhestätte für Stars – Westwood Village Memorial Park Cemetery

Außer abweisenden Mauern und verriegelten Toren vor Promi-Residenzen bekommt man auf Hollywood-Touren von den Stars nichts zu sehen. Auf dem Friedhof in Westwood Village hingegen ist die Nähe zu großen Namen der Filmgeschichte garantiert.

Reisekarte: ► Karte 2, E 5

Planung: Der Friedhof liegt an der Glendon Avenue Nr. 1218 im Westwood Village südlich des Wilshire Blvd. (tgl. 8–17 Uhr). Im Büro auf dem Gelände gibt es keine Gräberpläne, eine Liste der hier beerdigten Prominenten findet man unter http://de.wikipedia.org/wiki/ Westwood_Village_Memorial_Park_Cemetery.

Auf dem Wilshire Boulevard tobt der Verkehr vorbei an Geschäften und Bürohausfassaden. Südlich davon herrscht untadelige Bürgerlichkeit um adrette Einfamilienhäuser und Bungalows, die von gepflegten Gärten umgeben sind. Hier soll ein Promifriedhof liegen? Mitten in dem biederen Wohnviertel Westwood (s. S. 135)? Am westlichen Ende der Ashton Avenue versperrt ein Kinderhort den Weg. Eine Erzieherin weiß Rat. »Gehen Sie auf dem Wilshire Boulevard bis zur Ecke Glendon Avenue. Nach 50 m Richtung Süden führt eine Passage zu einem Parkplatz. Dort sehen Sie den Friedhof bereits.«

Promi-Nekropole

Über Jahre und Jahrzehnte wurde der Pierce Brothers Westwood Village Memorial Park, der eben mal so groß ist wie ein Fußballfeld, zu einem ganz besonderen Gottesacker. Nirgendwo sonst in L.A. und wahrscheinlich sogar im ganzen südlichen Kalifornien sind so viele Berühmtheiten der jüngeren Vergangenheit bestattet, die alle Welt aus Film, Fernsehen, der Musikszene oder dem Showbusiness kennt. Der Grund ist im Sinne des Wortes naheliegend: Westwood gilt seit jeher als Promi-Kolonie. Zahlreiche Grabsteine tragen keine Namen, manche Gräber sind als solche fast nicht zu erkennen. Anonym bestattet wurden etwa der schnauzbärtige Musiker Frank Zappa (1940–93) und Ava Archer Syme-Reeves, die schon im Säuglingsalter verstorbene Tochter des Schauspielers Keanu Reeves.

Andere Berühmtheiten wie Janis Joplin (1943–70), der Tänzer und Schauspieler Gene Kelly (1912–96) und ›Rat Pack‹-Mitglied Peter Lawford (1923–84) wurden zwar auf dem Friedhof eingeäschert, doch existieren keine Gräber, weil die Asche nach deren Willen über dem Pazifik verstreut wurde.

Film- und Musiklegenden

Nicht weit vom Eingang zum Friedhof an der nordwestlichen Ecke ist der Schauspieler, Regisseur und Produzent **John Cassavetes** (1929–89) **(1)** beerdigt, der 1969 in »Rosemaries Baby« die männliche Hauptrolle spielte. Nur Schritte entfernt liegt der Schriftsteller **Truman Capote** (1924–84) **(2)**, der mit »Frühstück bei Tiffany« und »Kaltblütig« Welterfolge schuf. Bereits im Alter von vier Jahren spielte **Natalie Wood** (1938–81) **(3)** in ihrem ersten Hollywoodstreifen und landete 1961 mit der Verfilmung des Musicals »West Side Story« ihren größten Erfolg. Sie kam bei einem Segelausflug vor Santa Catalina Island ums Leben. Der aus Texas stammende **Roy Orbison** (1936–88) **(4)** brachte es als Songschreiber, Country-, Rockabilly- und Rock 'n' Roll-Sänger zu Weltruhm. Ende der 1980er-Jahre gründete er zusammen mit Bob Dylan, George Harrison, Jeff Lynne und Tom Petty die Gruppe Traveling Wilburys. Den Riesenerfolg des millionenfach verkauften Albums ›Traveling Wilburys Vol. 1‹ erlebte der seit seiner Jugend herzkranke Orbison nicht mehr.

Drei Spaßgaranten

An Witz und Erfolg kaum übertroffen präsentierte sich das Leinwandduo **Jack Lemmon** (1925–2001) **(5)** und **Walter Matthau** (1920–2000) **(6)**. Nicht nur in ihrer 32-jährigen aktiven Zeit zwischen dem ersten gemeinsamen Auftreten 1966 in »Der Glückspilz« und ihrem letzten, 1998 gedrehten Film »Immer noch ein seltsames Paar« waren sie ein unzertrennliches, wenn auch sehr ungleiches Team. Auch nach ihrem Tod sind sie sich auf dem Westwood-Friedhof in ihren schmucklosen Gräbern nahe. Nicht weit von den beiden liegt mit **Billy Wilder** (1906–2002) **(7)** ein Regisseur und Produzent, der am Erfolg

von Lemmon und Matthau wesentlichen Anteil hatte, dokumentiert durch Kinohits wie »Manche mögen's heiß« und »Extrablatt«.

Oscar-Preisträger

Direkter Grabnachbar von Walter Matthau ist **George C. Scott** (1927–99) **(8)**, der für seine Hauptrolle im Film »Patton – Rebell in Uniform« mit einem Oscar ausgezeichnet wurde. Für diesen höchsten Filmpreis wurde auch die amerikanische Sängerin und Schauspielerin **Peggy Lee** (1920–2002) **(9)** im Jahr 1956 nominiert, und zwar für ihre eindrucksvolle Nebenrolle in »Pete Kelly's Blues«. Auch **Burt Lancaster** (1913–94) **(10)**, der sich im Laufe seiner 1946 begonnenen Leinwandkarriere vom Abenteuer- und Westernstar zum Charakterdarsteller wandelte, zählt zum Kreis der Oscar-Preisträger.

Publikumslieblinge

Während die Gräber der meisten Prominenten unter Bäumen auf der zentralen Rasenfläche des Friedhofs bzw. südlich davon hinter Rosenhecken liegen, erinnern an andere nur die Namensplaketten an Grabkammern. Zu ihnen zählt der Sänger, Schauspieler und Entertainer **Dean Martin** (1917–95) **(11)**. Zum Wallfahrtsort für Kinofans hat sich die letzte Ruhestätte von **Marilyn Monroe** (1926–62) **(12)** entwickelt, deren Grabkammer ihr Ehemann, der nicht weniger berühmte Baseballstar Joe DiMaggio, nach ihrem Tod aussuchte. In der Nachbarschaft ließ sich der Playboy-Erfinder Hugh Hefner seine letzte Ruhestätte reservieren. Ob Zufall oder nicht: Die Monroe war 1953 die erste hüllenlose Grazie, die sich auf dem *Centerfold* des neuen Männermagazins räkelte.

um des amerikanischen Westens. Es verfügt über mehr als 30 Mio. Exponate und Artefakte aus 4,5 Mio. Jahren Erdgeschichte. Gegenwärtig wird das Museum renoviert und ausgebaut; in Zukunft soll es über eine vergrößerte Saurierausstellung und eine Abteilung mit Dokumentationen über die Umweltgeschichte der Stadt verfügen.

California African American Museum
600 State Dr., Tel. 213-744-7432, www.caamuseum.org, Mo–Fr 8.30–17 Uhr, Parkplatz 8 $, Eintritt frei
In unterschiedlichen permanenten und wechselnden Ausstellungen beschäftigt sich das Museum mit der Frage, welchen Beitrag Afroamerikaner seit ihrer Deportation als Sklaven aus Westafrika zu Wirtschaft, Gesellschaft und Kultur in den USA geleistet haben.

Übernachten

Grüne Oase in der Stadt – **The Inn at 657:** 663 W. 23rd St., Tel. 213-741-2200, http://patsysinn657.com, DZ 155 $. In einem reizenden Garten gelegenes, aus zwei Gebäuden bestehendes B & B mit entspannter Atmosphäre, das man in Downtown nicht erwartet. Die Gästezimmer sind klimatisiert und verfügen über ein eigenes Bad. Das üppige Frühstück ist ein echter Fitmacher.
Für Gäste-Fitness ist gesorgt – **Luxe City Hotel:** 1020 S. Figueroa St., Tel. 213-748-1291, www.luxecitycenter.com, DZ ab 110 $. Alle 195 Zimmer des beim Staples Center liegenden Hotels sind renoviert und bieten viel Platz. Neben einem Restaurant mit großen Fenstern und Fitnessgeräten steht Gästen ein Swimmingpool mit Blick auf die Skyline zur Verfügung.
Erschwinglich und praktisch – **Clarion:** 1901 W. Olympic Blvd., Tel. 213-385-7141, www.clarionhotel.com, 95–125 $. Praktisch ausgestattete Zimmer mit eigenem Badezimmer und Dusche bzw. Badewanne, Klimaanlage, Kabel-TV, Internetanschluss, Kühlschrank, Kaffeekocher und Schreibtisch.

Einkaufen

Für sammelwütige Cineasten – **Hollywood MegaStore:** 940 W. Washington Blvd., Tel. 213-747-9239, http://hollywoodmegastore.com. Fast alles dreht sich um die Welt des Films: Fotos von Leinwandheldinnen und -helden, Poster, Dias, Trophäen, Megafone u. v. a. m. Außerdem gibt es Straßenschilder und Autokennzeichen für Sammler.
Konsumentenparadies – **LA Fashion District:** 110 E. 9th St., Tel. 213-741-2661, www.fashiondistrict.org, tgl. 10–17 Uhr. Distrikt der Groß- und Einzelhändler, Designer und Stylisten – eine Shoppingoase für Schnäppchenjäger.
Basar international – **Santee Alley:** Santee St. zwischen Olympic & Pico Blvd. Einkaufsstraße im Stil eines Basars mit einem fast weltumspannenden Angebot von ca. 200 Händlern aus allen Teilen der Welt. Vorsicht! Die meisten ›Marken‹-Artikel sind Fälschungen.

Wilshire Boulevard

Die Verbindungsstraße zwischen Downtown und Santa Monica an der Küste gehört zu den großen Verkehrswegen von Los Angeles. Die Bebauung auf dem zwischen La Brea Avenue und Fairfax Avenue gelegenen Abschnitt begann in den 1920er-Jahren und wurde später auf den Namen Miracle Mile (Wundermeile) getauft, weil dort Geschäfte und Einkaufsmöglichkeiten entstanden. Noch jüngeren Datums ist die **Museum Row,** ein drei Straßen-

Lieblingsort

Hänsel und Gretel lassen grüßen ► Karte 2, F 4

Im superreichen, abgehobenen und auch etwas hochnäsigen Beverly Hills stehen eigentlich eher Edelboutiquen, Nobelrestaurants und Luxushotels auf der Besichtigungsliste. Das märchenhafte **Witch's House** fällt aus dem Rahmen. Das Hexenhäuschen, bei dessen Errichtung Wasserwaage und Senkblei offenbar noch nicht erfunden waren, ruft mit putzigen Dachgauben, steilen Schindeldächern und einem Rapunzelgarten Erinnerungen an die Märchenwelten der Gebrüder Grimms wach. Früher stand das Anwesen als Büro einer Filmgesellschaft in Century City und wurde dann als Privathaus an die heutige Stelle versetzt (516 N. Walden Drive, s. auch S. 132).

blocks langer Teil des Wilshire Boulevard mit fünf Museen.

Farmers Market ► Karte 2, H 4
6333 W. Third St., Tel. 323-933-9211, www.farmersmarketla.com, Mo–Fr 9–21, Sa 9–20, So 10–19 Uhr. Wer hier einkauft oder isst bzw. trinkt, kann 2 Std. gratis parken
Kaum eine städtische Einrichtung ist der Bevölkerung so ans Herz gewachsen wie dieser **Bauernmarkt**, der sich zum Frühstück, Lunch oder Abendessen anbietet. Ähnlich wie in einem Gartenlokal sitzt man an einfachen Tischen unter Sonnenschirmen und Markisen und verzehrt ofenwarmes Backwerk, Sandwiches, frisch gekochte asiatische Nudelgerichte oder stärkt sich bei einer Tasse Milchkaffee. An zahlreichen Ständen verkaufen Händler Fleisch, Geflügel, Fisch, Obst, Gemüse und Blumen.

Direkt neben dem Farmers Market liegt mit **The Grove** ein attraktives Einkaufszentrum im Stil einer kleinen Stadt mit eigener historischer Straßenbahnlinie und Cafés im Freien.

Museum Row ► Karte 2, H 5

Wer mit dem Auto unterwegs ist und die fünf auf diesem Straßenabschnitt liegenden Museen besuchen will, stellt den Wagen am besten auf dem Parkplatz hinter dem Page Museum an der Curson Ave. ab (8 $/Std.)

George C. Page Museum/ Hancock Park
5801 Wilshire Blvd., Tel. 323-934-7243, www.tarpits.org, tgl. 9.30–17, Erw. 7 $, Kinder 13–17 Jahre 4,50 $, jeden 1. Di im Monat Eintritt frei
Der Hancock Park machte im Jahr 2009 Schlagzeilen. Wissenschaftler des dort ansässigen George C. Page Museum gaben bekannt, dass bei Aushubarbeiten für eine benachbarte Tiefgarage ein fast komplettes eiszeitliches Mammut gefunden wurde, dem nur das linke Hinterbein, ein Rückenwirbel und die Schädeldecke fehlen. Vermutlich ist das auf den Namen Zed getaufte Fossil zwischen 10 000 und 40 000 Jahre alt.

Dass der ganze Hancock Park eine paläontologische Schatztruhe ist, vermuteten die Forscher schon lange. Mit den **La Brea Tar Pits** liegt in der grünen Oase ein Teich, in dem seit Langem Teer an die Oberfläche tritt. Bereits vor Jahrtausenden versanken in diesem blubbernden Sumpf unvorsichtige Tiere, die seit Anfang des 20. Jh. von Wissenschaftlern geborgen und präpariert wurden, um sie im George C. Page Museum auszustellen. Bis auch Mammut Zed dort seinen Platz einnimmt, wird sicher noch einige Zeit vergehen.

Los Angeles County Museum of Art
5905 Wilshire Blvd., Tel. 323-857-6000, www.lacma.org, Mo–Di und Do 12–20, Fr 12–21, Sa–So 11–20 Uhr, Erw. 15 $, Kinder unter 17 J. Eintritt frei, jeden 2. Di im Monat Eintritt frei, tgl. ab 17 Uhr Eintritt nach eigenem Ermessen
Das LACMA-Museum zählt im Westen der USA zu den führenden Häusern für visuelle Kunst. Es besteht aus sechs Gebäuden mit unterschiedlichen Schwerpunkten. Im **Ahmanson Building** sind Kunst aus Afrika, dem Mittleren Osten und Südostasien, Kostüme und Textilien sowie eine Ausstellung über deutschen Expressionismus zu sehen. Nord- und südamerikanische Kunst ist im **Art of the Americas Building** ausgestellt. Auf zeitgenössische Kunst hat sich das **Broad Contemporary Art Museum** spezialisiert, während das **Hammer Building** chinesische und koreanische Kunst sowie Fotogra-

fien zeigt. **LACMA West** beherbergt eine Kindergalerie, und der **Pavilion for Japanese Art** widmet sich der Kunst aus dem Land der aufgehenden Sonne. Im Freien kann man einen Skulpturengarten besichtigen.

Watts Towers

Watts Towers Arts Center, 1761–1765 E. 107th St., Tel. 213-847-4646, Fr 11–15, Sa 10.30–15, So 12.30–15 Uhr

Das von Schwarzen und Latinos bewohnte Watts in South Los Angeles ist ein sozialer Brennpunkt, der 1965 und 1992 durch blutige Unruhen Schlagzeilen machte. Eine Sehenswürdigkeit sind die **Watts Towers**, die der Einwanderer Simon Rodia seit den 1920er-Jahren auf seinem Grund und Boden errichtete. Nachts sollte man den Stadtteil besser meiden (www.wattstowers.us).

Craft and Folk Art Museum

5814 Wilshire Blvd., Tel. 323-937-4230, www.cafam.org, Di–Fr 11–17, Sa–So 12–18 Uhr, Erw. 7 $, Kinder bis 10 J. und jeden 1. Mi im Monat Eintritt frei

Mit seinen ständigen und wechselnden Ausstellungen wirbt das **Craft and Folk Art Museum** um Verständnis für die unterschiedlichen Kulturen. Besucher bekommen durch Fotos einen Eindruck vom Leben im Iran, können sich über afroamerikanisches Spielzeug, japanische Papierdrachen und Voodoo-Praktiken in Haiti informieren oder sich von prunkvollen Karnevalskostümen in den Bann ziehen lassen.

Petersen Automotive Museum

6060 Wilshire Blvd., Tel. 323-930-2277, www.petersen.org, Di–So 10–18 Uhr, Erw. 10 $, Kinder 5–12 Jahre 5 $

Auf drei Stockwerken geht es in diesem Automuseum um rollende Schönheiten, die in Kino- und TV-Auftritten eine Rolle spielten, um Autos der Rock-'n'-Roll-Ära, um alternative Anrtiebstechniken, um Kunst am Auto oder Staatskarossen von Präsidenten und gekrönten Häuptern. Das Interessante an den Ausstellungen ist die Tatsache, dass sich die Museumsplaner ständig neue Ausstellungsthemen einfallen lassen, um damit das Publikum zu überraschen.

Architecture and Design Museum

6032 Wilshire Blvd., Tel. 323-932-9393, www.aplusd.org, Di–Fr 10–18, Sa–So 12–18 Uhr, Erw. 5 $, Kinder unter 12 J. Eintritt frei

Wer sich für Design und Architektur interessiert, stößt in diesem Museum auf viele zum Teil verblüffende Informationen darüber, welche herausragende Bedeutung Mode- und Produktdesign, Innenarchitektur und Landschaftsgestaltung in den modernen westlichen Gesellschaften zukommt.

Beverly Hills

► Karte 2, F/G 4/5

Im Unterschied zu manchen anderen Stadtteilen gibt es in Beverly Hills keine bedeutenden Attraktionen. Die magische Anziehungskraft der Gemeinde geht eher vom glamourösen Lifestyle der Reichen und Einflussreichen, Schönen und Prominenten aus, der offenbar zum Maß aller Dinge geworden ist. Mit traumhaften Villen, vor Noblesse strotzenden Hotels, piekfeinen Restaurants der gehobenen Preisklasse und Hightech-überwachten Modeboutiquen am weltberühmten **Rodeo Drive** (http://rodeodrive-bh.com/map.html) wirbt die 35 000 Einwohner große Gemeinde erfolgreich für sich selbst. Beverly Hills – der Name ist Programm. Wer sich nicht nur die Nase

Das von Renzo Piano entworfene Los Angeles Broad Contemporary Art Museum mit einer Installation des Künstlers Chris Burden

an den Panzerglasschaufenstern von Gucci, Prada, Yves Saint Laurent, Tiffany und Chanel plattdrücken will und nicht nur auf der Lauer nach Stars und Sternchen liegt, findet auch abseits des High-Society-Rummels Sehenswertes.

Das 1932 im spanischen Renaissancestil erbaute und im Innern mit Terrazzoböden, Marmorwänden und wunderschönen Decken ausgestattete **Civic Center** (Crescent Dr.) wird vom achtgeschossigen Rathausturm überragt, der schon in vielen Filmen zu sehen war. Zum Reiz der Anlage tragen auch die umgebenden Gartenanlagen mit Palmen und Blumenbeeten bei.

Witch's House

516 N. Warden Dr./Carmelita Ave.

Nicht weit vom Civic Center entfernt steht mitten zwischen Villen und Bungalows das sogenannte Witch's House. 1921 für ein Filmstudio in Culver City gebaut, wurde es einige Jahre später an seinen heutigen Standort versetzt und ist heute in Privatbesitz (s. Lieblingsort S. 128).

Paley Center for Media

465 N. Beverly Dr., Tel. 310-786-1000, www.paleycenter.org, Mi–So 12–17 Uhr

Das ehemalige Museum of Television and Radio dokumentiert mit einem Ar-

chiv von über 140 000 Hör- und TV-Sendungen fast 100 Jahre amerikanische ebenso wie internationale Rundfunk- und Fernsehgeschichte. Aus der umfangreichen Bibliothek können Besucher Beiträge aussuchen und ansehen bzw. anhören.

Museum of Tolerance
9786 W. Pico Blvd., Tel. 310-553-8403, www.museumoftolerance.com, Mo–Fr 10–17, So 11–17 Uhr, Sa geschl., Erw. 15 $, Kinder 5–18 J. 11 $, Ausweis obligatorisch
Mit Hilfe modernster Computertechnik thematisieren die Ausstellungen des 1993 vom berühmten Nazijäger Simon Wiesenthal gegründeten Museums nicht nur die Judenvernichtung während des Dritten Reichs. Sie beschäftigen sich auch generell mit dem Problem der Intoleranz, des Rassismus und der Unterdrückung von Menschen, etwa mit Blick auf die amerikanische Bürgerrechtsbewegung.

Beverly Hills Hotel
9641 W Sunset Blvd., Tel. 310-276-2251, www.thebeverlyhillshotel.com, DZ ca. 700 $
Vermutlich gibt es keinen Hollywoodstar, der noch nie den Fuß in das legendäre Hotel setzte, das zahlreichen Kinofilmen als Drehort diente (s. Entdeckungstour S. 96). Schon bald nach der Eröffnung 1912 wurde die heutige Fünf-Sterne-Nobelherberge zur Partybühne der Filmwelt, um die sich seit Jahrzehnten Legenden, Gerüchte und Ammenmärchen ranken, die allesamt zur Reputation des Hotels beigetragen haben. Elizabeth Taylor soll ihre ersten Flitterwochen im Bungalow Nr. 5 verbracht haben. Yves Montand schätzte den Dänischen Apfelkuchen im Fountain Coffee Shop. Und als Pop-König Elton John im pinkfarbenen Palast Geburtstag feierte, strömten VIPs wie Sharon Stone, Dennis Hopper und Ben Kingsley in die Polo Lounge.

Übernachten

Luxus pur – **Beverly Wilshire:** 9500 Wilshire Blvd., Tel. 310-275-5200, www.fourseasons.com, DZ ab ca. 390 $. Das noble Hotel verdankt seinen exzellenten Ruf seiner unauffälligen Eleganz sowie den mit Marmorbädern und allem erdenklichen Komfort ausgestatteten Zimmern. Im hauseigenen Spa werden Stress reduzierende Anwendungen angeboten. Wem ein 37 m²

großes Deluxe-Zimmer nicht ausreicht und wer das nötige Kleingeld hat, kann eine 465 m² große Penthouse-Suite mieten.
Ohne Fehl und Tadel – **Best Western Carlyle Inn:** 1119 S. Robertson Blvd., Tel. 310-275-4445, www.carlyle-inn.com, DZ ab 180 $. Gut geführtes Boutiquehotel mit 32 Zimmern bzw. Suiten. Kabel-TV, Kühlschrank, Highspeed-Internet, Kaffeemaschine und Bügeleisen gehören zum Standard.

Essen & Trinken

Gut, aber teuer – **Mastro's Steakhouse:** 216 N. Canon Dr., Tel. 310-888-8782, www.mastrosrestaurants.com, So–Do 17–23, Fr–Sa bis 24 Uhr. Gut zubereitete Steaks, Koteletts und sogar Austern kommen im XXL-Format auf den Tisch (die Rechnungen übrigens auch). Wer eine intimere Atmosphäre sucht, sollte das ziemlich laute Lokal meiden. Abendessen zu zweit ca. 150 $.
Mexiko lässt grüßen – **Frida:** 236 S. Beverly Dr., Tel. 310-278-7666, www.fridarestaurant.com, Mo–Sa 11–22, So 16–21 Uhr, Abendessen 10–30 $. Das mit plakativen Wandgemälden geschmückte Lokal tischt seinen Gästen unverfälschte Küche aus unterschiedlichen Landesteilen von Mexiko auf.

Einkaufen

Shoppen nach Herzenslust – **Beverly Center:** 8500 Beverly Blvd., Tel. 310-854-0070, www.beverlycenter.com, Mo–Fr 10–21, Sa 10–20, So 11–18 Uhr. Mit über 160 Boutiquen und Restaurants sowie Kaufhäusern wie Macy's, Bloomingdale's und H&M gehört das Shopping Center zu den großen Einkaufsgelegenheiten am Rand von Beverly Hills.
Designermode – **Lisa Kline Outlet:** 7207 Melrose Ave., Tel. 323-297-0485, www.lisakline.com, Mo–Sa 10–19, So 13–18 Uhr. Fabrikverkaufszentrum für Damen-, Herren- und Kindermode. Die

Der Rodeo Drive, Shoppingparadies der Promis

Mode der Designerin Lisa Kline wird u. a. von Jennifer Aniston, Britney Spears und Jessica Simpson geschätzt.

Infos

Touristeninformation
Visitors Bureau: 239 S. Beverly Dr., Beverly Hills, CA 90212, Tel. 310-248-1015, www.beverlyhills.org, www.beverlyhillsbehere.com

Westside

Westside Los Angeles ist ein Mosaik aus zahlreichen Gemeinden, unter denen Bel Air und Brentwood seit Jahrzehnten zu den von Prominenten bevorzugten Wohnorten gehören. In Brentwood lebte zuletzt Marilyn Monroe inihrem Haus Nr. 12305 Fifth Helena Drive, wo sie 1962 an einer Medikamentenvergiftung starb, wobei bis heute nicht geklärt ist, ob sie nicht das Opfer eines Mordanschlags wurde – wegen ihrer Affären mit John F. und Robert Kennedy. In **Westwood** bildet die University of California einen wissenschaftlichen und kulturellen Hotspot.

Westwood Village Memorial Park Cemetery ► Karte 2, E 5
Glendon Avenue Nr. 1218
Der hübsche Friedhof ist die letzte Ruhestätte vieler Hollywood-Stars, darunter auch von Marilyn Monroe (s. Entdeckungstour S. 124).

Hammer Museum ► Karte 2, E 5
10899 Wilshire Blvd., Westwood Village, Tel. 310-443-7000, www.hammer.ucla.edu, Di–Mi, Fr–Sa 11–19, Do 11–21, So 11–17 Uhr, Erw. 10 $, Kinder unter 17. J. und Do Eintritt frei
Werke bedeutender europäischer und amerikanischer Maler, darunter Claude Monet, Camille Pissarro, John Singer Sargent, Vincent van Gogh, Rembrandt, Goya, Rubens, Tintoretto und Tizian, verleihen den ständigen Sammlungen des Museums einen unvergleichbaren Glanz. Zum Haus gehört auch das 300 Zuschauer fassende Billy-Wilder-Theatre, in dem anspruchsvolle Filme gezeigt werden. Auf der Etage über dem Museum befindet sich das Grunwald Center for the Graphic Arts, das man aber nur nach telefonischer Voranmeldung besichtigen kann (Mo–Fr 10–16 Uhr, Tel. 310-443-7078).

Getty Center ► Karte 2, D 4
1200 Getty Center Dr., Brentwood, Exit von I-405, Tel. 310-440-7300, www.getty.edu, Di–Fr und So 10–17.30, Sa 10–21 Uhr, Eintritt frei, Parkplatz 15 $
Aus der Ferne wirkt der auf einem Hügel gelegene Gebäudekomplex aus weißem Travertin wie ein modernes Schloss. Der bekannte Architekt Richard Meier hatte bei der Planung einen lichten und transparenten Entwurf vor Augen, der entsprechend umgesetzt wurde. Realisiert wurde auch das Vermächtnis des Stifters Jean Paul Getty (1892–1976), seine unschätzbare Kunstsammlung der Öffentlichkeit kostenlos zugänglich zu machen.

Mit einer Schienenbahn werden Besucher vom Parkhaus am Fuße des Hügels bis direkt vor das aus mehreren Gebäudeteilen bestehende Museum gefahren. Die Ausstellungen umfassen neben Skulpturen, Gemälden, Zeichnungen, Manuskripten und dekorativer Kunst auch europäische und amerikanische Fotografien. Neben dem Museum dehnt sich ein wunderschöner Park mit Liegewiese und zum Teil exotischen Pflanzen um einen Teich aus. Der Blick reicht sowohl von dort als auch von der Terrasse des Museumscafés bis zu den Wolkenkratzern in Downtown und zur Pazifikküste.

Der 1997 vollendete Bau des Getty Center stammt vom Stararchitekten Richard Meier

Pasadena ▶ Karte 2, O–Q 2/3

Am Fuß der San Gabriel Mountains gelegen ist die 150 000 Einwohner große Stadt über die Grenzen von Kalifornien hinaus durch zweierlei bekannt: das renommierte California Institute of Technology (Caltech), das mit der NASA (Nationale Luft- und Raumfahrtbehörde der USA) zusammenarbeitet, und die jedes Jahr zu Jahresbeginn stattfindende Rosenparade (s. u.), mit der Südkalifornien der ganzen Nation seine milden Wintertemperaturen demonstriert. Darüber hinaus besitzt die Stadt mit der **Old Town** einen historischen Kern, mit Häusern aus den 1880er- und 1890er-Jahren, in denen moderne Geschäfte, Restaurants und Cafés eingerichtet wurden (Areal um die Kreuzung von Colorado Boulevard und Fair Oaks Avenue). Zu den sehenswerten älteren Gebäuden zählt mit **Castle Green** (99 S. Raymond Ave., www.castlegreen.com) ein ehemaliges Hotel, das mit seiner orientalisch anmutenden Architektur nach wie vor als Filmkulisse dient. Selbst die Stadtverwaltung arbeitet in einem der schönsten, im spanischen Barockstil errichteten Rathäuser Kaliforniens.

Huntington Library, Art Collections & Botanical Gardens

▶ Karte 2, Q 2

1151 Oxford Rd., Tel. 626-405-2100, www.huntington.org, Mo, Mi–Fr 12–16.30, Sa–So 10.30–16.30 Uhr, Erw. wochentags 15 $, Sa–So 20 $, Kinder/Jugendl. 12–18 J. 10 $, 1. Do im Monat mit reserviertem Ticket (1-800-838-3006) Eintritt frei

Die 1919 durch den millionenschweren Geschäftsmann Henry E. Huntington gegründete Privatsammlung zählt zu den bedeutendsten Kunstkollektionen im Westen der USA. In vier separate Galerien sind Werke britischer und französischer Künstler des 18. und 19. Jh., amerikanische Gemälde aus der Zeit zwischen 1730 und 1930, Architekturentwürfe sowie Skulpturen, wertvolles Porzellan und Mobiliar aus dem Frankreich des 18. Jh. sowie Gemälde aus der Renaissancezeit ausgestellt. Geradezu verführerisch wirken aber auch die umgebenden wunderschönen Gartenanlagen mit einem tropischen Gewächshaus und einem chinesischen Garten.

Norton Simon Museum of Art

411 W. Colorado Blvd., Tel. 626-449-6840, www.nortonsimon.org, Mo, Mi–Do und Sa–So 12–18, Fr 12–21 Uhr, Di Ruhetag, Erw. 10 $, Senioren ab 62 J. 5 $, Kinder unter 18 J. und 1. Fr im Monat 18–21 Uhr Eintritt frei

Zu den Glanzstücken des hervorragenden Kunstmuseums zählt eine erlesene Sammlung europäischer Kunst von der Renaissance bis zur Gegenwart, darunter Meisterwerke von Raphael, Botticelli, Rubens, Rembrandt, Goya, Monet, Renoir, Degas und van Gogh. Darüber hinaus kommen Liebhaber zeitgenössischer Kunst etwa von Robert Rauschenberg und Louise Nevelson sowie Pop-Art-Fans (Roy Lichtenstein, Andy Warhol) auf ihre Kosten. Neben alten Skulpturen aus Indien und Südostasien ist auch plastische Kunst aus dem 20. Jh. zu sehen.

Übernachten

Bequem übernachten – **Westin Pasadena:** 191 N. Los Robles Ave., Tel. 626-792-2727, www.starwoodhotels.com, ab 220 $. Hotel mit komfortabler Ausstattung, das sich auch für Geschäftsreisende eignet. In allen 350 klimatisierten Zimmern bzw. Suiten gibt es Kabel-TV, Föhn, Bügeleisen und -brett. Das Haus bietet ein Businesscenter, Fitness-Studio, Restaurant und Spa.

Motel für kleinere Ansprüche – **Pasadena Inn:** 400 S. Arroyo Pkwy, Tel. 626-795-8401, www.pasadenainn.net, DZ ab ca. 80 $. Dreigeschossiges Motel mit externen Korridoren und Kühlschrank, Mikrowelle, Kabel-TV und WLAN in den 66 Zimmern. Der sommerlichen Abkühlung dient ein Außenpool.

Idyllisch campen – **Millard Campground:** Chaney Trail, Angeles National Forest, nördlich von Altadena bei Pasadena, Tel. 818-899-1900. Fünf Stellplätze. Den obligatorischen Adventure Pass (5 $) bekommt man im Sport Chalet, 2450 N. Lake Ave., Altadena. Etwa 1 km vom Platz entfernt stürzen die 20 m hohen Millard Falls über eine Felswand.

Essen & Trinken

Für jeden etwas – **Green Street Restaurant:** 146 Shoppers Lane, Tel. 626-577-7170, www.greenstreetrestaurant.com, Mo–Do 6.30–21, Fr–Sa 6.30–22, So 8–21 Uhr, 10–30 $. In dem Lokal herrscht eine lockere Atmosphäre. Kleinere Gerichte wie Burger und Sandwiches sowie opulente Mahlzeiten wie Limonenheilbutt mit Kapernsauce oder Grillhähnchen auf Thai-Art, dazu amerikanische Weine.

Lokal für Suppenfans – **Noodle World:** 24 W. Colorado Blvd., Tel. 626-585-5885, www.noodleworld.com, So–Mi 11–22, Do–Sa 11–23 Uhr, ab ca. 7 $. Der Renner des fernöstlichen Lokals sind Suppen nach vietnamesischen, thailändischen, japanischen und chinesischen Rezepten. Außerdem werden Nudel- und Reisgerichte sowie Salate serviert.

Infos

Touristeninformation

Pasadena Visitors Bureau: 300 East Green St., Tel. 626-795-9311, www.pasadenacal.com.

Das Beste auf einen Blick

Die Küste von Los Angeles

Highlight!

Venice Beach: Eigentlich hätte hier zu Beginn des 20. Jh. ein kalifornisches Venedig entstehen sollen. Heute erinnern nur noch einige idyllische Kanäle an diese Pläne. Längst konzentriert sich das Besucherinteresse auf den Ocean Front Walk, die ausgeflippteste Promenade der gesamten Region. S. 149

Auf Entdeckungstour

Marlowe ermittelt – zwischen Malibu und Santa Monica: Vielleicht taucht eine glanzlose Nacht Santa Monica in eine diffuse Stimmung, wenn man sich als Leser der Krimis von Raymond Chandler an die Fersen von dessen Spürhund Philip Marlowe heftet. Und vielleicht endet die Suche auch in einer Nebelbank an der Steilküste von Malibu. S. 146

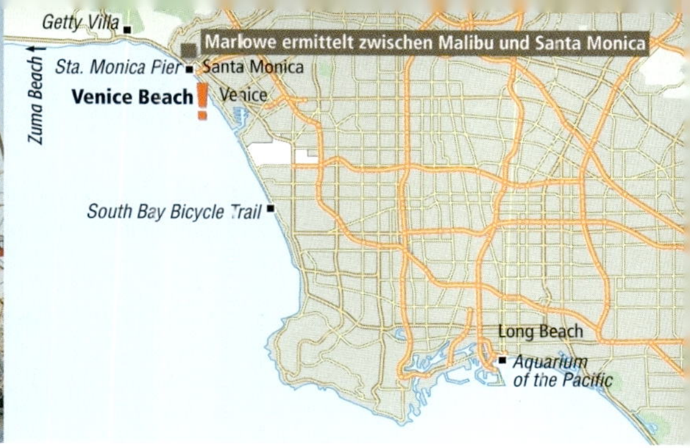

Kultur & Sehenswertes

Getty Villa: Eine grandiose Schatztruhe antiker Kunst bildet das Museum der Getty-Stiftung. Die Artefakte sind in einer prächtigen Villa untergebracht, die einem Anwesen nachempfunden ist, das beim Vesuv-Ausbruch 79 n. Chr. zerstört wurde. S. 140

Aquarium of the Pacific: Hier präsentiert sich die Flora und Fauna des Pazifischen Ozeans; außerdem lassen sich in einer Riesenvoliere exotische Vögel von Besuchern füttern. S. 154

Aktiv & Kreativ

Strandtour per Rad: Der 22 Meilen lange South Bay Bicycle Trail ermöglicht ein sportliches Intermezzo per Rad oder Rollerblades entlang der pazifischen Sandstrände. S. 145

Strandservice: Am Strand von Santa Monica kann man sich dem Service eines Butlers anvertrauen, der für perfekte Rumdumbetreuung sorgt. S. 145

Genießen & Atmosphäre

Zuma Beach: Wer ein aus Sonne, Sand und Surfen gemixtes Stranderlebnis sucht, dabei aber nicht auf zivilisatorische Segnungen wie Restaurants, Sportanlagen und sanitäre Einrichtungen verzichten möchte, ist an diesem Strand in Malibu gut aufgehoben. S. 141

Eleganter Jungbrunnen: Im Burke-Williams-Spa in Santa Monica kann man bei verschiedenen Massage- und Entspannungstherapien die Seele baumeln lassen. S. 145

Abends & Nachts

Santa Monica Pier: Der in den Pazifik hinausgebaute Steg ist vor allem an den Wochenenden oft überfüllt. S. 142

The Pike at Rainbow Harbor: Nach Sonnenuntergang bietet das moderne Amüsier- und Einkaufszentrum am Hafen von Long Beach für jeden Geschmack etwas – vom Pizza-Imbiss bis zum schicken Restaurant. S. 157

Von Pacific Palisades bis Anaheim

Die Küste des Ballungsraumes Los Angeles beginnt im Westen mit der legendären Promi-Gemeinde Malibu, die schon in den Glanzzeiten von Hollywoood eine von Leinwandstars bevorzugte Gemeinde war und heute immer noch ist. Pacific Palisades ist durch das Kunstmuseum Getty Villa in den Kreis der Attraktionen aufgerückt, während Santa Monica schon seit jeher als Bademetropole den Küstenabschnitt dominiert. Längst ist die Stadt mit ihren südlichen Nachbarn Venice Beach und dem Jachthafen Marina Del Rey zu einem Häuserteppich zusammengewachsen. Das gilt im Prinzip auch für die Badeorte entlang der South Bay bis zur Palos-Verdes-Halbinsel. Im Kontrast zu Surfrevieren und Küstenstädtchen mit entspanntem Strandleben steht das Großstadtduo Long Beach/San Pedro ebenso wie das weiter landeinwärts gelegene Disney-Imperium in Anaheim.

Infobox

Touristeninformation
Santa Monica Visitors Center: 1920 Main St., Santa Monica, CA 90401, Tel. 310-393-7593, www.santamonica.com. **Long Beach Visitors Center:** 1 World Trade Center, 2. Etage, Long Beach, CA 90831, Tel. 562-436-3645, www.visitlong beach.com. Einen interaktiver Stadtplan findet man unter http://long beach.micromaps.com.

Verkehr
Der **Internationale Flughafen** von Los Angeles liegt ca. 8 Meilen südlich der Stadt. In Downtown Long Beach verkehren kostenlos zu nutzende **Busse**. Für 90 Cent erreicht man auch weiter entfernte Ziele. Die **Metro Blue Line** stellt die Verbindung nach L.A. her.

Pacific Palisades

► Karte 4, A 2

Getty Villa
17985 Pacific Coast Hwy, Tel. 310-440-7300, www.getty.edu, Mi–Mo 10–17 Uhr, die kostenlosen Tickets inkl. Parkplatz müssen vorab für einen exakten Termin reserviert werden, online für den jeweiligen Tag ohne Reservierung, Eintritt frei, Parkplatz 15 $
Der Kunstmäzen Jean Paul Getty (1892–1976) ließ 1974 einen Kunsttempel nach antikem Vorbild errichten, in dem antike Schätze der berühmten Getty-Stiftung ausgestellt sind – Werke griechischer, römischer und etruskischer Künstler, antike Münzen, religiöse Gegenstände, Silberschmiedearbeiten und Glaskunst. Im florentinischen, von Säulenhallen umschlossenen Garten spiegeln sich antike Skulpturen in den türkisblauen Wasserbecken.

Villa Aurora
520 Paseo Miramar, Tel. 310-454-4231, www.villa-aurora.org, Führungen nur nach telefonischer Vereinbarung
Die Flucht aus Nazi-Deutschland brachte seit 1936 zahlreiche deutsche Emigranten nach Los Angeles, darunter eine Gruppe zum Teil berühmter Schriftsteller, Schauspieler und Regisseure. Der heute 27 000 Einwohner zählende Ort Pacific Palisades wurde damals mit Bertolt Brecht, Thomas und Heinrich Mann, Franz Werfel, Alfred

Döblin und Walter Mehring zum kleinen »Weimar am Pazifik«. Lion Feuchtwangers Wohnsitz, die Villa Aurora, entwickelte sich zu einem Ort der Begegnung deutschsprachiger Exilanten und amerikanischer Kulturschaffender. In dieser Tradition wird das Anwesen auch gegenwärtig als deutsch-amerikanische Kulturaustauschstätte fortgeführt.

Will Rogers State Historic Park

1501 Will Rogers Park Rd., Tel. 310-454-8212, www.parks.ca.gov/?page_id=626, Führungen durch das Ranchhaus Do–Fr 11, 13 und 14, Sa–So von 10–14 Uhr zur vollen Stunde

In den beginnenden 1930er-Jahren gehörte der Schauspieler, Komiker und Entertainer Will Rogers zu den bestbezahlten Hollywoodstars. Auf einem Grundstück an den Flanken der Santa Monica Mountains baute er eine Ranch mit Wohnhaus, Stallungen, Polofeld und Golfplatz auf. Nachdem er 1935 bei einem Flugzeugabsturz ums Leben gekommen und seine Frau 1944 verstorben war, ging der gesamte Besitz an den Staat Kalifornien, der einen State Park daraus machte. Neben Wandern und Reiten können Besucher auch die Ranch besichtigen.

Malibu ► Karte 4, A 2

Der Küstenort liegt nicht weit von den Filmstudios entfernt an den Südhängen der Santa Monica Mountains und ist mit fabelhaften Sandstränden am 21 Meilen langen Pazifiksaum ausgestattet. Im Herbst 2007 machten die verheerenden Waldbrände im südlichen Kalifornien auch vor Malibu nicht Halt, wo zahlreiche Villen evakuiert werden mussten, u. a. die Luxusdomizile von Sean Penn, James Cameron und Olivia Newton-John. Im ›Dorf der Millionäre‹ waren bei Buschbränden bereits 1993 Hunderte Anwesen ein Opfer der Flammen geworden.

Zuma Beach (30 000 Pacific Coast Hwy), Kulisse u. a. für die TV-Serie »Baywatch«, ist für Besucher geeignet, die neben feinem Sand auch Restaurants, Snackbars, Volleyballfelder, Fitnessgeräte und ordentliche sanitäre Einrichtungen schätzen. Unter anspruchsvollen Wellenreitern genießt der **Surfrider Beach** (23 000 Pacific Coast Hwy) eine hervorragende Reputation. Der benachbarte, vom Beginn des 19. Jh. stammende **Malibu Pier** (23 000 Pacific Coast Hwy, www.parks.ca.gov/?page_ id=24409) fiel im Jahre 1993 einem schweren Sturm zum Opfer, wurde 2001 neu errichtet und nach 2004 wieder mit einem Anglerladen und mehreren Lokalen ausgestattet. Geplant ist die Einrichtung eines kleinen Surfmuseums.

Mein Tipp

Wandern auf dem Backbone Trail

Der ca. 70 Meilen lange Backbone Trail erstreckt sich vom Will Rogers Historical State Park in Pacific Palisades bis zum Point Mugu State Park und verläuft dabei größtenteils auf der Kammlinie der Santa Monica Mountains. Wegen der blühenden Wildblumen lohnt sich eine Wanderung vor allem im Frühjahr (Wild Flower Report Tel. 818-768-3533). Höchste Erhebung auf dem Trail ist der 948 m hohe Sandstone Peak. Camping ist im Topanga State Park (www.parks.ca.gov/?page_ id=629), im Malibu Creek State Park (... id=614) und im Point Mugu State Park (... id=630) möglich.

Essen & Trinken

Bikertreff – **The Rock Store:** 30354 Mulholland Hwy, Cornell bei Malibu, Tel. 818-889-1311, www.rock-store.com. Das seit 1961 bestehende rustikale Lokal lockt vor allem Zweiradenthusiasten an, die gerne über die umliegenden Canyonstrecken rasen. Wer sich vorher stärken möchte, hat dazu bei Chiligerichten, Suppen und Sandwiches Gelegenheit.

Santa Monica

► Karte 2, C–E 6/7

Hauptsächlich in den heißen Sommermonaten zieht es die Bevölkerung von Los Angeles massenweise an die frischere Pazifikküste, wo Santa Monica mit seinen 90 000 Einwohnern zu den größeren Städten zählt. Bereits in den 1930er-Jahren war die Gemeinde mit ihren schönen Sandstränden ein beliebtes Naherholungsziel, auch weil hier die in der Bucht verankerten Casinoschiffe für Unterhaltung sorgten. Drei Straßenblocks östlich des Ocean Front Walk verläuft im Zentrum der Stadt mit der **Main Street** die Hauptgeschäftsstraße. Insbesondere zwischen Pico Boulevard und Rose Avenue lohnt sich auf ihr der Schaufensterbummel – elegante Modeboutiquen, Antiquitätengeschäfte, Kunstgalerien und exquisite Restaurants reihen sich hier aneinander.

Santa Monica Pier

Ocean Ave. und Colorado Ave., www.santamonicapier.org

Im September 2009 feierte der Pier mit einem rauschenden Fest sein 100-jähriges Bestehen. Noch immer ist die 300 m ins Meer ragende Konstruktion die Hauptattraktion von Santa Monica.

Neben mehreren Restaurants, Imbissen, Geschäften und Anglerläden bildet der Pier mit dem Rummelplatz Pacific Park (www.pacpark.com), einem Riesenrad und einer Achterbahn einen Anziehungspunkt für Familien mit Kindern. Im kleinen **Santa Monica Pier Aquarium** (Tel. 310-393-6149, www.healthebay.org, Di–Fr 14–17, Sa–So 12.30–17 Uhr) kann man neben Rochen und Haien auch Tintenfische beobachten. Kleine Besucher können auf den handgeschnitzten Pferdchen eines historischen Karussells reiten, das Paul-Newman-Fans aus dem Filmklassiker »Der Clou« kennen. Zu beiden Seiten des Piers dehnt sich ein kilometerlanger, feinsandiger Strand aus, der sich

Teure Adresse – die Stelzenhäuser am Strand von Malibu

zum Sandburgenbauen und aufgrund der weniger starken Brandung auch für Kinder ausgezeichnet zum Baden eignet.

Third Street Promenade

West Third St., www.thirdstreetpromenade.com

Die bei den Einheimischen unter dem Namen ›3-Prom‹ bekannte Fußgängerzone beginnt beim Shopping Center Santa Monica Place und verläuft von dort drei Straßenblocks nach Norden. Außer Geschäften aller Branchen gibt es hier Kinos, Restaurants mit Tischen im Freien, Cafés unter Sonnenschirmen, Imbisse mit Angeboten von uramerikanischen Hot Dogs bis zu vietnamesischen Suppen, Straßenmusikanten, Schuhputzer und Schaulustige, die die lebhafte Szenerie auf sich wirken lassen.

Santa Monica Museum of Art

2525 Michigan Ave., Tel. 310-586-6488, www.smmoa.org, Di–Sa 11–18 Uhr, 5 $

Bis 1953 diente die sogenannte Bergamot Station als Haltestelle einer zwischen Los Angeles und Santa Monica verkehrenden Bahn. In dem hier eingerichteten Museum sind Wechselausstellungen mit den Werken zeitgenössischer Künstler zu sehen. Außerdem gibt es mehrere Galerien, Ladengeschäfte und ein Café.

Museum of Flying
2425 Olympic Blvd., Tel. 310-398-2500, www.museumofflying.com, Eröffnung voraussichtlich Ende 2011
Am neuen Museum of Flying, dessen Neueröffnung sich mehrfach verschoben hat, wird seit Jahren gearbeitet. Der Standort hat Tradition, weil bis 1967 die Flugzeuge der Douglas Aircraft Company dort gebaut wurden. Danach ging die renommierte Firma in der McDonnell Douglas Corporation auf. Das Museum will mit zahlreichen Ausstellungsstücken vor allem den Beitrag von Douglas zur zivilen und militärischen Luftfahrt dokumentieren. Mit dem Thema Flugzeugbau in Santa Monica beschäftigt sich auch das neue **Santa Monica History Museum** (1350 Seventh St., Tel. 310-395-2290, www.santamonicahistory.org).

Übernachten

Zimmer mit Meerblick – **Huntley Hotel:** 1111 Second St., Tel. 310-394-5454, www.thehuntleyhotel.com, ab 280 $. In der Lobby des nur einen Straßenblock vom Strand entfernt gelegenen, 18 Stockwerke hohen Hotels kommt man sich vor wie in einer Kunstgalerie. Die gut 200 Gästezimmer, viele mit Blick aufs Meer, sind mit Plasma-TV, kuscheligen Betten, reizenden Bädern und WLAN ausgestattet. Zum Hotel gehören ein Restaurant, eine Bar sowie Fitness- und Businesscenter.
Rundum bequem – **Best Western Gateway:** 1920 Santa Monica Blvd., Tel. 310-829-9100, www.gatewayhotel.com, ca. 140 $. Auf vier Etagen des modernen Hotels verteilen sich 122 Zimmer mit Klimaanlage, Satelliten-TV, Kaffeemaschine und Highspeed-Internetzugang. Zum Strand und in die Third Street gibt es eine Shuttleverbindung.
Für Rucksackreisende – **Hostelling International:** 1436 Second St., Tel. 310-393-9913, www.hiusa.org, ca. 45 $. Betten im Schlafsaal nur wenige Schritte vom Strand entfernt. Die renovierte Herberge bietet auch eine Cafeteria zum Frühstücken, Internetzugang, Gepäckaufbewahrung und Fernsehzimmer.

Essen & Trinken

Französische Küche vom Feinsten – **Mélisse:** 1104 Wilshire Blvd., Tel. 310-395-0881, www.melisse.com, Probiermenü 105 $, Gerichte à la carte ca. 40–50 $, tgl. außer Mo 18–22 Uhr. Hinter der wenig verführerischen Fassade verbirgt sich ein mehrfach preisgekröntes Lokal für Liebhaber der klassischen französischen Küche. Neben französischen werden auch kalifornische Spitzenweine ausgeschenkt.
Solide Küchenkunst und guter Wein – **The Fig:** 101 Wilshire Blvd. Tel. 310-319-3111, www.figsantamonica.com, Di–Sa Lunch und Dinner, ca. 35–50 $. Ein in der Nähe stehender 135 Jahre alter Feigenbaum hat dem Restaurant seinen Namen gegeben. Das Speisenangebot ist saisonabhängig, weil der Küchenchef nur frische, regionale Produkte verarbeitet.
Gepfefferte Gerichte – **Border Grill:** 1445 4th St., Tel. 310-451-1655, www.bordergrill.com, tgl. ab 11.30 Uhr, ab 15 $. In der hippen mexikanischen Cantina kommen nach Originalrezepten mit Chili zubereitete mittelamerikanische Speisen auf den Tisch – manche von ihnen wegen der höllischen Schärfe für verwöhnte Gaumen ungewohnt. Von Mo–Fr wird ein Quick Lunch zum Festpreis von 10 $ angeboten. Auch die Happy Hour lockt viele durstige Gäste an (Mo–Fr 16–19, Fr–Sa nach 22 Uhr).

Kulinarischer Ausflug in die Karibik – **Port Royal Café:** 1412 Broadway, Tel. 310-458-4147, tgl. außer So Lunch und Dinner, ca. 15 $. Das kleine jamaikanische Restaurant verschafft seinen Gästen Einblicke in die Inselküche, etwa mit Geflügelgerichten, gebratenem Ziegenfleisch, in Zwiebeln und Knoblauch gekochtem Spinat und Kochbananen.

Einkaufen

Im Mekka der Musikinstrumente – **McCabe's:** 3101 Pico Blvd., Tel. 310-828-4497, www.mccabes.com, Mo–Do 10–22, Fr–Sa 10–18, So 12–17 Uhr. Das Top-Musikgeschäft in Santa Monica hat sich auf Saiteninstrumente spezialisiert – von Gitarren über Mandolinen, Geigen und Banjos bis zu griechischen Bouzoukis, indischen Sitars und arabischen Ouds.

Frisches Obst und Gemüse – **Farmer's Market:** 2612 Main St., So 8–13 Uhr. Bauernmarkt auf dem Parkplatz des viktorianischen California Heritage Museum mit erntefrischem Obst, Gemüse, Blumen.

Aktiv & Kreativ

Auf historischen Spuren – **Santa Monica Conservancy:** P. O. Box 653, Santa Monica, CA 90406-0653, Tel. 310-496-3146, www.smconservancy.org. Die Freiwilligen-Organisation veranstaltet jeden Sa um 10 Uhr eine ca. 2-stündige Führung zu Fuß durch die 130-jährige Architekturgeschichte von Santa Monica. Startpunkt ist das Gebäude von Hostelling International (1436 Second St., 10 $).

Sportlich unterwegs – **South Bay Bicycle Trail:** Am Will Rogers State Beach in Santa Monica beginnt mit dieser asphaltierten Route der populärste Rad- und Skaterweg an der Küste von Los Angeles. Immer in Strandnähe zieht er sich durch die einzelnen Ortschaften am Pazifiksaum und endet nach 22 Meilen (35 km) am Torrance County Beach südlich von Redondo Beach. An der Strecke liegen Verleihstationen für Fahrräder (ca. 20 $/Tag) oder Rollerblades.

Eigener Butler – **Perry's Cafe:** 2400 Ocean Front Walk, Tel. 310-939-0000, www.perryscafe.com. Von diesem Lokal gibt es fünf Niederlassungen am Strand von Santa Monica. In allen kann man einen Butler mieten, der den Gast am Strand mit allem versorgt, was man braucht – vom Sonnenschirm über Sonnenöl bis zu Snacks und kühlen Getränken.

Aktiv auf Rädern und Rollen – **Sea Mist Bike Rentals:** 1619 Ocean Front Walk, Tel. 310-395-7076. Verleih von Fahrrädern und Rollerblades.

Entspannung total – **Burke-Williams-Spa:** 1358 4th St., Tel. 310-966-4098 oder 1-866-239-6635, www.burkewilliamsspa.com. Haut- und Nagelpflege, schwedische, japanische und thailändische Massagen sowie Entspannungstherapien in exquisitem Ambiente.

Abends & Nachts

Konzerte & Ausstellungen – **Santa Monica Civic Auditorium:** 1855 Main St., Tel. 310-458-8551, www.santamonicacivic.org. Die Heimbühne des Santa Monica Symphony Orchestra besitzt einen hydraulisch verstellbaren Boden und kann von einem 3000 Zuschauer fassenden Konzertauditorium in eine Mehrzweckhalle für Ausstellungen verwandelt werden.

Gediegene Unterhaltung – **The Veranda:** 1910 Ocean Way, im Hotel Casa Del Mar, Tel. 310-581-5533, ▷ S. 149

Auf Entdeckungstour

Marlowe ermittelt – zwischen Malibu und Santa Monica

Vielleicht taucht eine glanzlose Nacht Santa Monica in eine diffuse Stimmung, wenn man sich als Leser der Krimis von Raymond Chandler an die Fersen von dessen Spürhund Philip Marlowe heftet, um Licht in einen mysteriösen Fall zu bringen. Und vielleicht endet die Suche auch in einer Nebelbank an der Steilküste von Malibu, wo sich Autoscheinwerfer wie Irrlichter über den Pacific Coast Highway bewegen.

Reisekarte: ▶ E/F 7; Karte 2, C/D 6/7

Infos: Esotouric bietet Bustouren zu den Schauplätzen der Chandlerkrimis an (www.esotouric.com).

Raymond Chandler (1888–1959) gehört zu den bedeutendsten amerikanischen Kriminalautoren. Im Schatten des amerikanischen Traums ließ er in den meisten seiner Werke mit Philip Marlowe einen einsamen und melancholischen Privatschnüffler ermitteln. Der wenig kontaktfreudige Schriftsteller spiegelte sich in diesem Charakterbild selbst wider, pflegte er doch die meiste Zeit seines Lebens mit seiner 18 Jahre älteren Frau Cissy ein sehr zurückgezogenes Dasein.

Alkohol und Schreibblockaden

Marlowes Lebensphilosophie gipfelt in dem Satz: »Ich zog eine Flasche Scotch zu Rate und wartete.« Sein Büro lag auf der 6. Etage des Cahuenga Building am Hollywood Boulevard (Raymond Chandler Sq., Hollywood Blvd. und Cahuenga Blvd.) hinter einer schäbigen Tür mit Riffelglas. Dort brütete er über seinen Fällen, in Reichweite einer allzeit bereiten Whiskyflasche. Chandler wurde schon als Kind mit der Alkoholsucht seines Vaters konfrontiert. Später griff er selbst zur Flasche, offenbar um Hemmungen und Schreibblockaden zu überwinden. Als er 1946 mit dem Drehbuch für den Film »Die blaue Dahlie« in Terminnot kam, betrank er sich eine Woche lang ›kontrolliert‹ unter ärztlicher Aufsicht, um am Ende das Skript rechtzeitig abzuliefern. Aufgrund seiner Trunksucht war er bereits 1934 als Direktor einer Erdölgesellschaft entlassen worden.

Im Film wurde Marlowe u. a. von Robert Mitchum und Humphrey Bogart verkörpert. Chandler selbst hätte in der Rolle lieber Cary Grant gesehen, weil er seinem Privatschnüffler mehr als ein »ganz passables Aussehen« bescheinigte. Diesbezüglich projizierte Chandler allem Anschein nach sein phänotypisches Wunschbild auf Marlowe. Denn Billy Wilder, mit dem der Krimiautor 1943 am Drehbuch für »Frau ohne Gewissen« arbeitete, bescheinigte seinem Kollegen das schüttere Haar eines Alkoholikers und das Aussehen eines bekümmerten Bankangestellten.

Tatort Malibu Pier

Wer Chandlers Romane kennt, weiß, dass Marlowe häufig an der Pazifikküste ermittelte. Viele konkrete Spuren sind entweder im Laufe der Zeit untergegangen oder existierten nur in Chandlers Fantasie. Dass der frühere Drehbuchschreiber mit dem Filmgeschäft auf Kriegsfuß stand, kommt im Krimi »Die kleine Schwester« zum Ausdruck. **Malibu**, im Buch Lido genannt, muss schon in den 1930er- und 1940er-Jahren ein borniertes Refugium von Leinwandstars gewesen sein, für deren oberflächlichen Lebensstil Chandler nur Hohn und Spott übrig hatte – gern lästerte er über blaue und rosa Badewannen, Luxuslimousinen, affektierte Stimmen und ›Strandhaus-Moral‹.

Einen Chandler-Tatort finden Krimifans an der Küste der Promikolonie. Als der Regisseur Howard Hawks 1946 den Film »Tote schlafen fest« nach dem Roman »Der große Schlaf« mit Humphrey Bogart und Lauren Bacall drehte, spielte eine Szene auf dem **Malibu Pier** (23 000 Pacific Coast Hwy), der im Roman den Namen Lido Pier trägt. Hawks soll sich während des Drehs telefonisch bei Chandler erkundigt haben, wer in der Szene eigentlich der Mörder eines Chauffeurs sei, der mit seinem Wagen vom Pier gestürzt wurde. Man könne von ihm nicht ernsthaft erwarten, antwortete der Autor, dass er sich an einen fünf Jahre früher geschriebenen Plot erinnere. Im Roman fährt Chefinspektor Ohls mit

Marlowe zum Tatort und stellt das Auto vor einem Stuckbogen ab, vor dem sich »ein langer Pier, von weißen Pflöcken gesäumt« ins Meer erstreckt. Nach dem Bogen sucht man heute vergeblich. Stattdessen spaziert man zwischen Malibu Pier Club und Beachcomber Cafe über die rissigen Dielen des Piers, der von Bretterbalustraden begrenzt wird und mit blau-weißem Äußeren eher Urlaubsstimmung erzeugt, als dass er an den Ort eines Verbrechens erinnert.

Schnüffeltour mit Marlowe

In der Nähe biegt vom Pacific Coast Highway der **Tuna Canyon** in die Berge ab. Die kurvige, zum Teil steile und von Wald gesäumte Asphaltstraße ist nur noch aus der Gegenrichtung befahrbar. Früher hat es hier viele Unfälle gegeben, bei denen auch zahlreiche Radsportler zu Schaden kamen. In »Lebewohl, mein Liebling« sucht man den Tuna Canyon vergeblich, weil er bei Chandler Purissima Canyon heißt. Marlowe fährt mit seinem Auftraggeber Lindsay Marriott nachts in diese Schlucht, um eine gestohlene Jadehalskette von Dieben für 8000 $ zurückzukaufen. Wo genau er selbst mit einem Totschläger niedergestreckt und seinem Begleiter der Schädel eingeschlagen wird, lässt sich nicht exakt feststellen. Im Canyon spürt man aber abends die von Chandler beschriebene Stimmung, als sei seit damals kein Tag vergangen. Grillen zirpen, und in der Luft schnuppert man den beißenden Geruch der auf rotem Lehmboden wachsenden Salbeibüsche, während in der Ferne der Verkehr über die Küstenstraße dröhnt.

Unterwegs in Bay City

Marlowe hatte zu Bay City ein recht distanziertes Verhältnis. Hinter dem Namen verbirgt sich **Santa Monica,** das in den 1930er-Jahren ein Sumpf aus Korruption, Prostitution und Kriminalität war. Der Schnüffler würde die Stadt heute sicher nicht wiedererkennen. Das 1938 vor der Küste ankernde Gamblingschiff S. S. Rex (bei Chandler heißt es Montecito) ist ebenso verschwunden wie die Wassertaxis, die diesen und andere schwimmende Glückspielpaläste mit zwielichtiger Kundschaft versorgten. Statt über Chandlers Pacific Pier schlendert man über den **Santa Monica Pier,** den Stadtbesucher bis heute als *das* Symbol des leichten kalifornischen Lebensstils genießen.

In »Lebewohl, mein Liebling« stattet Marlowe dem Polizeichef in der **City Hall** (1685 Main St.) einen Besuch ab und beschreibt sie als »ein schäbig aussehendes Gebäude für eine so blühende Stadt«, umlagert vom sozialen Bodensatz der Ära der Weltwirtschaftskrise. Auf dem Dach befand sich ein Türmchen mit Glocke, die »in den guten alten Tagen des Kautabaks für die freiwillige Feuerwehr geläutet worden« war. Heutigen Besuchern fällt auf, dass der Glockenturm verschwunden ist und der 1937 errichtete, langgestreckte Bau samt Umgebung mit Feigenbäumen, Rasenflächen und Blumenrabatten in den Augen von Marlowe garantiert besser wegkommen würde als damals. Chandler war mit Santa Monica gut vertraut, weil er von 1940 bis 1941 mit seiner Frau Cissy in einem weiß getünchten, respektablen Gebäude im 400er-Block des San Vicente Boulevard wohnte und arbeitete; hier ersann er so legendäre Sentenzen wie »Sein Abendanzug saß so gut, dass es beinahe wehtat« oder »Er war so unauffällig wie eine Tarantel auf einem Quarkkuchen«.

http://hotelcasadelmar.com, tgl. ab 18 Uhr. Mit Blick aufs Meer können Cocktailfreunde in dieser bequem und elegant eingerichteten Bar unter vielen Drinks ihren Favoriten suchen, die Auswahl an Martinis ist beeindruckend. Am Wochenende gibt es Live-Jazz.

Venice Beach!

► Karte 2, D 7/8

Ocean Front Walk

Zentrum zwischen Brooks St. und South Venice Blvd.
Der berühmte Ocean Front Walk in Venice Beach ist keine Strandpromenade wie jede andere. Zwar ähnelt der drei Meilen lange Weg zwischen Palmenstrand auf der einen und Häuserzeilen mit Läden, Hotels und Straßenlokalen auf der gegenüberliegenden Seite den Strandboulevards, wie man sie auch aus anderen Orten kennt. Einmalig ist die Promenade aber wegen ihrer Menschen, die sie zu einer Mischung zwischen Open-Air-Zirkus, Schaubühne für Extrovertierte und Laufsteg für sangesfreudige Rentnerduos, Möchtegern-Entertainer, Musiker, Maler, Amateurschauspieler, Wahrsager und Artisten machen. Dass bei dem hauptsächlich an Wochenenden amüsanten Flanierkorso zwischen Akteuren und Publikum kaum Unterschiede bestehen, macht die Dauerparade umso sehenswerter (s. Lieblingsort S. 150).

Muscle Beach

Ocean Front Walk zwischen 17th und 19th St.
Paradiesische Verhältnisse herrschen am Strand von Venice Beach für Sportler. Neben Volleyballfeldern, Basketballcourts, Tennisplätzen, Halfpipes für Skateboarder und Wegen für Radfahrer und Inlineskater zieht vor allem der Muscle Beach Zuschauer an. Bodybuilder unterziehen sich auf einem offenen Trainingsgelände vor dem staunenden Publikum einem schweißtreibenden *workout*, das die Bizepsarena in zwei Kategorien teilt: harmlose Exhibitionisten auf der einen und Schaulustige auf der anderen Seite des Zaunes.

Die Kanäle von Venice

zwischen Washington Ave. und Venice Blvd. östlich der Pacific Ave.
Als um die Wende vom 19. zum 20. Jh. ein reicher Zigarettenfabrikant mit dem Ausheben von Kanälen eine Lagunenstadt italienischen Zuschnitts anzulegen begann, lag die Taufe auf den Namen Venice nahe. Zwar wurden einige Wasserstraßen gegraben, aber die Idee setzte sich am Ende nicht durch. In den 1990er-Jahren besann sich die Verwaltung auf die ursprünglichen Pläne und ließ einige mittlerweile zugeschüttete Kanäle wiederherstellen. Heute ist Venice ein reizvolles Wohnviertel mit hölzernen Brücken, hübschen Häusern und üppigen Vorgärten.

Essen & Trinken

People watching – **Sidewalk Café:** 1401 Ocean Front Walk, Tel. 310-399-5547, www.thesidewalkcafe.com, tgl. 8–23 Uhr, Mo–Fr 16–19 Uhr Happy Hour, Sa–So Champagnerbrunch ab 10 Uhr, ab ca. 8 $. Um den Betrieb auf dem Ocean Front Walk ungestört zu verfolgen, setzt man sich am besten unter die offenen Arkaden des Straßenlokals, vor dem Break Dancers, Schwert- und Feuerschlucker und Skater in Spiderman-Kostümen eine karnevaleske Show abziehen.

Früchte des Meeres – **Restaurant Hama:** 213 Windward Ave., Tel. 310-

Lieblingsort

Total ausgeflippt! ▶ Karte 2, D 7
Los Angeles ist um Schräges, Kurioses und Ungewöhnliches bekanntlich nicht verlegen. Der **Ocean Front Walk** in Venice Beach setzt der Mentalität der Südkalifornier die Krone auf. Hauptsächlich an Wochenenden laufen Schaulustige und Akteure auf der Strandpromenade derart zu Hochform auf, dass man nicht so genau weiß, ob man sich durch ein Abstrusitätenpanoptikum, einen Open-Air-Zirkus, über eine Schaubühne für Extrovertierte, einen Laufsteg der Eitelkeiten oder durch eine offene Psychiatrie bewegt (s. S. 149).

Hermosa Beach gilt unter Surfern als eines der besten Reviere

396-8783, www.hamasushi.com, tgl. 18–23 Uhr, ab 8 $. Wer sich am Gästeandrang und Geräuschpegel nicht stört, findet eine große Auswahl an sehr guten Sushi- und Sashimi-Varianten vor. Außerdem werden Suppen, Salate, vegetarische Gerichte sowie Fisch und Meeresfrüchte serviert. Am Ende des Tages singen die Chefs zusammen mit den letzten Gästen ›Hotel California‹. Happy Hour von 17–19 Uhr bzw. in der Football-Saison bis Spielende.

Marina del Rey

▶ Karte 2, E 8

Für Liebhaber des Segelsports ist der Hafen mit 5000 Segelbooten und Jachten eine Augenweide. Aber auch für weniger wassersportlich orientierte Besucher lohnt sich ein Gang um die 1962 künstlich angelegten Marinas, in denen im Jahr durchschnittlich 100 000 Freizeitkapitäne vor Anker gehen.

Einkaufen

Unterhaltsames Shopping – **Fisherman's Village:** 13755 Fiji Way. Um einen 20 m hohen Leuchtturm liegendes touristisches Einkaufs- und Restaurantviertel im Stil eines Fischerdorfs mit Geschäften, Esslokalen, Cafés und Anbietern von Schiffstouren nach Catalina auf den Channel Islands. An Wochenenden gibt es bei schönem Wetter auf der Lighthouse Plaza Live-Musik.

Alles unter einem Dach – **Villa Marina Marketplace:** 13450 Maxella Ave., www.villamarinamarketplace.com, Mo–Fr 10–21, Sa 10–20, So 11–18 Uhr. Größtes Einkaufszentrum vor Ort mit ca. 70 Geschäften, Restaurants und einem rund um die Uhr geöffneten Supermarkt samt Apotheke.

Aktiv & Kreativ

Auf der Spur der Riesensäuger – **Whale Watching:** Marina del Rey Sportfishing, Dock 52, 13759 Fiji Way, Tel. 310-822-3625, www.marinadelreysportfishing.com/whalewatching. Walbeobachtungstouren Jan.–März.

South Bay

► Karte 4, B 3/4

Unter diesem Namen firmiert der südliche Teil der Bucht von Santa Monica mit mehreren *beach communities* sowie der Palos-Verdes-Halbinsel (bis San Pedro).

Manhattan Beach

Kilometerlange Sandstrände haben der 35000-Seelen-Gemeinde den Ruf eingebracht, zu den attraktivsten Küstenabschnitten im südlichen Kalifornien zu gehören. Kein Wunder, dass drei aus dem weiter östlich gelegenen Hawthorne stammende Beach-Boys-Mitglieder in den 1960er-Jahren den legendären Surf Sound aus der Taufe hoben. Schließlich gilt Manhattan Beach unter Insidern als hervorragendes Revier für Wellenreiter. Vor Ort soll der Beach-Volleyball erfunden worden sein, weshalb heute noch zahlreiche Wettbewerbe in dieser Sportart ausgerichtet werden. Der 1920 fertiggestellte, 282 m lange Pier endet mit einem abgerundeten Pavillon. Im **Roundhouse Aquarium** gibt es u. a. ein

Haifischbecken und flache Pools, in denen man harmlose Meeresbewohner anfassen kann (www.roundhouse aquarium.org, Mo–Fr 15 Uhr bis Sonnenuntergang, Sa–So ab 10 Uhr, 2 $).

Hermosa Beach

Ähnlich wie Manhattan Beach rühmt sich auch dieser Ort, dem Beach-Volleyball zu internationalem Rang verholfen zu haben. Unter Surfern gilt die Küste von Hermosa Beach als ideales Revier. Seit 2003 werden dem örtlichen ›Surfers Walk of Fame‹ auf dem Pier Jahr für Jahr neue Bronzeplaketten mit bekannten Namen des Surfsports hinzugefügt. Wer das Wellenreiten erlernen möchte, kann hier Kurse absolvieren (Campsurf, 2120 Circle Dr., Tel. 310-766-7234, www.campsurf.com).

Redondo Beach

Auch in Redondo Beach ist der Pier (www.redondopier.com) mit Restaurants, Schnellimbissen und Geschäften Dreh- und Angelpunkt des öffentlichen Lebens. Im Unterschied zu anderen Orten besteht er aber nicht aus einem einzelnen, sondern aus vier miteinander verbundenen Stegen aus Stahlbeton. In der nördlichen Nachbarschaft des Piers dehnt sich der durch zwei Dämme geschützte Hafen mit zahlreichen Marinas aus.

Palos Verdes

Südlich von Redondo Beach ragt die Palos Verdes Peninsula wie ein von Klippen gesäumter Felssporn in den Pazifik hinein. Außer dem 145 000 Einwohner großen **Torrance** gibt es hier nur kleinere Ortschaften. Wer Palos Verdes näher in Augenschein nehmen möchte, begibt sich am besten auf den an der Steilküste entlang verlaufenden Palos Verdes Drive, von dem aus man an vielen Stellen den Blick auf die vorgelagerten Channel Islands genießen kann.

Infos & Termine

Touristeninformation

Manhattan Beach Chamber of Commerce: 425 15th St., Manhattan Beach, CA 90266, Tel. 310-545-5313, www.manhattanbeachchamber.net

Termine

International Surf Festival: Ende Juli, Anfang Aug. treffen sich u. a. am Manhattan Beach die besten Surfer (www.surffestival.org).

Long Beach und San Pedro

► Karte 4, C 4

An der San-Pedro-Bucht gelegen, ist **Long Beach** mit knapp 500 000 Einwohnern die fünftgrößte Stadt Kaliforniens. Längst ist sie mit **San Pedro** zusammengewachsen. Ihr Hafen rangiert mit einem Jahresumschlag im Wert von fast 100 Mrd. $ in den USA auf Platz 1, weltweit auf Platz 10. Während man in der Innenstadt gut einkaufen und speisen kann, wirkt die aufgeweckte und mondäne Queensway Bay mit ihren Marinas, Wasserbecken und Palmenhainen wie ein Stück Karibik. Die Verwaltung investierte in den vergangenen Jahren große Summen in städtebauliche Maßnahmen, wodurch Long Beach erheblich an Attraktivität gewonnen hat, wie z. B. im Umkreis des aus Restaurants, Eisdielen, Andenkenläden, Verleihstationen für Wassersportgeräte, Modeboutiquen und Ausflugsbooten bestehenden Shoreline Village festzustellen ist (Shoreline Village Dr., www.shorelinevillage.com, tgl. 10–21 Uhr).

Aquarium of the Pacific

100 Aquarium Way, Long Beach, Tel. 562-590-3100, www.aquariumof

pacific.org, tgl. 9–18 Uhr, Erw. 25 $, Kinder 3–11 J. 13 $
Ca. 12 500 Meeresbewohner und ozeanische Lebensräume wie die Gewässer vor der Küste Kaliforniens, der eiskalte Nordpazifik und die tropischen Regionen des Stillen Ozeans verschaffen Besuchern einen Einblick in die faszinierende maritime Flora und Fauna. Publikumsmagnete sind Shark Lagoon mit über 150 Haiarten und der prächtige Lorikeet Forest, in dem man exotische Vögel von Hand füttern darf.

Los Angeles Maritime Museum

Berth 84, E. 6th St. und Sampson Way, San Pedro, Tel. 310-548-7618, www.lamaritimemuseum.org, Di–So 10–17 Uhr, Erw. 3 $, Kinder Eintritt frei
Die Geschichte der Handelsschifffahrt und der Marine ist Thema des im ehemaligen Fährterminal eingerichteten Museums. Die Ausstellung ist vor allem reich an unterschiedlichen maßstabsgetreuen Schiffsmodellen. Daneben geht es auch um nautische Kunst und professionelles Tiefseetauchen. Zu den größten Exponaten gehört die Kommandobrücke eines Schlachtschiffs.

Museum of Latin American Art

628 Alamitos Ave., Long Beach, Tel. 562-437-1689, www.molaa.org, Mi–So 11–17, Do bis 21 Uhr, Erw. 9 $, Kinder unter 12 J. Eintritt frei
Das Museum kann stolz sein auf die in der Zeit nach dem Zweiten Weltkrieg entstandenen Werke Spanisch bzw. Portugiesisch sprechender Künstler Lateinamerikas und der Karibik; es besitzt eine der weltweit gößten Sammlungen dieser Art. Neben Gemälden sind auch Skulpturen ausgestellt. Außerdem richtet das Haus jedes Jahr zwei sehenswerte Wechselausstellungen aus.

Queen Mary

1126 Queens Hwy, Tel. 562-435-3511, www.queenmary.com, tgl. 9–17 Uhr, Erw. 25 $, Kinder 5–11 J. 13 $
Als der schwimmende Palast 1934 vom Stapel lief, galt er als das schnellste und

Mein Tipp

Inselabstecher nach Catalina Island

Von Long Beach bzw. San Pedro kommt man mit dem Catalina Express (Tel. 310-519-1212, http://catalinaexpress.com, Febr.–Okt. tgl., einfache Fahrt 33,25 $) nach Catalina Island. Die Überfahrt dauert etwa 1 Std. Wer in Eile ist, kann eine Wegstrecke mit dem Island Express Helicopter Service (1175 Queen's Hwy, Tel. 1-800-228-2566, http://islandexpress.com, Hin- und Rückflug 180 $) in nur 15 Min. absolvieren. Für einen Parkplatz am Hafen bezahlt man 14 $. Wer an Kosten für Transfer und Unterkunft sparen möchte, informiert sich am besten auf der Internetseite www.catalinachamber.com/inspirations über spezielle Angebote. Inselausflüge gibt es per Unimog oder Kleinbus (Tel. 310-510-8687, www.visitcatalinaisland.com). Für größere Hikingtouren benötigt man eine kostenlose Genehmigung (Catalina Island Conservancy, Tel. 310-510-1445, www.catalinaconservancy.org).

größte Luxusschiff auf der nördlichen Transatlantikroute. Nach 1001 Fahrten zwischen Amerika und Europa ging der beeindruckende Ozeanriese 1967 dauerhaft im Hafen von Long Beach vor Anker und dient seither als Hotel und Museum. Neben dem Luxusliner kann man das ausgemusterte russische U-Boot Scorpion besichtigen, das während des Kalten Krieges von 1973 bis 1994 in den Weltmeeren kreuzte.

Alamitos Bay

Die am südöstlichen Stadtrand von Long Beach (E. Second St.) liegende Bay ist nur über eine schmale Passage mit dem offenen Meer verbunden. Innerhalb der Bucht liegt das Stadtviertel Naples, das sich über drei durch Kanäle voneinander getrennte Inseln erstreckt. Ähnlich wie bei Old Venice (s. S. 149) handelt es sich um eine idyllische Wohngegend mit hübschen Häusern, Gärten und vertäuten Booten entlang dem Rio-Alto-Kanal, um den sämtliche Straßen italienische und spanische Namen tragen, von der Garibaldi Lane über den Syracuse Walk bis zum Siena Drive und der Toledo Avenue.

Übernachten

Zentral – **Hotel Maya:** 700 Queensway Dr., Long Beach, Tel. 562-435-7676, http://doubletree1.hilton.com, ab 139 $. In diesem an der Wasserkante gelegenen Boutiquehotel stehen 195 renovierte, gemütliche Gästezimmer (die meisten mit Balkon), ein Restaurant mit Bar, beheizter Außenpool, Fitnessstudio und WLAN.

Hübsches B&B – **Beachrunners' Inn:** 231 Kennebec Ave., Long Beach, Tel. 562-856-0202, www.beachrunnersinn.com, 100–135 $. Freundliches Privatanwesen aus dem Jahr 1913 nur wenige Schritte von der Wasserkante entfernt. Alle fünf Gästezimmer mit eigenem Bad, Deckenventilator, TV und Kaffeemaschine. Das Frühstück ist inklusive.

Essen & Trinken

Lateinamerikanische Küche – **Alegria Cocina Latina:** 115 Pine Ave., Long Beach, Tel. 562-436-3388, http://alegriacocinalatina.com, Lunch Di–Fr 11.30–16, Dinner Di–Do 16–22, Fr–Sa 16–1.30, So 17–22 Uhr, ca. 8–20 $. Lateinamerikanisches Flair herrscht in diesem Lokal, was nicht an den Speisen allein liegt. Die Gerichte reichen von vegetarischer Lasagne bis zu Chicken-Enchiladas und von Tiger Prawns in Knoblauch-Cayenne-Tequila-Sauce bis zu Suppen nach Art des Hauses.

Für Liebhaber von britischem Bier – **The Whale & Ale:** 327 W. 7th St, San Pedro, Tel. 310-832-0363, www.whaleandale.com, tgl. 12–2 Uhr, 6–12 $. Diese Mischung aus Restaurant und Pub mit einem Innendekor wie zu viktorianischen Zeiten liegt nicht weit vom Hafen entfernt in einer anonymen Stadtgegend. Außer unterschiedlichen britischen und internationalen Biersorten werden kleinere Gerichte serviert.

Traumsteaks – **555 East Restaurant:** 555 E. Ocean Blvd., Long Beach, CA 90802 Tel. 562-437-0626, www.555east.com, Lunch Mo–Fr 11.30–15, Dinner So–Mo 17.30–21, Di–Do bis 22, Fr–Sa bis 23 Uhr, Steaks 25–50 $. Gleichgültig, welche Steakvariante man bestellt: Das hochwertige Fleisch ist auf den Punkt gebraten. Wer Meeresfrüchte vorzieht, wird ebenfalls nicht enttäuscht.

Einkaufen

Ausgefallene Klamotten – **Retro Row:** Fourth St. zwischen Junipero und Cherry Ave. in Long Beach. Ein gutes

Dutzend Läden und Boutiquen bieten unkonventionelle Mode, häufig im Stil längst vergangener Epochen.

Für die große Shoppingtour – **Long Beach Towne Center:** 7575 Carson Blvd., www.longbeachtownecenter.net, Mo–Sa 9–21, So 12–18 Uhr. Reizvoll angelegtes Einkaufszentrum mit Geschäften, Boutiquen, Imbissen, Restaurants und Kinos.

Aktiv & Kreativ

Die Hüften schwingen – **Cowboy Country:** 3321 E. South St., Tel. 562-630-3007, www.cowboycountry.mu, Mi, Fr–Sa 19 und 20 Uhr. Wer sich in die Geheimnisse von Square Dance und anderen Cowboytänzen einweihen lassen möchte, hat dazu in dem rustikalen Lokal mit typischem Texasflair Gelegenheit. Kostenlos natürlich.

Abends & Nachts

Schicke Clubmeile – **Pine Avenue:** Die in Nord-Süd-Richtung durch die Innenstadt von Long Beach verlaufende Straße hat sich in den letzten Jahren in ein schickes Ausgehviertel verwandelt, in dem man nach Restaurants, Bars und Clubs nicht lange suchen muss. Derzeit ›in‹ sind die Clubs Cohiba (Pine Ave. und Broadway, www.cohibalongbeach.com), Rhythm Lounge (245 Pine Ave., www.rhythm-lounge.com) und Hush (217 Pine Ave., keine Website).

Totales Amüsement – **The Pike at Rainbow Harbor:** 95 South Pine Ave., Long Beach, Tel. 562-432-8325, www.thepikeatlongbeach.com, unterschiedliche Öffnungszeiten. Bars, Pubs, Pizzerien, Restaurants, Boutiquen, Riesenrad, Spielzentrum und Kinos machen das moderne Amüsierviertel abends zum viel besuchten Nachtschwärmerziel.

Infos & Termine

Termine

Long Beach Jazz Festival: August. Seit über 20 Jahren zieht dieses Festival Interpreten, Gruppen und Zuschauer aus den ganzen USA an (www.longbeachjazzfestival.com).

Das Disney-Imperium

Das Vergnügungsimperium in Anaheim liegt zwar im Küstenhinterland, ist aber von Long Beach aus einfach über den San Diego Freeway, den Garden Grove Freeway und den Santa Ana Freeway zu erreichen. Die wahre Geburtsstätte von Mickey Mouse ist der 1955 in Anaheim eröffnete Disneyland Park. Er war der erste große Vergnügungspark der Welt, der den vom US-amerikanischen Filmproduzenten Walt Disney (1859–1941) erfundenen Trickfilmcharakteren wie Donald Duck und Goofy eine Heimstätte und damit zumindest für Kinder den Inbegriff irdischen Vergnügens schlechthin schuf. Heute verteilen sich auf der 340 000 m² großen Fläche über 60 Attraktionen, einschließlich vieler Fahrbetriebe. Im Jahr 2001 gesellte sich zum alten Park mit Disney's California Adventure Park ein moderner gestaltetes Vergnügungsimperium, das dem offenbar vorhandenen Publikumsverlangen nach nervenzerfetzenden Achterbahnen Tribut zollt.

Disneyland Park ► Karte 4, E 3
1313 Harbor Blvd., Anaheim, Tel. 714-781-4565, www.disney.go.com, wechselnde Öffnungszeiten, normalerweise tgl. 9–23 Uhr, preiswertestes Tagesticket ab 10 J. 76 $, Kinder 3–9 J. 68 $, für beide Parks 101 bzw. 91 $

Herzstück des älteren Disneyland-Vergnügungsparks ist mit der ›Main Street USA‹ ein viktorianischer Straßenzug mit Geschäften, der im Zentrum des Parkteils ›Fantasyland‹ zum Dornröschenschloss ›Sleeping Beauty Castle‹ führt. Um dieses Zentrum sind weitere Segmente angeordnet wie das ›Adventureland‹ mit Piratenhöhlen, Tarzans Baumhaus, einer Achterbahn und einem Dschungel, den Besucher per Boot erkunden. ›Frontierland‹ thematisiert mit seinen Attraktionen den Wilden Westen, während ›Critter County‹ mit dem ›Splash Mountain‹ ein feuchtes Fahrvergnügen garantiert. Im ›Tomorrowland‹ hingegen geht es bei Tauchfahrten in der Tiefsee und Expeditionen in den Orbit recht futuristisch zu.

California Adventure Park

s. Disneyland Park, wechselnde Öffnungszeiten, Kernzeit tgl. 10–21 Uhr, preiswertestes Tagesticket ab 10 J. 76 $, Kinder 3–9 J. 68 $

Auch dieser 2001 eröffnete Park ist in Themenbereiche aufgeteilt. In ›Hollywood Pictures Backlot‹ geht es vorrangig um das Thema Film. Im ›Tower of Terror‹ stürzt man in einem dunklen Fahrstuhl ins Bodenlose. Harmlosere Attraktionen für Kinder gibt es natürlich auch. Achterbahnfreaks können echten Nervenkitzel in ›Paradise Pier‹ genießen. Der Hochgeschwindigkeits-Rollercoaster ›California Scream‹ erreicht ein Spitzentempo von 90 km/h, während das Katapult ›Maliboomer‹ angeschnallte Gäste in 2 Sek. 60 m senkrecht in den Himmel schießt.

Knott's Berry Farm ► Karte 4, D 3

8039 Beach Blvd., Buena Park, Tel. 714-220-5200, www.knotts.com, Mo–Fr 10–18, Sa 10–22, So 10–19 Uhr, in der Hauptsaison länger, Tagespass Erw. 57 $, Kinder 3–11 J. und Senioren ab 62 J. 25 $).

Der aus einem landwirtschaftlichen Anwesen gewachsene Vergnügungspark setzt sich aus sechs Teilen zusammen, in denen es vorrangig um Fahrbetriebe vom Oldtimer-Karussell für kleine Kinder bis zur haarsträubenden

Der California Adventure Park bietet Nervenkitzel für fast alle Altersstufen

Highspeed-Achterbahn für Adrenalinsüchtige geht.

Soak City Water Park

s. Knotts Berry Farm, www.knotts.com/public/park/soakcity, tgl. 10–19 Uhr, Erw. 27 $, Kinder 3–11 J. und Senioren ab 62 J. 22 $

Zur Knott's Berry Farm gehört ein Wasserpark, der im Sommer mit Schwimmbecken, einem Wellenbad und grandiosen Rutschen Abkühlung bietet.

Das Beste auf einen Blick

Die Küste von Los Angeles bis Monterey

Highlights!

Santa Barbara: Die knapp 100 000 Einwohner zählende Küstengemeinde sonnt sich in dem Ruf, zu den attraktivsten Städten Kaliforniens zu gehören. Nach einem Erdbeben in den 1920er-Jahren einigte sich die Verwaltung für den Wiederaufbau auf den dekorativen spanischen Kolonialstil, dem sie seit damals treu blieb. S. 162

Hearst Castle: Man mag den auf einer Hügelkuppe liegenden Palast für einen Ausdruck von Größenwahn oder Geltungssucht halten – beeindruckend ist die Privatresidenz allemal, die sich der schwerreiche Zeitungsmagnat William Hearst bauen ließ. S. 181

Auf Entdeckungstour

Rätselhafte Indianerkunst – die Painted Cave bei Santa Barbara: Geheimnisvolle Symbole zieren die Wände der versteckten Höhle in einem abgelegenen Canyon in den Bergen von Santa Barbara. Sie stammen von den Chumash-Indianern – so viel ist sicher. S. 170

Wellenumtoster Seelöwentreff – Point Lobos: Mit Getöse fallen schäumende Brecher über zerborstene Küstenabschnitte her. Die Naturkulisse von Point Lobos wird jeden Besucher beeindrucken. S. 178

Kultur & Sehenswertes

Mission San Carlos Borroméo: Von den baulichen Überresten aus der Kolonialzeit gehört die Mission in Carmel zu den stimmungsvollsten. Vor Ort fand der berühmte Missionsgründer Junípero Serra seine letzte Ruhestätte. S. 186

Monterey Bay Aquarium: Vom Seepferdchen bis zum Riesenoktopus präsentiert sich in diesem berühmten Aquarium alles, was normalerweise nur Taucher zu sehen bekommen. S. 187

Aktiv & Kreativ

Stadtführung zum Thema Architektur: Einen reizvollen Blick hinter die andalusisch geprägte Architekturkulisse von Santa Barbara bieten professionelle Führungen durch das Zentrum. S. 173

Küchenchefs über die Schulter geschaut: Wer sich kreativ betätigen möchte, kann in Monterey einen mehrstündigen Kochkurs absolvieren und sein Werk dann verspeisen. S. 189

Genießen & Atmosphäre

Stearns Wharf: Von einer Schiffsanlegestelle hat sich der mit Restaurants, Aquarium und Bootsverleih ausgestattete Pier von Santa Barbara in ein populäres Freizeitzentrum verwandelt – besonders schön am Abend, wenn die untergehende Sonne Strand und Stadt in ein magisches Licht taucht. S. 166

Freizeitspaß in Pismo Beach: Der lange Sandstrand des Städtchens ist ein Paradies für Freizeitakteure. S. 176

Abends & Nachts

James Joyce: Der irische Pub in Santa Barbara garantiert einen vergnüglichen Abend unter Gleichgesinnten. Am Wochenende spielen Live-Bands zum Tanz auf. S. 173

Chumash Casino: In der Santa Ynez Indian Reservation liegt mit diesem indianischen Spielcasino und Resorthotel ein rund um die Uhr geöffneter Hotspot der Abendunterhaltung. S. 176

Die kalifornische Zentralküste

Von den nördlichen Ausläufern des Großraums Los Angeles und Santa Barbara abgesehen, zeigt sich die Central Coast als ländliche Idylle mit kleinen Städten und Badeorten. Hauptattraktionen sind aber die vom Pazifik zerfurchten, wildromantischen Steilküsten im Bilderbuchformat.

Oxnard, Ventura ►E 7

Der Häuserteppich von Los Angeles wuchert so weit am Küstenhighway entlang, dass er längst auch Städte wie **Oxnard** (200 000 Einw., www.visitoxnard.com) und **Ventura** (110 000 Einw., www.ventura-usa.com) erreicht hat.

Infobox

Touristeninformation

Central Coast Tourism Council: P.O. Box 3103, Pismo Beach, CA 93448, www.centralcoast-tourism.com

Santa Barbara Visitor Center: 1 Garden St., Santa Barbara, CA 93101, Tel. 805-965-3021, www.sbchamber.org, www.santabarbaraca.com, www.santabarbaradowntown.com.

Anreise und Weiterkommen

Bahn: Amtrak-Terminal, 209 State St., Santa Barbara, Tel. 805-963-1015, www.amtrak.com. Der Coast Starlight bedient die Strecke Los Angeles–Seattle. Der Pacific Surfliner fährt tgl. 5 x von Los Angeles nach Santa Barbara, 2 x tgl. weiter nach San Luis Obispo.

Bus: Greyhound Bus Lines, 34 W. Carrillo St., Santa Barbara, Tel. 805-965-7551, www.greyhound.com.

Vor allem Ventura eignet sich als Ausgangspunkt für Schiffstouren auf die Channel Islands (Island Packer Cruises, 1691 Spinnaker Dr., Tel. 805-642-1393, http://islandpackers.com). In der Nachbarschaft des Konzessionärs unterhält der Nationalparkservice ein Büro, in dem man alle Informationen über die Inselgruppe und die Modalitäten eines Besuchs bekommt (Channel Islands National Park, 1901 Spinnaker Dr., Tel. 805-658-5700, www.nps.gov/chis).

Mission San Buenaventura

213 E. Main St., Tel. 805-643-4318, www.sanbuenaventuramission.org, Museum Mo–Fr 10–17, Sa 9–17, So 10–16 Uhr, Erw. 2 $, Kinder 0,50 $

Mit der Gründung der Mission im Jahr 1782 legte der Franziskanerpater Junípero Serra gleichzeitig den Grundstein für die später entstehende Stadt Ventura. Wie es zu Serras Zeiten auf den Missionsstationen in Kalifornien zuging, zeigt das kleine Museum. Mit der Missionsgeschichte beschäftigt sich auch das nur Schritte entfernte **Ventura County Museum of History and Art** (100 E. Main St., Tel. 805-653-0323, www.venturamuseum.org, Di–So 11–17 Uhr, Erw. 4 $, Senioren 3 $).

Santa Barbara! ►D 7

Die Schöne an der amerikanischen Riviera hat mit den Glanzpunkten der französischen Riviera neben der reizvollen Küstenlage und 300 Sonnentagen im Jahr zweierlei gemeinsam: Sie wird fast jedes Jahr von Waldbränden heimgesucht und ist ein teures Pflaster – von Letzterem gewinnt man schon beim ersten Gang über die von Palmen und exquisiten Geschäften gesäumte

State Street einen Eindruck. Nicht zu übersehen ist auch, dass sich das Stadtbild von Santa Barbara von kalifornischen Städten vergleichbarer Größe merklich unterscheidet. Kaum irgendwo stört sich der Blick an anonymen Hochhausfassaden, im Gegenteil. Im Großen und Ganzen präsentiert sich der Kern in einem einheitlichen, an Andalusien erinnernden Baustil, der Südkalifornien bereits während der spanischen Kolonialära prägte.

Stadtbesichtigung

Das Zentrum ist so kompakt, dass man es zu Fuß erkunden kann. Am besten folgt man der Red Tile Walking Tour, die durch ein zwölf Straßenblocks großes Gebiet führt und an der die meisten Sehenswürdigkeiten liegen. Einen detaillierten Plan für diesen Spaziergang bekommt man im County Courthouse (www.santabarbaracarfree.org/pdf-files/redtile.pdf).

County Courthouse 1

1100 Anacapa St., Tel. 805-962-6464, www.santabarbaracourthouse.org, El Mirador Mo–Fr 8–16.45, Sa–So 10–16.45 Uhr, Führungen durch das Gebäude tgl. außer So um 14 Uhr

Das 1929 erbaute Juwel liegt in einer Parkanlage, in der Pflanzen aus sechs Kontinenten wachsen, ein Park, der mit seinen unzähligen exotischen Büschen und Bäumen, darunter mehreren Palmenarten, jedem botanischen Garten gut zu Gesicht stünde. Der Komplex erinnert an eine überdimensionale Hazienda, die vom 26 m hohen Glockenturm El Mirador samt Aussichtsplattform überragt wird (zugänglich per Aufzug). Das Courthouse von Santa Barbara gilt als eines der schönsten staatlichen Gebäude der USA. Im Innern sind selbst Treppenhäuser und Flure zum Teil wunderschön ausgestaltet. Prunkstück ist der Mural Room im ersten Obergeschoss mit bis an die Balkendecke reichenden Wandgemälden.

El Presidio de Santa Barbara 2

123 E. Canon Perdido St., Tel. 805-965-0093, www.sbthp.org/presidio.htm, tgl. 10.30–16.30 Uhr, Erw. 5 $, Senioren ab 62 J. 4 $, Kinder bis 16 J. frei

Mit schneeweiß verputzten Adobewänden und roten Ziegeldächern könnte man die Anlage für ein mexikanisches Landgut halten. Aber El Presidio entstand im Jahr 1782 als letztes von vier spanischen Forts auf kalifornischem Boden und spielte in der Eroberung des Landes eine wichtige Rolle. In der Casa de la Guerra ist ein kleines Museum mit Exponaten über die Geschichte des Golden State eingerichtet.

Historical Museum 3

136 E. De La Guerra St., Tel. 805-966-1601, www.santabarbaramuseum.com, Di–Sa 10–17, So 12–17 Uhr, Mo geschl., Eintritt frei

Von den schon vor 10 000 Jahren an der Zentralküste lebenden Chumash-Indianern bis in die jüngere Vergangenheit dokumentieren Ausstellungen die bewegte Geschichte von Santa Barbara, wobei das kulturelle Erbe der Stadt als ein multikulturelles par excellence präsentiert wird.

El Paseo Nuevo 4

State St. zwischen W. Canon Perdido St. und W. Ortega St., www.santabarbaramall.com, Mo–Fr 9–21, Sa 10–20, So 11–18 Uhr

Über 80 Fachgeschäfte und Restaurants gibt es in diesem Shopping-Zentrum, das im Stil eines südspanischen Viertels mit Plätzen, Springbrunnen, verwinkelten Straßen, Blumenkübeln, schlanken

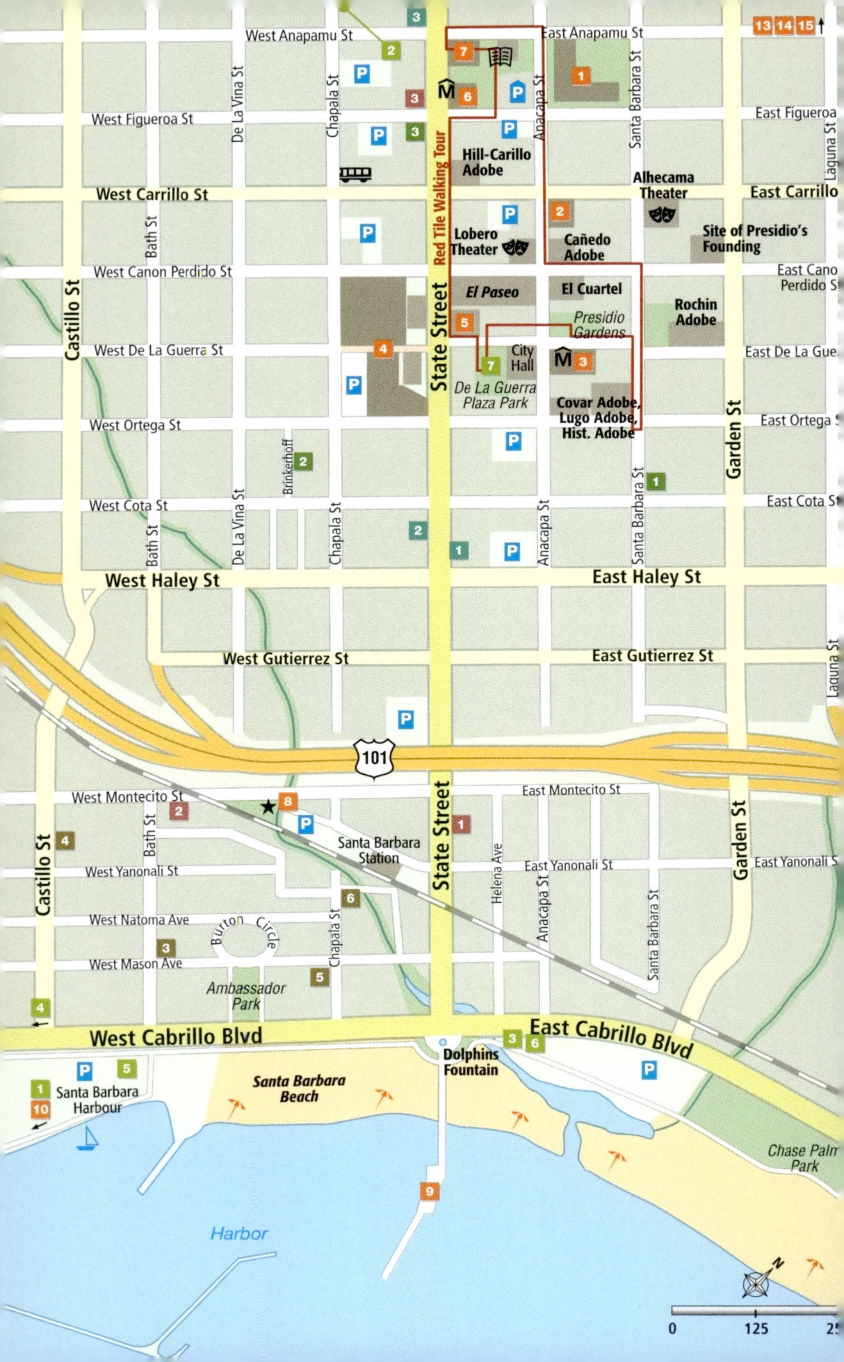

West Anapamu St
East Anapamu St
West Figueroa St
East Figueroa
West Carrillo St
East Carrillo
West Canon Perdido St
East Cano Perdido S
West De La Guerra St
East De La Gue
West Ortega St
East Ortega
West Cota St
East Cota St
West Haley St
East Haley St
West Gutierrez St
East Gutierrez St
West Montecito St
East Montecito St
West Yanonali St
East Yanonali St
West Natoma Ave
West Mason Ave
Burton Circle
West Cabrillo Blvd
East Cabrillo Blvd
Castillo St
Bath St
De La Vina St
Brinkerhoff
Chapala St
State Street
Red Tile Walking Tour
Anacapa St
Santa Barbara St
Garden St
Laguna St
Helena Ave
Hill-Carillo Adobe
Alhecama Theater
Lobero Theater
Cañedo Adobe
Site of Presidio's Founding
El Paseo
El Cuartel
Presidio Gardens
Rochin Adobe
City Hall
De La Guerra Plaza Park
Covar Adobe, Lugo Adobe, Hist. Adobe
101
Santa Barbara Station
Ambassador Park
Dolphins Fountain
Santa Barbara Beach
Santa Barbara Harbour
Harbor
Chase Palm Park
0
125

Santa Barbara

Sehenswert
1. County Courthouse
2. El Presidio de Santa Barbara
3. Historical Museum
4. El Paseo Nuevo
5. Casa de la Guerra
6. Museum of Art
7. La Arcada
8. Moreton Bay Fig Tree
9. Stearns Wharf
10. Maritime Museum
11. Santa Barbara Zoo
12. Andree Clark Bird Refuge
13. Mission Santa Barbara
14. Museum of Natural History
15. Santa Barbara Botanic Garden

Übernachten
1. Villa Rosa Inn
2. Brisas Del Mar Inn
3. Harbor House Inn
4. Montecito Inn
5. Inn at East Beach
5. Santa Barbara Tourist Hostel

Essen & Trinken
1. Enterprise Fish Company
2. Brewhouse
3. Los Arroyos
4. Taquería El Bajío
5. Muddy Waters Coffee House

Einkaufen
1. Farmers' Market
2. Brinkerhoff Avenue
3. Arcobaleno Trade

Aktiv & Kreativ
1. Leadbetter Point
2. Open Air Bicycles
3. Wheel Fun Rentals
4. Sands Beach
5. Truth Aquatics
6. Land & Sea Tours
7. Architectural Foundation

Abends & Nachts
1. James Joyce
2. Madison's
3. Opera Santa Barbara

Palmen und gepflasterten Gassen einen charmanten Eindruck macht. Zum Komplex gehört ein Parkhaus.

Casa de la Guerra 5

15 E. de la Guerra St., Tel. 805-966-6961, www.sbthp.org/casa.htm, Sa–So 12–16 Uhr, Erw. 5 $, Senioren ab 62 J. 4 $, Kinder unter 16 J. Eintritt frei
Die zwischen 1819 und 1827 erbaute Anlage war in den Pionierjahren von Santa Barbara das gesellschaftliche, politische und kulturelle Zentrum. Einige Räume sind mit originalem Mobiliar ausgestattet.

Museum of Art 6

1130 State St., Tel. 805-963-4364, www.sbma.net, Di–So 11–17 Uhr, Erw. 9 $, 6–17 J. u. ab 65 J. 6 $, So Eintritt frei
Nur die Getty Villa in Los Angeles besitzt einen ähnlich reichen Schatz an antiker Kunst, darunter griechische und römische Skulpturen, Glaskunst und wertvolle Gegenstände aus dem Nahen Osten. Hinzu kommen eine asiatische Abteilung mit 2600 Exponaten, europäische Malerei aus dem Zeitraum von 1800 bis 1920 und eine amerikanische Kollektion von ca. 400 Werken von Künstlern wie Albert Bierstadt, George Inness, John Singer Sargent, Frederic Remington und William Merritt Chase.

La Arcada 7

1114 State St., www.laarcadasantabarbara.com
Sowohl von der State Street als auch der Figueroa Street betritt man mit La Arcada eine kleine, mit Fliesen ausgelegte, blumengeschmückte Passage, in der neben Top-Restaurants, Geschäften und Kunstgalerien auch ein alter, immer noch betriebener Friseurladen mit einer Ausstattung wie zu Urgroßvaters Zeiten ein Hingucker ist. Skulpturen der US-Bildhauer J. Seward Johnson und George Lundeen sowie ihres deutschen Kollegen Bonifatius Stirnberg, der den Mozart-Trio-Brunnen schuf, machen La Arcada zur Open-Air-Galerie.

Moreton Bay Fig Tree 8

Ecke Chapala & Montecito St., www.beachcalifornia.com/sbtree.html

Der Moreton Bay Fig Tree ist eine botanische Sehenswürdigkeit. Er soll der größte Feigenbaum *(Ficus macrophylla)* der Welt sein. Steht man unter seiner 50 m breiten Krone, spielt keine Rolle mehr, ob der Superlativ tatsächlich stimmt: Der vermutlich 1876 von einem Seemann aus Australien nach Santa Barbara gebrachte Baum lässt die Besucher offenen Mundes staunen.

Stearns Wharf 9

219 Stearns Wharf, www.stearnswharf.org, immer geöffnet

Ursprünglich eine Anlegestelle für Fracht- und Passagierschiffe, legten an diesem Pier in den 1930er-Jahren Wassertaxis und kleine Fähren ab, die Gambler und Schaulustige zu den schwimmenden Kasinopalästen vor der Küste übersetzten. Heute ist Stearns Wharf Anglersteg, Treffpunkt und Flaniermeile in einem. Gegen Abend kann man von dort den Blick auf die Stadt und die hinter ihr ansteigenden Berge oder eine Fischmahlzeit in einem Restaurant genießen – oder beides gleichzeitig. Im **Sea Center** lässt sich trockenen Fußes das pazifische Meeresleben studieren (Tel. 805-962-2526, www.sbnature.org, tgl. 10–17 Uhr, Erw. 8 $, Kinder 13–17 J. 7 $).

Maritime Museum 10

113 Harbor Way, Tel. 805-962-8404, www.sbmm.org, tgl. 10–18 Uhr, Erw. 7 $, 6–17 J. und ab 62 J. 4 $, jeden 3. Do im Monat Eintritt frei

Das am Hafen gelegene Museum beschäftigt sich mit Themen wie der Otter- und Robbenjagd der Chumash-Indianer, dem Walfang des 19. Jh., der Offshore-Erdölförderung, Schiffsmodellen und Schiffswracks sowie dem kommerziellen Tauchen, etwa beim Bau von Erdölplattformen. Spannend sind auch die Seerettungsdokumentationen, von Leuchttürmen bis zu modernen Bergungstechniken und Gerätschaften der U.S. Coast Guard.

Santa Barbara Zoo 11

500 Ninos Dr., Tel. 805-962-6310, www.santabarbarazoo.org, tgl. 10–17 Uhr, Erw. 10 $, Kinder 2–12 J. 10 $, Parkplatz 5 $

Neben Vertretern kalifornischer Arten sind exotische Tiere aus aller Welt zu sehen. Mit einem Minizug (2 $) können sich Besucher einen ersten Überblick über den Tiergarten verschaffen, in dem Elefanten, Tiger, Löwen, Gorillas, Flamingos, Pinguine und viele Reptilienarten zu Hause sind. Giraffen und Papageien darf man eigenhändig füttern.

Andree Clark Bird Refuge 12

1400 E. Cabrillo Blvd., Tel. 805-564-5418, tgl. Sonnenauf- bis Sonnenuntergang, Eintritt frei

Nördlich des East Beach liegt eine Lagune, deren Uferzonen man auf Rad- und Fußwegen erkunden kann. Informationstafeln geben Aufschluss über dort brütende Vogelarten bzw. über Zugvögel, die vor Ort während ihrer jährlichen Wanderungen Station machen.

Mission Santa Barbara 13

2201 Laguna St., Tel. 805-682-4713, www.sbmission.org/history.shtml, tgl. 9–17 Uhr, Führungen 4 $

Die wegen ihrer harmonischen Proportionen auch »Königin der Missionen« genannte Missionsstation stammt aus der Zeit zwischen 1786 und 1820. Zu Beginn des 19. Jh. erhielt die auf einer Anhöhe über der Stadt liegende Anlage mit ihrer imposanten Kirche den Status einer kalifornischen Muttermission. Die aus hellen Sandsteinblöcken gemauerten Doppeltürme

Die Kirche der Mission Santa Barbara gilt als eine der schönsten des Landes

verleihen dem Gotteshaus ein reizvolles Äußeres und machten es zu einem beliebten Fotomotiv.

Museum of Natural History 14

2559 Puesta del Sol Rd., Tel. 805-682-4711, www.sbnature.org, tgl. 10–17 Uhr, Erw. 10 $, 13–17 J. und ab 65 J. 7 $, jeden 3. So im Monat Eintritt frei
Wer sich für die Biologie, Geografie, Geologie, Ökologie, Archäologie, Paläontologie und Prähistorische Anthropologie der Santa-Barbara-Region und der Channel Islands interessiert, findet in den Ausstellungen des Museums aufschlussreiche Dokumentationen über die einzelnen Wissensgebiete. Eine Besonderheit sind die ethnografischen Stücke, welche die indianische Kultur der Region über einen Zeitraum von einem halben Jahrtausend zeigen.

Santa Barbara Botanic Garden 15

1212 Mission Canyon Rd., Tel. 805-682-4726, www.sbbg.org, März–Okt. tgl. 9–18, sonst 9–17 Uhr, Erw. 8 $, Kinder 13–17 J. 6 $
Weil viele der 5800 in Kalifornien heimischen Pflanzenarten im nächsten halben Jahrhundert vom Aussterben bedroht sind, widmet sich der Botanische Garten der Aufgabe, Besucher über die kalifornische Flora aufzuklären. Spazierwege führen durch die kunstvoll angelegten Landschaften.

Übernachten

Andalusisches Flair – **Villa Rosa Inn 1**: 15 Chapala St., Tel. 805-966-0851, www.villarosainnsb.com, DZ ca. 250 $. Das nur 18 Zimmer große Inn sieht aus wie ein stimmungsvolles andalusisches Landhotel unter Palmen. Zum Strand sind es nur wenige Schritte. Frühstück sowie Wein und Käse am Spätnachmittag sind im Preis inbegriffen.

Südspanisches Flair – **Brisas Del Mar Inn 2**: 223 Castillo St., Tel. 805-966-2219, www.sbhotels.com, DZ ab ca. 150 $. Hübsche, stilvolle Anlage im spanischen Stil; komfortable Nichtraucherzimmer mit bequemen Betten und WLAN; beheizter Pool und Sonnendeck mit Blick auf die Santa Ynez Mountains.

Für aktive Gäste – **Harbor House Inn 3**: 104 Bath St., Tel. 805-962-9745, www.harborhouseinn.com, DZ ca. 130 $. Einen Straßenblock vom Strand entfernt gelegenes Haus mit ruhigen Zimmern samt WLAN und Kabel-TV. Beim Einchecken bekommt jeder Gast einen Frühstückskorb. Das Hotel stellt seinen Gästen Fahrräder zur Verfügung.

Rundum angenehm – **Montecito Inn 4**: 1295 Coast Village Rd., Tel. 805-969-7854, www.montecitoinn.com, DZ ab ca. 139 $. Altes Hotel mit Charme; freundlich ausgestattete Zimmer; WLAN-Zugang, Swimmingpool, Businesscenter und Fitness-Geräte. Im Hotel gibt es ein gutes Restaurant, andere Lokale sind zu Fuß erreichbar.

Einfach, aber freundlich – **Inn at East Beach 5**: 1029 Orilla del Mar, Tel. 805-965-0546, www.innateastbeach.com, DZ ab 100 $. Nur ca. 3 Min. zu Fuß vom Strand entfernte kleinere Unterkunft. Was in den meisten Zimmern an Dekor fehlt, macht die Bleibe durch Teeküchen und freundlichen Service wett.

Für Budget-Reisende – **Santa Barbara Tourist Hostel 6**: 134 Chapala St., Tel. 805-963-0154, www.sbhostel.com, 22–109 $. Für Reisende mit schmalem Budget ist die zwei Blocks vom Strand entfernte Herberge mit Betten im Schlafsaal und Privatzimmern geeignet. Rad- und Rollerblades-Verleih, Frühstück inkl.

Essen & Trinken

Seafood inVariationen – **Enterprise Fish Company 1**: 225 State St., Tel. 805-962-

3313, www.enterprisefishco.com, So–Do 11.30–22, Fr–Sa 11.30–23 Uhr, 12–50 $. Zu den Spezialitäten des Hauses zählen Fisch- und Meeresfrüchte, die in vielen Varianten auf den Tisch kommen, etwa als australischer Hummerschwanz, sizilianische Seafood-Pasta, Krabbenkuchen oder Rockefeller-Austern.

Herzhafte Kost – **Brewhouse 2**: 229 W. Montecito St., Tel. 805-884-4664, www.brewhousesb.com, So–Do 11–23, Fr–Sa 11–24 Uhr, tgl. 11–17 Uhr Lunch Special für 9,50 $. Das rustikale Lokal serviert alles, was Einheimischen schmeckt, von Philly Cheese Steak (11 $) bis Caesar Salad (9 $), von Filet Mignon (24 $) bis Schälrippchen (21 $).

Mexikanisch mal so, mal so – **Los Arroyos 3**: 14 W. Figueroa St., Tel. 805-962-5541, www.losarroyos.net, Mo–Fr 11–21, Sa 9–21, So 9–20 Uhr, 8–13 $. Die Qualität der Speisen dieses mexikanischen Familienbetriebs hängt offenbar von der Tagesform der Köche ab. Erwischt man einen guten Tag, gibt es nichts zu tadeln. An schlechten Tagen wird Durchschnitt serviert.

Mexikanische Küche zum Verlieben – **Taquería El Bajío 4**: 129 N. Milpas St., Tel. 805-884-1828, keine eigene Webpage, Di–Do 6–18.30, Fr–Sa 6–20, So 6–17 Uhr, 7–12 $. Authentische mexikanische Küche vom Feinsten, etwa *Quesadilla adobada* (8,50 $), eine mit Schweinehack, Käse und Zwiebeln gefüllte Tortilla, oder Tomatensuppe mit Shrimps und Avocados (11,50 $).

Café zum Relaxen – **Muddy Waters Coffee House 5**: 508 E. Haley St., Tel. 805-966-9328, Mo–Sa 6–18 Uhr, ca. 6–8 $. Wer in einer sehr entspannten Atmosphäre mit freundlichem Service bei einer Tasse Kaffee (es gibt eine große Auswahl) ausruhen möchte, wird das kleine Lokal zu schätzen wissen. Zu einem Sandwich kann man sich nicht nur Heißgetränke und Limonaden, sondern auch ein Bier bestellen.

Einkaufen

Lebhafter Bauernmarkt – **Farmers' Market 1**: Santa Barbara St. & East Cota St., Sa 8.30–12.30 Uhr. Auf dem lokalen Bauernmarkt bieten Bauern des Umlandes und Händler frisches Obst, Gemüse und Blumen an. Bands sorgen häufig für Unterhaltung.

Für Antiquitätensammler – **Brinkerhoff Avenue 2**: Antikgeschäfte säumen die zwischen West Ortega und West Cota St. liegende, einen Stra- ▷ S. 172

Mein Tipp

Indianische Münzen als Souvenir

An der Kreuzung von State und Victoria Street in Santa Barbara steht eine Statue der Shoshone-Indianerin Sacagawea (ca. 1787–1812), wahrscheinlich die berühmteste Indianerin der amerikanischen Geschichte. Sie diente der bahnbrechenden Lewis-&-Clark-Expedition (1804 bis 1806, www.pbs.org/lewisandclark) als zuverlässige Führerin, Kundschafterin und Dolmetscherin und verhinderte mit ihrem Verhandlungsgeschick mehr als einmal Konflikte zwischen *Native Americans* und Expeditionsmitgliedern. Zusammen mit ihrem Sohn Jean Baptiste, den sie auf der Reise zur Welt brachte, ist sie auf einer goldfarbenen 1-$-Münze abgebildet, die im Juli 1999 mit einem Spaceshuttle zwecks Eigenwerbung die Reise ins All antrat. Anfang 2000 wurde das Geldstück in den allgemeinen Zahlungsverkehr eingeführt und von der Öffentlichkeit begeistert aufgenommen. Auch als Mitbringsel von einer Südkalifornienreise ist der Sacagawea-Dollar sehr beliebt.

Auf Entdeckungstour

Rätselhafte Indianerkunst – die Painted Cave bei Santa Barbara

Geheimnisvolle Symbole, menschliche Wesen, schlangenähnliche Kreaturen und Sonnendarstellungen in Rot, Schwarz, Weiß und Gelb zieren die unebenen Wände der versteckten Höhle in einem abgelegenen Canyon in den Bergen von Santa Barbara. Sie stammen von den Chumash-Indianern – so viel ist sicher.

Reisekarte: ► D 6/7

Infos: Die sehr kleine Höhle schützt eine Gittertür. Ohne Taschenlampe sieht man keine Einzelheiten. Mit dem Wohnmobil sollte man die Straße nicht befahren (Painted Cave Rd., Tel. 805-733-3713, www.parks.ca.gov/?page_id=602, keine Führungen).

Nordwestlich von Santa Barbara führt der Highway 154 zum 680 m hohen San Marcos Pass. 2,2 Meilen vor der Passhöhe biegt die Painted Cave Road ab. In Serpentinen mäandert sie durch Blumenwiesen und bietet an vielen Stellen einen wunderbaren Blick auf die Küste. Je näher man der Höhle kommt, desto schmaler wird die Straße, sodass schließlich zwei Pkw nur noch an Ausweichstellen aneinander vorbeikommen. Vor der Höhle selbst ist nur Platz für zwei Autos.

Kunst hinter Gittern

Unter Bäumen führen Treppenstufen und ein einfacher Pfad zu der nur Schritte von der Straße entfernten Chumash Painted Cave. Der erste Eindruck ist ernüchternd, weil die Höhle durch eine Gittertür verschlossen ist, um ihre Schätze vor Vandalismus zu schützen, mit dem man an anderer Stelle bereits leidvolle Erfahrungen hat machen müssen. Eine handflächengroße Öffnung erlaubt den Blick ins Innere, wo kaum mehr als zwei, drei Menschen Platz fänden. Wer Taschenlampe und Fernglas bei sich hat, wird die hauptsächlich an zwei Stellen angebrachten Malereien angemessen bestaunen können. Die vornehmlich in Rot, Schwarz und Weiß ausgeführten Malereien befinden sich auf ungeglätteten Wänden; es überwiegen geometrische Symbole, unter denen zahlreiche runde, mit gezackten Strahlen versehene Motive vermutlich die Sonne darstellen. Andere könnten Fische symbolisieren, wieder andere zeigen bänderartige Formen, seltener auch Menschengestalten und eindeutig erkennbare Tiere.

Ein Schleier wird gelüftet

Seit ihrer Entdeckung vor fast eineinhalb Jahrhunderten beschäftigt die außergewöhnliche Sehenswürdigkeit die Experten. Winzige Farbpartikel wurden den Malereien entnommen, um sie auf Alter und Zusammensetzung zu prüfen. Ergebnis: die indianische Kunst stammt aus dem 17. Jh. und besteht überwiegend aus mineralischem Material. Rot setzt sich aus dem Eisenoxid Hematit, Weiß aus Gips, Schwarz aus Holzkohle oder Manganoxid zusammen. Offenbar wurden die Pigmente mit Wasser, Tierfett oder Pflanzensäften als Bindemittel gemischt und mit Fingern oder aus Tierschwänzen gefertigten Pinseln auf die Felswand aufgetragen. Bei der Datierung leistete ein Symbol Hilfe, das Forscher als Sonnenfinsternis deuteten, und ein solches Naturereignis hat nachweislich am 24. November 1677 stattgefunden.

Höhlenzeremonien

Als der portugiesische, in spanischen Diensten stehende Seefahrer Juan Rodriguez Cabrillo 1542 als erster Europäer an der südkalifornischen Küste vor Anker ging, kam er in Kontakt mit den damals hauptsächlich zwischen Malibu und Paso Robles lebenden Chumash-Indianern. Sowohl er als auch der Expeditionsleiter Portola, der 1769 in dieses Gebiet vorstieß, berichteten von einem Indianerdorf namens Syujtun im heutigen Santa Barbara, dessen Einwohner als Jäger, Fischer und Sammler in Hütten lebten, die sie aus Birkenholz bauten. Cabrillo notierte in seinen Aufzeichnungen zwar das außergewöhnliche handwerkliche Geschick der Chumash beim Bootsbau, über sonstige Kunstfertigkeiten ließ er sich aber nicht aus. Das deckt sich mit den Expertisen von Wissenschaftlern. Sie vermuten als Schöpfer der Höhlenmalereien Schamanen oder Priester der Chumash, die mit solchen Symbolen und Zeichen vermutlich versuchten, auf übernatürliche Wesen Einfluss zu nehmen.

Blütenpracht in der Nähe von Lompoc

ßenblock lange Antique Alley. Die meisten sind Di–So 11–17 Uhr geöffnet.

Fair-Trade-Produkte – **Arcobaleno Trade** **3**: 1101 State St., Tel. 805-963-2726, keine eigene Webpage, tgl. 11–19 Uhr. Das Geschäft verkauft nur Waren, die für einen fairen und umweltverträglichen Handel stehen, darunter Taschen, Kosmetika, Mode, Accessoires und Dekorationsstücke.

Aktiv & Kreativ

Für Ungeübte – **Leadbetter Point** **1**: Für Surfanfänger ist der abseits des Cabrillo Blvd. gelegene Küstenabschnitt ein geeigneter Punkt. Fortgeschrittene können sich am Ricon Point südöstlich der Stadt (Hwy 101, Exit Bates Rd.) in die Brandung wagen.

Radvermietung – **Open Air Bicycles** **2**: 209 State St., Tel. 805-962-7000, http://openairbicycles.com. In und um Santa Barbara gibt es viele lohnende Radwege. Alle Leihräder sind mit Computer, Notfalltasche und Flaschenhalter ausgestattet. 24-Std.-Miete 100 $.

Auf 2–4 Rädern – **Wheel Fun Rentals** **3**: 23 East Cabrillo Blvd., Tel. 805-966-2282, www.wheelfunrentals.com. Vermietet wird eine breite Palette von Fahrzeugen – vom Mountainbike bis zum Kettcar.

Vogelbeobachtung – **Sands Beach** **4**: In Isla Vista, dem Marschland westlich von Santa Barbara, leben zahlreiche Vogelarten wie der seltene Schneeregenpfeifer *(Charadrius alexandrinus nivosus).*

Abenteuerlicher Inselabstecher – **Truth Aquatics** **5**: 301 W. Cabrillo Blvd., Tel. 805-962-1127, www.truthaquatics.com. Schiffstouren auf die Channel Islands mit Kajak-, Schnorchel-, Tauch- und Wandertouren.

Zu Land und zu Wasser – **Land & Sea Tours** **6**: Tel. 805-683-7600, www.out2seesb.com, Nov.–April 12 und 14, sonst 12, 14 und 16 Uhr, Erw. 25 $, Kinder unter 10 J. 10 $. Touren mit dem Amphibienfahrzeug durch das Stadtzentrum, bevor es zu einer Hafenrundfahrt ins Wasser geht. Abfahrt östlich des Eingangs zu Stearns Wharf.

Führungen durch den Stadtkern – **Architectural Foundation 7**: Tel. 805-965-6307, www.afsb.org/tours_p.html. Jeden Sa und So werden zwei unterschiedliche Führungen zu Fuß durch die Innenstadt angeboten, mit Schwerpunkt auf Architektur und Kunst. Samstags ist der Ausgangspunkt die De la Guerra Plaza (10 Uhr), sonntags der Eingang zur Public Library, 40 E. Anapamu St. (10 Uhr), Erw. 10 $.

Abends & Nachts

Nicht nur für Erdnussfreunde – **James Joyce 1**: 513 State St., Tel. 805-962-2688, tgl. 10–2 Uhr. Am späteren Abend ist der Boden dieses irischen Pubs mit Erdnusschalen übersät. Hauptsächlich am Wochenende gibt es Live-Auftritte von Dixieland-, Jazz- oder Rockbands.

Bühnenauftritt für jedermann – **Madison's 2**: 525 State St., Tel. 805-882-1182, www.madisonssb.com, tgl. ab 11.30 Uhr. In dieser Sportbar trifft man sich gern, um gemeinsam Baseball- und Footballübertragungen zu schauen. Jeden Dienstagabend ist sie Treffpunkt für stimmgewaltige Karaokefans.

Für Musikliebhaber – **Opera Santa Barbara 3**: 1216 State St., Tel. 805-899-3000, www.operasb.com. Im renovierten Granada Theater stehen neben Opern und Operetten auch Broadwaystücke und Musicals auf dem Programm.

Infos

Verkehr

Der elektrische **Downtown-Waterfront-Shuttle** verkehrt zwischen Stearns Wharf und Downtown auf der State Street (25 Cent). **Bus** Linie 22 fährt vom Zentrum zur Mission und zum Naturkundemuseum, werktags auch zum Botanischen Garten (http://sbmtd.gov/Lines/Line_22.htm). Tickets für einstündige kommentierte **Trolleytouren** durch Santa Barbara im Visitor Center (www.sbtrolley.com).

Solvang ►D 6

Dass Solvang 1911 von dänischen Einwanderern gegründet wurde, prägt das Städtchen bis heute. Fachwerkhäuser ducken sich unter Stroh- und Schindeldächern. Gepflasterte Gassen mit historischen Gaslampen, Windmühlen, Bäckereien, vor denen es nach frischem Backwerk duftet, und Hausfassaden, die eher für Skandinavien als für Kalifornien typisch sind, machen die 5000-Seelen-Gemeinde zur Puppenstube. Im Solvang Park erinnert eine auf einem Steinsockel ruhende Büste an Hans Christian Andersen (1805–75). Dem dänischen Dichter ist auch das Museum (1680 Mission Dr., Tel. 805-688-2052, www.solvangca.com/muse um/h1.htm, tgl. 10–17 Uhr) gewidmet, das über sein Leben und Werk Auskunft gibt.

Mission Santa Inés

1760 Mission Dr., Tel. 805-688-4815, www.missionsantaines.org, tgl. 9–16.30 Uhr, 2 $

Bereits auf dem Gebiet der Santa Ynez Indian Reservation liegt am Stadtrand von Solvang die 1804 gegründet Santa Inés Mission, in der sich ein kleines Museum mit der Lokalgeschichte und der Historie der kalifornischen Missionen beschäftigt. In der Kirche steht in einer Nische über dem Hauptaltar eine Statue der namengebenden Heiligen Agnes, die ein weißes Lamm auf dem Arm trägt.

Lieblingsort

Zum Anbeißen: Nachtmarkt in San Luis Obispo ► C 5
Regelmäßig am Donnerstagabend macht sich im sonst ruhigen Zentrum von San Luis Obispo eine hektische Atmosphäre breit. Obstbauern und Gemüsehändler, Profiköche, Modeschmuckbastler und Freizeitmaler bauen Verkaufsstände auf, um den Farmers' Market in den wöchentlichen Hauptevent der Stadt zu verwandeln. Nach Sonnenuntergang liegen intensive Duftwolken über zahlreichen Grillstellen, an denen es zugeht, als stünde eine Hungersnot unmittelbar bevor (s. S. 177).

Chumash Casino Resort Hotel
3400 E. Hwy 246, Santa Ynez, Tel. 805-691-1759, www.chumashcasino.com, 24 Std. geöffnet
Einen Kontrast im ländlichen Santa Ynez Valley bildet inmitten von Wiesen und Weinkulturen das Hotelcasino der Chumash-Indianer. Der Gambling-Tempel liegt auf dem Gebiet der 1901 eingerichteten Santa Ynez Indian Reservation, in der die Chumash-Indianer lange Zeit in bitterer Armut lebten. Für das bessere Auskommen der heute dort ansässigen ca. 250 *Native Americans* sorgt das rund um die Uhr geöffnete Hotelcasino mit Spielautomaten, Tischspielen, Buffet und 106 komfortabel eingerichteten Gästezimmern.

Mein Tipp

Kitschiger geht es nicht
Das **Madonna Inn** am südlichen Stadtrand von San Luis Obispo muss man gesehen haben. Von außen betrachtet könnte man den Baustil des Hotels zwischen viktorianisch und Walt Disney einordnen. Im Innern präsentiert sich die Herberge als eine Orgie aus Kitsch und Geschmacksverirrungen. Geradezu umwerfend ist das Design der 110 individuell gestalteten Zimmer. Gäste haben die Qual der Wahl zwischen Höhlendesign, Zuckerbäckerstil, Safari-Look oder Hawaii. Die Fantasien der Innenausstatter machten nicht einmal vor den Herrentoiletten halt, wo ›man‹ Urinalen in Gestalt weit aufgerissener Haifischmäuler gegenübertritt (100 Madonna Rd., Tel. 805-543-3000, www.madonnainn.com, DZ in der Nebensaison ab 180 $, rechtzeitig reservieren).

Pismo Beach ► C 6

Der knapp 9000 Einwohner große, an einem 23 Meilen langen Sandstrand gelegene Küstenort verfügt über ausgezeichnete Freizeitangebote und gilt als Urlaubsziel für Familien. Man kann baden und Sandburgen bauen, surfen, reiten und Golf spielen, sich mit Strandbuggys einen Weg durch die Dünen suchen oder auf dem fast 400 m langen Pier sein Anglerglück versuchen.

Übernachten

Strandnah campen – Le Sage Riviera RV Park: 319 Hwy 1, Grover Beach, Tel. 805-489-5506, www.lesageriviera.com. Nur wenige Schritte vom Strand entfernter Platz für Wohnmobile.

Einkaufen

Preisgünstig shoppen – **Prime Outlets:** 333 Five Cities Dr., www.primeoutlets.com, Mo–Sa 10–21, So 10–19 Uhr. Fabrikverkaufszentrum mit mehr als 40 Geschäften; Mode u. a. von Anne Klein und Calvin Klein; 25–65 % unter den Normalpreisen.

Aktiv & Kreativ

Schmetterlingsshow – **Monarch Butterfly Grove:** Hwy 1 südlich vom North Pismo State Beach Campground. Jeweils Ende Okt.–Feb. lassen sich Hunderttausende orange-schwarzer Monarch-Schmetterlinge in den Eukalyptusbäumen an diesem Küstenflecken zu einem einzigartigen Naturschauspiel nieder. Naturkundler halten aufschlussreiche Vorträge.
Dünentouren – **Sun Buggies Fun Rentals:** 1197 Highland Way, Grover Beach,

Durch kalte Meeresströmungen ist es an der Küste oft neblig, wie hier in der Morro Bay

Tel. 866-728-4443, www.sunbuggiefun rentals.com. Südlich von Pismo Beach erstreckt sich das zweitgrößte Dünengebiet in Kalifornien. Buggies für abenteuerliche Dünenfahrten kann man ausleihen.

Infos

Touristeninformation

Pismo Beach Visitors Information Center: 581 Dolliver St., Pismo Beach, CA 93449, Tel. 805-773-4382, www.classic california.com, www.pismobeach.org.

San Luis Obispo ► C 5

Mit 45 000 Einwohnern zählt San Luis Obispo zu den größeren Städten der Zentralküste, liegt allerdings 13 Meilen vom Pazifik entfernt im Hinterland.

Mission San Luis Obispo de Tolosa

Chorro & Monterey St., Tel. 805-781-8220, www.missionsanluisobispo.org, tgl. 9–16 Uhr, Museum 5 $

Die 1772 gegründete Missionsstation bildete den Grundstein der Stadt, deren Entwicklung aber erst ca. 100 Jahre später mit dem Anschluss an das Eisenbahnnetz begann. Vor der Kirche dehnt sich die von Bäumen bestandene Mission Plaza aus, wo Bronzeskulpturen eines Mädchens und eines Grizzlybärs einen Brunnen schmücken. Im hübsch angelegten Garten der Mission, die heute als Pfarrei dient, herrscht eine besinnliche Atmosphäre.

San Luis Obispo County Historical Museum

696 Monterey St., Tel. 805-543-0638, http://historycenterslo.org, Mi–So 10–16 Uhr

Wer sich für die Kultur der früher in der Region lebenden Chumash- und Salinan-Indianer interessiert, findet neben zahlreichen historischen Exponaten auch Ausstellungsstücke zur Alltagskultur dieser beiden Gruppen.

Auf Entdeckungstour

Wellenumtoster Seelöwentreff – Point Lobos

Mit Getöse fallen schäumende Brecher über zerborstene Küstenabschnitte her. Höhlen und Buchten zeugen von den schonungslosen Attacken des Pazifiks. Schläfrige Robben bewachen die Schwimmversuche ihrer Babys. Die Naturkulisse von Point Lobos wird jeden Besucher beeindrucken, nicht nur Naturliebhaber und Wanderer; doch verbirgt sie möglicherweise, dass auf der felsigen Halbinsel schon vor Jahrhunderten Menschen lebten.

Reisekarte: ► A/B 4

Infos: Hwy 1, 3 Meilen südl. von Carmel, Tel. 831-624-4909, www.pointlobos.org, 8 Uhr bis Sonnenuntergang, 10 $.

Kalifornier behaupten, der Schriftsteller Robert Louis Stevenson, der 1879 nach Monterey gekommen war, habe am Point Lobos die entscheidende Inspiration für seinen weltberühmten Roman »Die Schatzinsel« gefunden. Ob dies nun stimmt oder nicht: Die Naturoase zeigt sich als ein Küstenflecken von dramatischer Schönheit. Über ein Dutzend Wanderpfade schlängeln sich durch das Gebiet; mit etwas Geduld kann man hier Seeotter, Robben und Seelöwen, zwischen Dezember und Mai auch Grauwale auf ihren saisonalen Wanderungen beobachten.

Moby-Dick-Erinnerungen

Nicht weit vom **Parkeingang (1)** entfernt zeugen in der **Whalers Cove (2)** eine in einem Wäldchen stehende, windschiefe Bretterhütte, verrostete Eisenkessel und bleiche Gerippe der Meeresriesen von einer Walfangstation, die 1862 von portugiesischen Walfängern von den Azoren gegründet wurde und bis 1879 in Betrieb war. In der sogenannten Whalers Cabin wurde ein kleines Museum eingerichtet, das anhand von Walfangausrüstungen und Gerätschaften zur Verarbeitung der Tiere über das Leben und Wirtschaften der einstigen Bewohner berichtet.

Der Walfang war im 19. Jh. der bedeutendste Wirtschaftszweig an der Küste zwischen Big Sur und Carmel. Während er in Händen von Portugiesen lag, hatten sich chinesische Fischer auf die Ernte von Abalone-Seeschnecken spezialisiert, weil die auf küstennahen Felsen sitzenden Meerestiere in Fernost seit jeher als Delikatesse gelten. In der Whalers Cove stand bis 1928 auch eine Konservenfabrik zur Verarbeitung der auch Seeohren genannten Leckerbissen, die in sehr großen, fast runden Schalen wachsen, die an der Whalers Cabin ausgestellt sind.

Die frühesten Bewohner

Von der Whalers Cove führt in nordöstlicher Richtung der knapp 2 km lange Granite Point Trail zum **Granite Point (3)**, einem Küstenaussichtspunkt in einem von Wildblumen bewachsenen ehemaligen Weidegelände, von dem aus man die Missionsstation in Carmel sehen kann. Der anschließende 1 km lange Moss Cove Trail endet im äußersten Winkel des Schutzgebietes am **Ichxenta Point (4)**, wo bereits vor ca. 3000 Jahren ein Dorf der prähistorischen Ohlone-Indianer stand. Diese *Native Americans* richteten sich im Frühjahr und Sommer u. a. in diesem Camp ein, weil durch die Küste und deren Hinterland mit seinen Wäldern und Flüssen ein reiches Angebot an Nahrungsmitteln vorhanden war. Innerhalb des Point-Lobos-Parks wurden Nachweise über weitere 18 solcher Dörfer gefunden, in denen Forscher bis in die Gegenwart auf Kohlereste von Feuerstellen, Abfallhaufen und Mahlsteine zur Zerkleinerung von Körnern und Nüssen stoßen.

Rückzugsgebiet der Seelöwen

Wahrscheinlich waren die Ohlone-Indianer die ersten Ureinwohner, mit denen die Spanier in Kontakt kamen, nachdem Sebastian Vizcaino (1548–1625) in der Bucht von Carmel 1602 mit seinem Schiff vor Anker gegangen war. Als 1770 die zweite spanische Mission auf kalifornischem Boden in Monterey entstand, pflegten die Viehherden der Mission am Point Lobos zu weiden. Damals bekam der Küstenflecken den Namen Punta de los Lobos Marinos, der heute noch in der englischen Übersetzung gültig ist. Er bezieht sich auf bellende Seelöwen, die vom **Sea Lion Point (5)** aus auf den vorgelagerten Sea Lion Rocks zu sehen und zu hören sind – damals wie heute.

Point Lobos als Hollywoodkulisse

Die landschaftliche Dramatik blieb auch den Filmemachern von Hollywood nicht verborgen, die vor Ort zwischen 1914 und 1940 ca. 30 Kinofilme drehten. 1929 entstand für den Stummfilm »Evangeline« an der **Headland Cove (6)** ein Kulissendorf, das in einer Szene Opfer der Flammen wurde, gleichzeitig aber die Vegetation auf dem gesamten Areal zerstörte. Der Staat reagierte schon damals sensibel auf Umweltschutzprobleme, die der berühmte Naturforscher und -schützer John Muir (1838–1914) in die öffentliche Diskussion gebracht hatte, sodass 1890 mit Yosemite der erste kalifornische Nationalpark gegründet wurde. In Point Lobos, das seit 1933 unter Naturschutz steht, formierte sich in der Bevölkerung massiver Widerstand gegen weitere Filmprojekte. Bereits 1946 entstand nach langen Querelen der Film »Desire Me« mit Robert Mitchum, nachdem garantiert worden war, die Landschaft in keiner Weise zu verändern. Bis 1989 folgten weitere elf Kinofilme, darunter 1987 die Komödie »Blind Date« mit Bruce Willis und Kim Basinger und 1989 »Scott & Huutsch« mit Tom Hanks.

Wo im äußersten Süden des Schutzgebietes die Autostraße endet, beginnt mit dem hin und zurück ca. 1,5 km langen **Bird Island Trail** ein wunderschöner Wanderweg. Er führt an der tief eingeschnittenen, jadegrünen **China Cove (7)** vorbei, an deren kleinem Sandstrand im Frühjahr Robben ihren Nachwuchs zur Welt bringen. Die Treppe in die Bucht wird in den betreffenden Wochen gesperrt, um die Tiere nicht zu stören. Nur ein paar Schritte weiter führt eine zweite Treppe an den malerischen **Gibson Beach (8)**, der sich aufgrund des kalten Wassers nur für Abgehärtete zum Baden eignet. Der Wanderpfad führt in der Höhe durch Wildblumenwiesen über einen breiten Felsvorsprung, von dem man einen prächtigen Blick auf **Bird Island (9)** werfen kann. Auf der Insel brüten im Frühjahr und Sommer Hunderte Kormorane, während sich am Fuß der Klippen Seeotter in den Kelpwäldern tummeln.

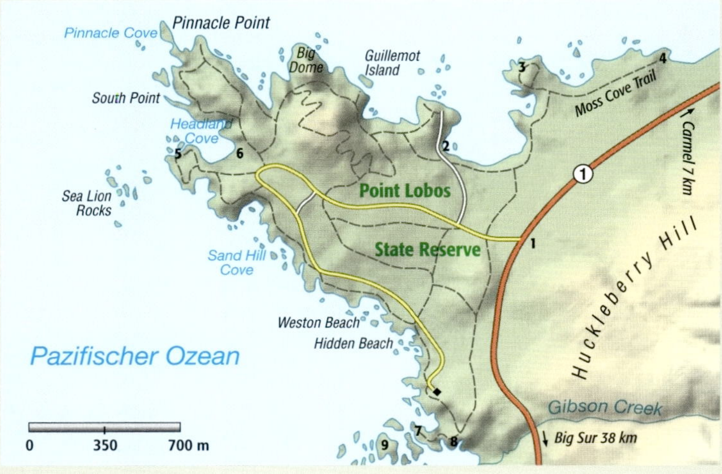

Dem Meeresgott Neptun gewidmeter Pool auf Hearst Castle

Morro Bay ►B 5

Unverwechselbares Kennzeichen des Städtchens ist der pyramidenförmige **Morro Rock** in der Estero Bay, einer von sieben längst erloschenen Vulkanen. Früher wurde der 175 m hohe Felsen als Steinbruch genutzt, schließlich richtete man auf ihm ein Schutzgebiet für Wanderfalken ein. Am Fischereihafen, der zu den bedeutendsten an der kalifornischen Küste gehört, kann man Hochseefischern bei der Arbeit zusehen.

Übernachten

Komfortabel logieren – **Inn at Morro Bay:** 60 State Park Rd., Tel. 805-772-56 51, www.innatmorrobay.com. Hotel am Meer, 98 Zimmer, Pool und Restaurant. Die Zimmer sind mit TV und Telefon ausgestattet (Internetzugang 10,70 $ extra). Im hauseigenen Spa werden Therapien und Massagen angeboten. DZ ab 140 $, mit Blick aufs Meer 169 $.

Essen & Trinken

Bekömmlicher Tagesbeginn – **Dorn´s Breaker Cafe:** 801 Market St., Tel. 805-772-4415, www.dornscafe.com, 7–23 Uhr, ab ca. 6 $. Eier und Omelettes in vielen Variationen, Waffeln und Pancakes mit Früchten, Schokoladensauce oder Speck und ein üppiger Brunch am Wochenende machen das Traditionscafé zum beliebten Frühstückstreff.

Hearst Castle! ►B 5

Hwy 1 in San Simeon, Tel. 1-800-444-4445, www.hearstcastle.com, tgl. 4 ca. zweistündige Touren, Erw. 24 $, Kin. 6–17 J. 12 $. Evening Tour nur im Frühjahr und Herbst, Erw. 30 $, Kin. 15 $

Mit 165 Zimmern (allein 56 Schlafzimmer), 61 Bädern, 41 offenen Kaminen, zwei Swimmingpools und dem größten Privatzoo der Welt präsentiert sich die ehemalige Residenz des schwerreichen Medienmoguls William Randolph

Die legendäre Küste bei Big Sur

Hearst als ein Manifest des Luxus und der Extravaganz. Der auf einem Hügel hoch über der Küste liegende Prachtbau, dessen Errichtung viel Zeit und riesige Summen verschlang, führte den Bauherrn mit seiner Sammelleidenschaft auf Shoppingtouren durch viele Teile der Welt. Auf dem höchsten Punkt des Hügels thront das mit Zwillingstürmen ausgestattete Haupthaus La Casa Grande, zu dessen Füßen drei Gästebungalows liegen. Einen Eindruck vom luxuriösen Leben des Besitzers und seiner Gäste gibt auch der von antiken Tempeln und Skulpturen umgebene Neptune Pool aus weißem und türkisfarbenem Marmor.

Übernachten

Sowohl in San Simeon als auch im benachbarten Cambria gibt es viele Übernachtungs- und Verpflegungsmöglichkeiten (s. www.cambriachamber.org).
Rustikal romantisch – **The Cabin:** 2828 Margate Ave., Cambria, Tel. 805-927-3887, http://chaletrealty.com/cabin, DZ 125–150 $. Rustikales Chalet im Blockhausstil, nur einen kurzen Fußweg vom Moonstone Beach entfernt. Die Zimmer sind u. a. mit einem Fernseher und einer kleinen Küche ausgestattet.

Big Sur ► B 4/5

Nirgendwo am kalifornischen Pazifiksaum treffen sich Land und Meer auf so wildromantische Weise wie an der Küste von Big Sur. Dem 90 Meilen langen Abschnitt zwischen San Simeon und Carmel eilt ein legendärer Ruf voraus, weil der wie eine Achterbahn gewundene Highway 1 direkt an der Steilküste entlangführt und mit atemberaubenden Ausblicken auf schroffe Klippen, versteckte Buchten, zerklüftete Felsvorsprünge und das türkis- bis tiefblaue Meer lockt. Bis 1937, als diese Panoramastraße gebaut wurde, blieb Big Sur ein schwer zugängliches Gebiet. Heute sorgen strikte Gesetze dafür, dass die Küste weitgehend naturbelassen und von Bausünden verschont bleibt. Umso gravierender waren im Sommer 2008 vor Ort wütende Waldbrände, die zur temporären Schließung des Highway 1 führten.

Fotomotiv Bixby Bridge
Die zwischen 1931 und 1932 erbaute, mit 86 m höchste Einzelbogenbrücke der Welt gehört zu den beliebtesten Fotomotiven von Big Sur. Welche ingenieurstechnische Meisterleistung das 231 m lange Bauwerk inmitten der zerklüfteten Küstenlandschaft darstellt, wird besonders anschaulich am Hurricane Point südlich der Brücke.

Julia Pfeiffer Burns State Park

Anderson Canyon Rd., ca. 37 Meilen südlich von Carmel, Tel. 831-667-2315, www.parks.ca.gov/default.asp?page_id=578, 10 $
Die Hauptattraktion des State Parks ist der McWay-Wasserfall, der von einer 25 m hohen Klippe auf den Sandstrand einer kleinen Bucht stürzt. Der Strand selbst ist nicht zugänglich, aber man kann die idyllische Szenerie vom über der Küste verlaufenden, hin und zurück ca. 1 km langen Trail genießen.

Point Sur Lighthouse

1/4 Meile nördlich der Point Sur Naval Facility, 3-stündige Führungen zu Fuß, keine tel. Reservierung möglich, Infos zu den Tourzeiten www.pointsur.org
Man kann sich vorstellen, dass die drei in dieser Station der Küstenwache beschäftigten Wärter ein einsames Dasein führten, als der Leuchtturm 1889 in Be-

trieb genommen wurde. Bis heute geleitet das mittlerweile automatisierte Leuchtfeuer Schiffe entlang der gefährlichen Küste von Big Sur. Wer der auf einem vulkanischen Felsen liegenden Anlage einen Besuch abstatten möchte, muss sich einer Führung anschließen, bei der man neben dem 12 m hohen Leuchtturm mehrere Nebengebäude besichtigen kann.

Point Lobos State Reserve ► A/B 4
s. Entdeckungstour S. 178

Essen & Trinken

Fantastische Lage – **Rocky Point Restaurant:** 36 700 Hwy 1 zwischen Big Sur und Carmel, Tel. 831-624 2933, www. rockypoint.com, tgl. 9–22 Uhr. Vom Lokal hat man einen wunderbaren Blick auf den Pazifik. Salate, Suppen und größere Gerichte wie Steak vom Schwertfisch (35 $), Forelle mit Limonenbutter (28 $) oder Porterhouse Steak (45 $). Ein Early Bird Special gibt es tgl. außer Sa für 22 $.

Rastplatz mit Aussicht – **Café Kevah:** Hwy 1, Big Sur, Tel. 831-667-2345, www. nepenthebigsur.com, März–Anfang Jan. Zum Nepenthe Restaurant gehörendes, in einem von Bougainvillea und Jasmin bestandenen Garten liegendes Café mit Aussichtsterrasse auf die Pazifikküste. Der Green Goddess-Salat mit Avocados und Artischocken (14,50 $) oder das Breakfast Burrito mit Rührei, Schinken, Käse, Bratkartoffeln, Sour Cream und mexikanischer Salsa (10,25 $) schmecken besonders gut.

Carmel ► A/B 3

Früher einmal ein Refugium für gut betuchte Bohemiens, rühmt sich der Ort heute als schicke, bürgerliche Küstengemeinde von Hausbesitzern, die beim

In San Carlos Borroméo fand der Missionsgründer Junípero Serra seine letzte Ruhestätte

Bau ihrer Heime den englischen Cottage-Stil oder europäische Alpenchalets vor Augen hatten. Ansonsten sind architektonische Experimente im streng konservativen Carmel genauso abwegig wie etwa die Idee, das Ortsbild durch Straßenbeleuchtung, Parkuhren oder selbst durch sichtbare Hausnummern zu ›verschandeln‹. Edelrestaurants, exklusive Boutiquen, Galerien und Weinhandlungen für den verwöhnten Gaumen machen nachdrücklich darauf aufmerksam, dass die Einwohner ihre Heimatgemeinde für etwas ganz Besonderes halten. Diese Sicht hat gewissermaßen Tradition. Immerhin leistete sich Carmel von 1986 bis 1988 die Leinwandlegende Clint Eastwood als Bürgermeister. Der Schauspieler und Regisseur lebt noch immer in der Nähe und besitzt vor Ort das Hotelrestaurant Mission Ranch (s. rechts).

Mission San Carlos Borroméo

3080 Rio Rd., Tel. 831-624-1271, www.carmelmission.org, Mo–Sa 9.30–17, So 10.30–17 Uhr, Erw. 6,50 $, 5–17 J. und ab 62 J. 4 $, Kinder 2 $

Die 1771 vom Franziskanerpater Junípero Serra gegründete Missionsstation war zur Zeit der spanischen Eroberer das Zentrum des gesamten kalifornischen Missionssystems. Noch heute sieht das Ensemble mit der steinernen Basilika, den wunderschönen Gärten voller exotischer Gewächse und bemooster Brunnen aus, als hätte sich seit der Gründerzeit nicht viel verändert. Im Missionsmuseum befindet sich das spartanisch eingerichtete Wohnquartier von Junípero Serra, dessen Statue in einem Anbau der Kirche zu sehen ist.

Übernachten

Stilvoll und komfortabel – **Cypress Inn:** 7th Ave. & Lincoln St., Tel. 831-624-3871, www.cypress-inn.com, DZ ab 150 $. Mit 44 stilvollen Zimmern ausgestattetes Hotel im spanischen Stil. Man braucht sich über die oft zu hörenden Doris-Day-Songs nicht zu wundern: Die Sängerin und Schauspielerin ist Mitbesitzerin der Unterkunft.

Idyllische Bleibe – **Carmel Valley Ranch:** 1 Old Ranch Rd., Tel. 831-625-9500, www.carmelvalleyranch.com, DZ in der Nebensaison ab 140 $. Reizvoll gelegene, renovierte Nobelherberge mit 144 Suiten, die meisten davon mit Wohnraum, Kamin und Terrasse. Eine gepflegte Golfanlage befindet sich gleich nebenan. Das hauseigene Restaurant Citronelle wird über den grünen Klee gelobt.

Essen & Trinken

Zu Gast bei Clint Eastwood – **Mission Ranch:** 26270 Dolores St., Tel. 831-624-6436, www.missionranchcarmel.com, Dinner tgl. ab 17 Uhr. In einem über 150 Jahre alten Farmgebäude eingerichtetes Hotelrestaurant mit Piano Bar am Ortsrand. Auf den Tisch kommt typisch amerikanische Küche mit Steaks, Rippchen und Koteletts. Im Speisesaal steht ein Ofen aus dem Eastwood-Western »Erbarmungslos«. So ab 10 Uhr Jazz-Brunch. Dinner ab ca. 30 $.

Käse und Wein fürs Picknick – **Cheese Shop:** Carmel Plaza, Tel. 1-800-828-94 63, www.thecheeseshopinc.com, Mo–Sa 10–18, So 11–17.30 Uhr. Wer sich für ein üppiges Picknick eindecken möchte, ist in diesem Käse- und Weingeschäft an der richtigen Stelle. Man kann auch an den draußen aufgestellten Tischen essen. Ab ca. 9 $.

Gegen den kleinen Hunger – **Bruno's Market & Deli:** Sixth Ave. & Junipero Ave., Tel. 831-624-3821, www.brunosmarket.com, Mo–Sa 10–18, So 11–17 Uhr. Große Auswahl von ausgezeichneten Sandwiches, die man nach eigenem Geschmack zusammenstellen kann. Vom Grill gibt es knusprige Hähnchen, Würstchen und Rippchen. Ab ca. 6 $.

Aktiv & Kreativ

Gute kalifornische Tropfen – **Bernardus:** 5 W. Carmel Valley Rd., Tel. 1-800-223-2533, www.bernardus.com, Weinproben von Sauvignon Blanc und ausgezeichnetem Chardonnay 5–10 $.
Klein, aber fein – **Boekenoogen Wines:** 24 W. Carmel Valley Rd., Tel. 831-595-7741, www.boekenoogenwines.com. Auf Pinot Noir spezialisierter Familienbetrieb. Weinproben 5 $.

Infos

Touristeninformation

Carmel Visitor Center: San Carlos St. zwischen 5th & 6th St., Tel. 831-624-2522, www.carmelcalifornia.org

Monterey ►B 3

Untrennbar ist der Name der Küstenstadt mit dem Schriftsteller John Steinbeck verbunden, der ihr mit seinem in den 1940er-Jahren angesiedelten Roman »Straße der Ölsardinen« ein literarisches Denkmal setzte. Von den darin beschriebenen Konservenfabriken, Lagerhallen, Fischkuttern und Kleine-Leute-Vierteln hat der Zeitenwandel nicht viel übrig gelassen. Die patinagrüne Büste Steinbecks blickt heute an der Cannery Row auf moderne Fischrestaurants, Andenkenläden und auf alt getrimmte Geschäftsgebäude, die nur scheinbar aus der Ära der Sardinenfischerei stammen, in Wirklichkeit aber dem neuen lokalen Broterwerb Tribut zollen – dem Tourismus.

Mein Tipp

17 Meilen Traumküste

Zwischen Carmel und Monterey ist der Hwy 1 die schnellste Verbindung. Viel spannender ist jedoch der gebührenpflichtige **17 Mile Drive** (9,50 $), der sich um die Monterey Peninsula schlängelt. An der Straße liegen über ein Dutzend Aussichtspunkte, an denen von der Brandung zerklüftete Felsen und vorgelagerte Vogelinseln die ungezähmte Natur dieses Küstenstreifens demonstrieren. Der wohl berühmteste Aussichtspunkt ist Lone Cypress, wo sich seit ca. 250 Jahren eine einzelne Zypresse auf einem Felsen festkrallt (interaktiver Plan unter www.pebble beach.com/interactive-map).

Monterey Bay Aquarium

886 Cannery Row, Tel. 831-648-4800, www.montereybayaquarium.org, Mai–Sept. 9.30–18, sonst 10–18, an Sommerwochenenden bis 20 Uhr, Erw. 29,95 $, Senioren ab 65 J. 27,95 $, Kinder 3–12 J. 19,95 $

Kein Meeresaquarium im Westen der USA hat sich über die Jahre eine so große Reputation erworben wie diese Einrichtung, die ständig mit neuen Ideen und Ausstellungen ihre Attraktivität beweist. Jüngste Zugnummer ist eine Seepferdchenausstellung, die neben riesigen gläsernen Tanks voller Fische, Tummelbecken für putzige Seeotter, Riesentintenfischen und Seevögeln für Unterhaltung sorgt. Jeden Tag steigen um 11.30 und 16 Uhr Taucher in ein riesiges Aquarium mit Algenwäldern und füttern Fische von Hand. Lernprogramme für Seeotter finden um 10.30, 13.30 und 15.30 Uhr statt.

Mein Tipp

Auf den Spuren von John Steinbeck

Die Suche nach Spuren von John Steinbeck führt in die Stadt **Salinas** östlich von Monterey. Der Geburtsort des Schriftstellers ist besser bekannt unter dem Spitznamen ›Salatschüssel Kaliforniens‹, weil er ein großes agrarisches Anbau- und Vermarktungszentrum bildet. Steinbecks viktorianisches Geburtshaus (132 Central Ave., Tel. 831-424-2735, www.steinbeckhouse.com) ist wider Erwarten kein Museum, sondern ein Lunch-Restaurant. Lohnender ist der Besuch des National Steinbeck Center (1 Main St., Tel. 831-775-4721, www.steinbeck.org, im Winter Di–Sa 10–17 Uhr, im Sommer tgl. 10–17 Uhr, Erw. 10,95 $, Kinder/Jugendl. 3–17 J. 7,95 $, Senioren über 62 J. 8,95 $), in dem Leben und Werk des Nobelpreisträgers von 1962 gewürdigt werden.

Monterey State Historic Park

20 Custom House Plaza, Tel. 831-649-7118, www.parks.ca.gov/?page_id=575, unterschiedliche Öffnungszeiten, alle Führungen sind kostenlos

In den 1770er-Jahren eine der ersten spanischen Niederlassungen an der Westküste und Zentrum der Militärverwaltung, war Monterey unter mexikanischer Herrschaft (1821–48) die Hauptstadt Kaliforniens. Aus dieser Zeit stammen die Gebäude, die den historischen State Park bilden. Wer sich für Old Monterey interessiert, begibt sich am besten auf den Path of History, der auf einer Länge von 3 km durch den historischen Stadtkern führt (www.mtycounty.com/pgs-path/apath.html).

Übernachten

Auf der Suche nach preiswerten Unterkünften weicht man am besten ins benachbarte Seaside aus, wo es mehrere Motels gibt.

B & B zum Verwöhnen – **Jabberwock:** 598 Laine St., Tel. 831-372-4777, www.jabberwockinn.com, 169–299 $. Im Craftsman-Stil erbautes herrschaftliches B & B mit Blick auf die Bucht von Monterey. Alle sieben Gästezimmer sind elegant und trotzdem gemütlich eingerichtet. Ein warmes Frühstück sowie Nachmittagstee mit Plätzchen sind inklusive.

Standardunterkunft – **Downtown Travelodge:** 675 Munras Ave., Tel. 831-373-1876, www.montereytravelodge.com, DZ ab 89 $. Mitten im historischen Kern gelegenes dreigeschossiges Motel mit 51 ordentlich eingerichteten Nichtraucherzimmern und Pool.

Essen & Trinken

Küche mit Geschmack – **Chart House:** 444 Cannery Row, Tel. 831-372-3362, www.chart-house.com, Dinner Mo–Do 17–21.30, Fr 17–22, Sa 16–22 Uhr, ab ca. 18 $. Fisch und Meeresfrüchte, Steaks, Suppen und Salate: Die gute Küche und die Lage direkt am Meer haben das Lokal populär gemacht.

Fisch & Seafood – **Fishhopper:** 700 Cannery Row, Tel. 831-372-8543, www.fishhopper.com/monterey.htm, tgl. ab 10.30 Uhr. Auf Pfählen stehendes Touristenlokal für Steaks und Seafood mit Blick auf die Bucht. Die beliebten Clam-Chowder-Suppen gibt es ab 5,95 $, Fish & Chips 17,95 $.

Aktiv & Kreativ

Küstentour per Rad – **Adventures by the Sea:** 299 Cannery Row, Tel. 831-372-

Im John Steinbeck Center in Salinas erinnert alles an Leben und Werk des Schriftstellers

1807, www.adventuresbythesea.com. Verleih von Fahrrädern, 7 $/Std.

Pazifische Paddeltouren – **Monterey Bay Kayaks:** 693 Del Monte Ave., Tel. 831-373-5357 oder 1-800-649-5357, http://montereybaykayaks.com. Große Auswahl an Mietkajaks, geführte Ökotouren und Gruppenprogramme. Außerdem werden vor Ort alle notwendigen Serviceleistungen angeboten.

Training für Küchenamateure – **Culinary Center of Monterey:** 625 Cannery Row, Tel. 831-333-2133, keine Webpage, 100–150 $. In 5-stündigen Kursen können sich Interessenten in höhere Küchenkünste einweihen lassen. Im Preis ist ein Menü eingeschlossen. Auch für Kinder gibt es Kochlektionen.

Abends & Nachts

Für Nachtschwärmer – **Hippodrome:** 321 Alvarado St., Tel. 831-262-2704, www.hippclub.com, ab 21 Uhr. Angesagter Club auf zwei Etagen, mehrere Bars, 4 Tanzflächen, Videoprojektoren, Patio mit Tischen am Außenpool, DJ-Musik oder Livebands.

Für Bierliebhaber – **Peter B's Brew Pub:** 2 Portola Plaza, Portola Hotel & Spa, Tel. 831-649-4511, www.portolahotel.com, So–Do 11–23, Fr–Sa 11–1 Uhr. Das Lokal gehört zu einer Minibrauerei, die 10 verschiedene Biere produziert.

Infos & Termine

Touristeninformation

Monterey County Convention & Visitors Bureau: 765 Wave St., Monterey, CA 93940, Tel. 831-657-6400, www.seemonterey.com.

Termine

Monterey Jazz Festival: Seit über 50 Jahren jeweils im September stattfindendes Festival mit viel Prominenz (www.montereyjazzfestival.org).

Das Beste auf einen Blick

Die Sierra Nevada

Highlights!

Yosemite National Park: Eine grandiose Hochgebirgsszenerie und ein unvergleichliches Tal mit mehreren Wasserfällen haben Yosemite zum berühmtesten Nationalpark auf kalifornischem Boden und gleichzeitig zum ›Schaufenster‹ der Sierra Nevada gemacht. S. 192

Owens Valley: An der östlichen Flanke fällt die Sierra Nevada steil zum staubtrockenen Great Basin ab. Zwischen Hochgebirge und Wüste bildet das Owens Valley eine malerische Landschaft mit zahlreichen Sehenswürdigkeiten. S. 198

Auf Entdeckungstour

Begegnung mit den Giganten – im Sequoia National Park: Zu Lebzeiten Alexanders des Großen waren manche bereits stattliche Exemplare. Als das Römische Reich unterging, waren sie schon Jahrhunderte alte Methusalems. Heute leben solche Bäume im Sequoia National Park immer noch. S. 200

Kultur & Sehenswertes

Yosemite Museum: Das Museum beschäftigt sich anhand von Ausstellungen und einem rekonstruierten Dorf mit der Kultur der Miwok- und Paiute-Indianer, die bis zur Ankunft weißer Siedler das Tal bewohnten. S. 192

Laws Railroad Museum bei Bishop: Für den Bergbau der Region war die zwischen 1883 und 1959 betriebene Eisenbahn von vitaler Bedeutung. Als die Minen schlossen, war auch das Schicksal der Bahnlinie besiegelt. S. 198

Aktiv & Kreativ

Mono Lake: Der uralte See mit seinen bizarren Tufatürmen ist eine Attraktion für Naturliebhaber und eine wunderbare Kulisse für Fotografen. S. 195

Mammoth Lakes: Das renommierte Wintersportzentrum zieht im Sommer viele Mountainbiker an, die sich per Gondel auf den Mammoth Mountain (3368 m) transportieren lassen. S. 195

Genießen & Atmosphäre

Erick Schat's Bakkery: Über typisch amerikanisches Brot hat noch niemand Lobeshymnen verbreitet. Umso größer ist die Reputation dieser Provinzbäckerei im Owens Valley, die köstliche Backwaren herstellt, wie man sie aus Europa kennt. S. 202

Alabama Hills: Die zwischen der Ortschaft Lone Pine und Whitney Portal liegende Landschaft bildet mit seltsam geformten und von Wind und Wetter durchlöcherten Felsen eine Naturkulisse, die die Besucher regelmäßig zum Schwärmen bringt. S. 202

Abends & Nachts

Paiute Palace Casino: Das abgelegene Owens Valley ist alles andere als ein Hotspot für Nachtschwärmer. Einziges Ziel für Nachtaktive ist das rund um die Uhr geöffnete Casino des Paiute-Stammes nördlich von Bishop. S. 202

Das hochalpine Kalifornien

Mit 700 km Länge und 120 km Breite ist die in Nord-Süd-Richtung verlaufende Sierra Nevada das mächtigste Gebirge auf kalifornischem Boden. Die nüchternen Zahlen sagen allerdings wenig aus über die traumhafte Berglandschaft um den Mount Whitney, mit 4416 m die höchste Erhebung auf dem zusammenhängenden Staatsgebiet der USA. Fabelhafte Naturschönheiten und gut erschlossene Gebiete haben die steinerne Krone Kaliforniens zu einer touristischen Hauptattraktion im US-Westen gemacht.

Yosemite National Park ! ► D/E 1/2

»Das schönste Fleckchen der Welt« nannte US-Präsident Theodore Roosevelt den Yosemite Park nach einem Besuch im Jahre 1903. Seitdem haben Naturkundler und Touristen vermutlich keinen Superlativ ausgelassen, um die mitten in der Sierra Nevada liegende Bergoase möglichst treffend zu beschreiben. In ihrem Herzen liegt das Yosemite Valley, das von eiszeitlichen Gletschern U-förmig ausgeschliffen und in ein wahres Traumtal verwandelt wurde. Sein unverwechselbares Wahrzeichen ist der 2695 m hohe Half Dome, der aus der Entfernung aussieht wie eine in der Mitte halbierte Riesenkuppel aus grauem Granit.

Yosemite Valley

Das langgezogene, von Wasserfällen und steilen Felswänden eingerahmte **Yosemite Valley** 1 bildet mit den beiden Touristendörfern Yosemite Village und Curry Village das infrastrukturelle Zentrum des 3081 km² großen Nationalparks. Dort konzentrieren sich Unterkünfte, Restaurants, Campingplätze und die Parkverwaltung mit Informationsmöglichkeiten. Nebenan dokumentiert das **Yosemite Museum** die Kulturgeschichte der früher im Tal lebenden Miwok- und Paiute-Indianer seit Mitte des 19. Jh. Im Sommer zeigen *Native Americans* traditionelles

Infobox

Touristeninformation

Yosemite National Park: P.O. Box 577, CA 95389, Tel. 209-372-0200, www.nps.gov/yose, Pkw 20 $.

Sequoia & Kings Canyon National Parks: 47050 Generals Hwy, Three Rivers, CA 93271, Tel. 559-565-3341, www.nps.gov/seki, Pkw 20 $.

Sierra Mountain Center: 174 W. Line St., Bishop, CA 93514, Tel. 760-873-8526, www.sierramountaincenter.com. Kletterzentrum der Sierra Nevada.

Anreise und Weiterkommen

Die Sierra Nevada ist vom Central Valley wie auch vom Owens Valley über gut ausgebaute Straßen zu erreichen. Wer die Distanz zwischen beiden Tälern in der kalten Jahreszeit überwinden will, muss die Südroute über Bakersfield nehmen, weil die Tioga Pass Road von November bis Juni geschlossen ist. Die Zugänge zum Yosemite, Sequoia sowie Kings Canyon National Park sind auch im Winter geöffnet.

Handwerk. Hinter dem Museum können sich Besucher in einem rekonstruierten Dorf ein Bild vom Leben der früheren Bewohner machen. Die über drei Felsstufen zu Tal stürzenden **Yosemite Falls** mit einem Höhenunterschied von insgesamt 739 m sind nur einen kurzen Spaziergang entfernt. An der Nordflanke des Tals ragt der 2307 m hohe **El Capitan** in den Himmel, eine fast senkrechte, 1000 m hohe Granitwand, die von vielen Felsakrobaten als Nonplusultra des Klettersports betrachtet wird.

Im **Curry Village** kommt man in Hütten und fest installierten, im Winter beheizten Zelten unter. Wegen der Bären müssen Nahrungsmittel und Kosmetika in sicheren Bärenkanistern verstaut werden (Vorhängeschloss mitnehmen!). Für Verpflegung sorgen fünf Einrichtungen vom Pizza-Imbiss über einen Kaffee- und Eiscremestand bis zum Dinnerbuffet.

Der südliche Parkteil

Auf dem Weg in den Süden des Parks lohnt sich ein Abstecher zum hoch über dem Yosemite-Tal gelegenen **Glacier Point** 2. Der grandiose Aussichtspunkt liegt am Ende der Glacier Point Road und bietet einen atemberaubenden Panoramablick über den Half Dome und die Vernon und Nevada Falls in die hohe Sierra. Ähnlich berückend ist die Aussicht vom in der Nähe liegenden **Washburn Point** 3 (s. S. 196).

Wer die kurvenreiche Fahrt in den Südpark über **Wawona** 4 (Hotel mit Golfplatz und Pioniermuseum) auf sich nimmt, hat meist den **Mariposa Grove** 5 zum Ziel, wo in der Nähe des südlichen Parkausgangs beeindruckende Riesenbäume die Ära der Holzfällerei überlebt haben. Zu den imposantesten gehört der 2700 Jahre alte Grizzly Giant. Nachdem er seinen Wipfel durch einen Sturm verlor, ist er ›nur‹ noch 64 m hoch, hat aber einen Umfang von fast 30 m. In der Nachbarschaft steht mit dem California Tunnel Tree ein historisches Zeugnis sinnloser Naturzerstörung. Der Stamm des Baumes wurde 1895 als Touristenattraktion ausgehöhlt – eine seit langem verpönte Praxis.

Der nördliche Parkteil

Vorbei am **Tuolomne Grove** 6 mit riesigen Mammutbäumen und mehreren Bergseen klettert mit der nur zwischen Juni und Anfang November befahrbaren **Tioga Pass Road** eine überwältigende Panoramastraße bis auf das 3030 m hohe ›Dach‹ der Sierra, um sich danach zum Mono Lake hinabzusenken. Auf dem Weg zur Passhöhe dehnt sich mit den 2600 m hoch gelegenen **Tuolomne Meadows** 7 das größte subalpine Almengebiet des Gebirgsstocks aus. In diesem für Wanderungen prädestinierten Gebiet hat man gute Chancen, in der himmlischen, von Bächen durchflossenen Naturlandschaft Wild zu beobachten.

Übernachten

Reservierung aller Parkunterkünfte inklusive Campgrounds unter www.yosemitepark.com/Reservations.aspx.

Rustikaler Luxus – **The Ahwahnee:** Yosemite Village, www.yosemitepark.com/Accommodations_TheAhwahnee.aspx, DZ ab ca. 400 $. 1927 aus Naturstein erbautes Nobelhotel mit 123 Zimmern und Suiten sowie 24 Cottages unter schattigen Bäumen im Hotelpark.

Im Herzen des Parks – **Yosemite Lodge:** Yosemite Village, DZ im Sommer ab 150 $, sonst wochentags ab 100 $. 230 geräumige Standardzimmer, beheizter Pool, Restaurant, Food Court und WLAN-Internetzugang.

Im Zelt oder Wohnwagen – **Camping:** Reservierung unter www.recreation.

Yosemite National Park

gov oder Tel. 877-444-6777. In der hohen Sierra gibt es fünf nur zu Fuß oder im Sattel erreichbare High Sierra Camps. Nähere Infos bekommt man unter www.yosemitepark.com/Accomodations_HighSierraCamps.aspx).

Aktiv & Kreativ

Im Sattel durch die Sierra – **Yosemite Valley Stable:** Tel. 209-372-8348; **Tuolumne Meadows Stable:** Tel. 209-372-8427; **Wawona Stable:** Tel. 209-375-6502, www.yosemitepark.com. Die drei Reitställe bieten attraktive Reittouren in den unterschiedlichen Regionen des Parks an.

Klettern mit Profis – **Yosemite Mountaineering School:** Tel. 209-372-8344, www.yosemitepark.com/Activities_MountaineeringSchool.aspx. Seit 1969 bestehende Kletterschule für Anfänger und Fortgeschrittene. Geführte Touren z. B. 6 Std. 135–221 $, 3 Tage 1877 $, auch Ausrüstungsverleih.

Mono Lake ►E 1

Der Mono Lake entstand vor ca. 1 Mio. Jahren, was ihn zu einem der ältesten Seen in Nordamerika macht. Er liegt auf knapp 2000 m Höhe und dehnt sich, von oben betrachtet, in zartem Pastellblau, über eine Fläche von 180 km² aus. Weil das Wasser dreimal so salzig ist wie der Pazifik, vermerkte Mark Twain in seiner Reisebeschreibung »Durch dick und dünn«, im See gebe es keinerlei Leben. Damit lag er allerdings falsch, weil in der salzigen Brühe winzige Shrimps und Algen sowie an den Seeufern Myriaden von Salzwasserfliegen offenbar günstige Lebensbedingungen vorfinden. Hauptattraktion sind sogenannte Tufas. Diese Kalktürme, die aussehen wie gewaltige Termitenhügel, bildeten sich vor langer Zeit, als der Wasserpegel noch viel höher war. Durch im Seeboden befindliche Quellen drang kalziumreiches Wasser in die Salzlake ein und verband sich mit Carbonat zu Kaliumcarbonat. Aus diesem kohlensauren Kalk bestehen die hauptsächlich am Südufer stehenden bizarren Tufas, die dem Mono Lake vor dem Hintergrund der Sierra Nevada ein geheimnisvolles Flair und ungewöhnliches Aussehen verleihen, das sich je nach Tageszeit und Wetter schnell ändern kann.

Aktiv & Kreativ

Gefrorene Wasserfälle – **Eisklettern:** Im Lee Vining Canyon (ca. 4 Meilen westlich von Lee Vining an der Poole Power Plant Rd.) gibt es die steilsten und längsten Routen für Eiskletterer in ganz Kalifornien. Der amerikanische Extremkletterer Yvon Chouinard soll dort in den 1970er-Jahren Spezialausrüstungen entwickelt haben, die dem Eisklettern Kultstatus verliehen.

Infos

Touristeninformation
Mono Lake Committee: Hwy 395 & 3rd St., P. O. Box 29, Lee Vining, CA 93541, Tel. 760-647-6595, www.monolake.org. Hervorragend ausgestattetes Informationszentrum über alle Aspekte des Mono Lake.

Mammoth Lakes ►E 2

Der Ort an der Ostflanke der Sierra Nevada verdankt seinen Ruf in erster Linie seinen ausgezeichneten Wintersportbedingungen – die Saison dauert von November bis Mai. Mittlerweile haben in der warmen Jahreszeit aber auch Mountainbiker die landschaftlichen und sportlichen Reize der umliegenden Höhenzüge entdeckt. Mit einer Gondelbahn können Radsportler und Wanderer von der Talstation bei der Main Lodge auf den 3368 m hohen **Mammoth Mountain** (Erw. 21 $, 13–18 J. 16 $, ab 65 J. 10 $) und von dort auf unterschiedlichen Routen bis in den Ort fahren oder 8 km weit zur Lodge wandern.

Übernachten

In der Wintersportsaison zwischen Erntedankfest und Mitte April muss man mit deftigen Übernachtungspreisen rechnen. Sparen kann man aber mit Hotelpackages (inkl. Lifttickets). Viel preisgünstiger sind die Motels im 42 Meilen entfernten Bishop (s. S. 198).

Camping
Auf nicht privatem, vom Bureau of Land Management verwaltetem Grund und Boden darf man bei Mammoth Lake bis zu zwei Wochen kostenlos campieren.

Lieblingsort

Blick in eine Traumkulisse
Grandiose Naturwunder der Sierra Nevada wie der berühmte Yosemite National Park zählen zu den reizvollsten Touristenzielen in Kalifornien. An berückenden Aussichtspunkten mangelt es in diesem Bergparadies beileibe nicht. Einer der schönsten ist der **Washburn Point** 3 an der Glacier Point Road, die hoch über dem Yosemite Valley an einen Steilabbruch führt, von dem aus man das atemberaubende Panorama der hohen Sierra samt Half Dome und Wasserfällen als Postkartenansicht vor Augen hat (s. S. 192).

Aktiv & Kreativ

Skifahren: Wer seine Lifttickets online reserviert, kann sparen (www.mammothmountain.com). An Wochenenden ist das weiße Vergnügen teurer als an Wochentagen.

Infos

Touristeninformation
Mammoth Lakes Welcome Center: 2510 Main St., Tel. 760-924-5500. Auf der Internetseite www.visitmammoth.com/coupons kann man sich Einkaufsgutscheine downloaden und bekommt Informationen über Sonderangebote von Hotels und Restaurants.

Owens Valley ! ► F 2/3

Südlich von Mammoth Lakes verlässt Highway 395 ein 2000 m hoch gelegenes Plateau und senkt sich ab dem Sherwin Summit in weiten Serpentinen in das im Sommer in der Sonne brütende, über 800 m tiefer liegende Owens Valley. In der ersten Hälfte des 20. Jh. machte das abgelegene Tal Schlagzeilen, weil in einem gewalttätigen Krieg Agenten der Stadt Los Angeles alle Mittel recht waren, lokale Bauern um ihre Wasserrechte zu bringen. Heute herrscht Frieden im idyllischen Tal, auf dessen Westseite die höchsten Gipfel der Sierra wie eine unüberwindliche Wand aus Granit aufsteigen.

Bishop ► F 2

Mit 4000 Einwohnern der Hauptort im Owens Valley, dient die Kleinstadt vielen Reisenden als probates Etappenziel, weil es vor Ort gute Übernachtungs- und Versorgungsmöglichkeiten

gibt. Außerdem eignet sich Bishop als Ausgangspunkt für Ausflüge in die Umgebung wie etwa auf dem Highway 168 zu den von majestätischen Berggipfeln eingerahmten Seen **South Lake** und **Lake Sabrina** oder zum in den einsamen White Mountains liegenden **Ancient Bristlecone Pine Forest** mit den ältesten Bäumen der Erde. Näher liegt in der Ortschaft Laws 5 Meilen nordöstlich von Bishop das **Laws Railroad Museum** mit einem restaurierten Bahnhof von 1883, Dampflokomotiven, histori-

Wie vom anderen Stern – die bizarren Kalktürme des Mono Lake

schen Waggons und einem historischen Dorf (Hwy 6, Tel. 760-873-5950, www.lawsmuseum.org, tgl. 10–16 Uhr, Eintritt nach eigenem Ermessen).

Übernachten

Freundlich und komfortabel – **Best Western Creekside Inn:** 725 N. Main St., Tel. 760-872-3044 oder 1-800-273-3550, http://bishopcreekside.com, DZ 129–169 $. Wohnlich eingerichtetes Nichtraucherhotel mit klimatisierten Zimmern und Suiten, Garten, Highspeed-WLAN, beheiztem Pool, Spa und Frühstücksbuffet.

Malerische Unterkunft – **Chalfant House B & B:** 213 Academy St., Tel. 760-872-1790, www.chalfanthouse.com, 95–110 $, großes Frühstück inkl. Niedliches Häuschen aus dem Jahr 1898 mit Schindelfassaden; ruhige, aber zentrale Lage. Fünf geradezu museal eingerichtete Zimmer und zwei Suiten mit eigenem Bad. ▷ S. 202

Auf Entdeckungstour

Begegnung mit den Giganten – im Sequoia National Park

Zu Lebzeiten Alexanders des Großen waren manche bereits stattliche Exemplare. Als das Römische Reich unterging, waren sie schon Jahrhunderte alte Methusalems. Heute leben solche Bäume im Sequoia National Park immer noch – mittlerweile riesige und seltene Naturdenkmäler, die verehrt werden wie nationale Heiligtümer. Die Berühmtesten tragen menschliche Namen und wirken wie Ehrfurcht einflößende Respektspersonen.

Reisekarte: ► E 3

Infos: Ganzjährig zugänglich, Eintritt 20 $/Pkw. Wer mehrere Parks besucht, kommt mit dem Pass ›America the Beautiful‹ besser weg (80 $, ein 1 Jahr gültig, http://store.usgs.gov/pass).

Giant Forest Museum: am Hwy 198, 26 km nördlich des Foothills Visitor Center am südwestlichen Parkeingang, tgl. 9–16 Uhr, Eintritt frei.

Im Giant Forest beschleicht mich das Gefühl, auf Zwergengröße geschrumpft zu sein. Rundum dehnt sich ein Kiefernwald aus, aus dessen Schatten samtig aussehende, zimtfarbene Flecken leuchten, die sich beim näheren Hinsehen als Mammutbäume zu erkennen geben.

Hölzerne Superlative

Aber was heißt da schon Bäume! Es handelt sich um gigantische Exemplare, die mit unglaublich dicken ›Beinen‹ von über 30 m Umfang auf der Erde stehen und ihre Wipfel irgendwo im Himmel verstecken. Hobbyfotografen hadern mit ihren Kameras, weil kaum ein Baum aufs Bild passen will. Andere massieren sich den Nacken, weil das dauernde Zurücklehnen des Kopfes Schmerzen verursacht. Aber wer hat schon einmal einen Baum gesehen, dessen Volumen der Holzmenge von einem halben Hektar Fichtenwald entspricht und der an seinem Alter gemessen mit der Weltstadt Rom konkurrieren kann? Mehr Informationen über die Sequoia-Riesen bekommt man im **Giant Forest Museum,** einer Schatztruhe, in der u. a. haferflockengroße Samenkörner zu entdecken sind. Was aus ihnen werden kann, zeigt der vor dem Gebäude stehende **Sentinel Tree**, der so viel wiegt wie zwei voll beladene Jumbo-Jets.

Wer ist der Größte?

Vom Parkplatz aus stattet man auf einem ca. 20-minütigen, nicht sehr anstrengenden Fußmarsch dem König unter den Mammutbäumen einen Besuch ab. Der **General Sherman Tree** ist mit 84 m zwar bei Weitem nicht der höchste Baum der Welt (das ist der 115,5 m hohe Hyperion im Redwood National Park), an seinem Volumen gemessen ist er aber mit 1470 m³ unumstrittener Weltrekordler. Ungläubiges Staunen befällt seine Besucher, die mit offenem Mund den Blick vom 31,3 m mächtigen Stamm bis in die weit entfernte Krone wandern lassen.

Hölzerne Geschichte

Beim Sherman Tree beginnt mit dem 2 Meilen langen **Congress Trail** ein Pfad, an dem sich Bäume wie President Tree, General Lee Tree, Senate Groupe, House Groupe und McKinley Tree zu einem Riesen-Meeting zu versammeln scheinen. Der Chief Sequoyah Tree erinnert daran, dass diese Baumart ihren Namen zu Ehren des Cherokee-Häuptlings Sequoia (1776–1843) erhielt, der eine eigene Schrift erfand und damit eine herausragende Kulturleistung zustande brachte. Noch vor einigen Jahren war der **Washington Tree** der zweitmächtigste Baum im Park. Obwohl er in über 2000 Lebensjahren Hunderte Waldbrände überstand, kostete ihn 2003 ein Blitzeinschlag einen Teil seiner Krone. Ein Wintersturm machte ihn zwei Jahre später vollends zur ›Ruine‹.

Mit US-Bräuchen vertraute Reisende wissen, dass der **General Grant Tree** jeden Winter zum Weihnachtsbaum der Nation gekürt wird. Die Auszeichnung hat er verdient, weil er mit 1360 m³ als zweitgrößter Baum der Erde gilt. 1867 wurde er nach Ulysses S. Grant benannt, dem General der Unionstruppen im amerikanischen Bürgerkrieg, der von 1869 bis 1877 US-Präsident war. Wie Holzfällertrupps früher über solche Exemplare herfielen, zeigt das desolate **Big-Stump-Gebiet** am Hwy 180. Um den dort einst stehenden 1350 Jahre alten Mark Twain Tree in schnöde Zaunlatten zu zersägen, benötigte im Jahr 1891 ein Team von Holzfällern 13 Tage.

Komfortabel campen – **Brown's Town Campground:** 219 Wye Rd., Tel. 760-873-8522, www.brownscampgrounds.com. Teilweise schattiger Grasplatz mit Parzellen für Zelte und Campmobile; Stromanschluss, Kabel-TV, heiße Duschen, Waschmaschinen, Café und 18-Loch-Golfplatz.

Essen & Trinken

Maistortillas, Bohnen, Chilischoten – **Amigos Mexican Restaurant:** 285 N. Main St., Tel. 760-872-2189, tgl. 11–21 Uhr, ca. 10–15 $. In der Küche dominiert die Freude an der Improvisation, weil mit den Zutaten gearbeitet wird, die gerade vorhanden sind. Trotzdem kann all das bestellt werden, was die mexikanische Küche populär gemacht hat.
Unkomplizierte, gute Küche – **Jack's Restaurant & Bakery:** 437 N. Main St., Tel. 760-872-7971, tgl. 6–21 Uhr, ca. 4–10 $. Die Küche des Restaurants hat sich mit üppigen Omelette-Variationen Reputation erkocht. Die Waffeln und Süßspeisen sind auch nicht zu verachten.

Einkaufen

Unamerikanische Brotoase – **Erick Schat's Bakkery:** 763 N. Main St., Tel. 760-873-7156, www.erickschatsbakery.com, tgl. ab 8 Uhr, ab ca. 6 $. Café mit Bäckerei, in der neben süßen Teilchen, Keksen und Kuchen über zwei Dutzend unterschiedliche Brotsorten verkauft werden, darunter das seit 1938 hergestellte Sheepherder-Brot mit weichem Inneren und knuspriger Kruste.

Aktiv & Kreativ

Dokument der Kriegshysterie – **Manzanar National Historic Site:** Hwy 395 zwischen Bishop und Independence, Tel. 760-878-2194, www.nps.gov/manz, tgl. 9–17.30, im Winter bis 16.30 Uhr, Eintritt frei. Von 1942 bis 1945 internierte die US-Regierung in diesem Lager über 10 000 unverdächtige Menschen japanischer Abstammung. Grund war der japanische Angriff auf Pearl Harbor 1941.

Abends & Nachts

Wer ein Spielchen wagen will – **Paiute Palace Casino:** 2742 N. Sierra Hwy, (Hwy 395), Tel. 760-873-4150, www.paiutepalace.com, 24 Std. Das indianische Casino bietet vor allem Spielautomaten, aber auch Tischspiele wie Black Jack. Zum Betrieb gehören das Tu-Ka-Novie-Restaurant (So–Do 7–10, Fr–Sa bis 24 Uhr) und die weit und breit billigste Tankstelle.

Alabama Hills und Mt. Whitney ► F 3

Mitten in der Ortschaft Lone Pine biegt vom Highway 395 die Whitney Portal Road in westlicher Richtung ab und führt geradewegs auf den höchsten Gipfel der Sierra Nevada, den 4416 m hohen Mount Whitney zu. Auf dem Weg durchquert die Nebenstraße etwa 3 Meilen außerhalb des Ortes mit den **Alabama Hills** eine Gegend mit seltsamen Felsformationen, in der in den 1950er- und 1960er-Jahren über 200 B-Western gedreht wurden. Ein Irrgarten mit bizarren Felsen und auf natürliche Weise entstandenen Felsfenstern liegt an der gut befahrbaren Piste namens Movie Road.

Die Whitney Portal Road endet nach 13 Meilen so nahe am Fuß des **Mount Whitney,** dass man den Gipfel nicht mehr sehen kann. Mehrere Campingplätze verteilen sich in den Kiefernwäldern. Wer dort unterkommt, muss Nahrungsmittel in speziellen Containern verstauen, weil das Gebiet gerne von Bären besucht wird. Auch in geparkten Autos darf nichts Essbares verstaut sein. Der Gipfel des Mount Whitney ist auf einem knapp 18 km langen Wanderweg über eine Höhendifferenz von 1870 m zu erreichen (Genehmigung obligatorisch, s. u.).

Infos

Touristeninformation

Eastern Sierra InterAgency Visitor Center: Hwy 395 & 136, Lone Pine, CA 93545, Tel. 760-876-6222, www.fs.fed.us/r5/inyo/contact

Wilderness Permit Office: 351 Pacu Lane, Suite 200, Bishop, CA 93514, Tel. 760-873-2400, www.fs.fed.us/r5/inyo/recreation/wild/permitsres.shtml. Genehmigungen zur Besteigung des Mt. Whitney müssen bis Ende Februar beantragt werden, ehe im März eine Internetversteigerung erfolgt.

Sequoia National Park

▶ E/F 3/4

Der Sequoia National Park in der hohen Sierra Nevada zählt zu den letzten Gebieten, in denen gewaltige Sequoia-Riesenbäume das Zeitalter des ungebremsten Holzeinschlags überlebt haben (s. Entdeckungstour S. 200). Der Park bildet zusammen mit dem sich im Norden anschließenden Kings Canyon National Park (s. S. 204) ein attraktives Duo, wobei der Kings Canyon wegen seiner Abgelegenheit viel weniger besucht wird als der leichter zugängliche Sequoia Park.

Der am häufigsten genutzte Parkeingang ist der Ash Mountain Entrance östlich von Visalia im Central Valley. Dort beginnt mit dem Generals' Highway eine schmale Zugangsstraße, auf deren 16 Meilen bis zum Giant Forest Village Statistiker 150 enge Kurven gezählt haben. Auf einer Höhe von etwa 1400 m ändert sich die Szenerie fast schlagartig mit dem Beginn des Hochwaldes. Am Straßenrand tauchen die ersten Wahrzeichen des Nationalparks auf – die gigantischen Mammutbäume *(sequoia gigantea)*, deren sonnenbeschienene Borke rotbraun aus dem Halbschatten der Wälder leuchtet.

Crystal Cave

Crystal Cave Rd., Tickets nur im Foothills oder Lodgepole Visitor Center, Tel. 559-565-3759, www.visitsequoia.com/crystal-cave.aspx, Tourtermine unter www.sequoiahistory.org/cave/cave.htm, Erw. 11 $, Kinder/Jugendl. 6–12 J. 6 $, Senioren ab 62 J. 10 $

Vom Generals' Highway kommend erreicht man auf der asphaltierten Crystal Cave Road (für große Wohnmobile nicht geeignet) ein unterirdisches, ständig 9 °C kühles Märchenreich. Interessenten müssen sich 45-minütigen Führungen auf beleuchteten Pfaden anschließen, um das faszinierende Reich von marmornen Stalaktiten und Stalagmiten zu erleben.

Moro Rock

Crescent Meadows Rd., 3 km südlich des Giant Forest Village

Dass es im Nationalpark neben Riesenbäumen auch noch andere Attraktionen gibt, beweist neben den Crystal Caves auch der knapp 100 m hohe, exponiert stehende Moro Rock. Auf diesen von eiszeitlichen Gletschern glattpolierten Granitblock führen 400 in den Fels geschlagene, zum Teil durch ein Geländer gesicherte Stufen hinauf. Auch der Gipfel, ein schmaler Scheitel, ist abgesichert. Wer den Aufstieg ge-

In den Kings Canyon National Park führt nur diese eine Straße

schafft hat, wird durch eine wunderbare Rundumsicht belohnt.

Tokopah Falls

Ausgangspunkt zur kleinen Wanderung durch einfaches Gelände zu diesen Wasserfällen ist die Marble Fork Bridge beim Lodgepole Campground. Nach ca. 1,7 Meilen entlang der Marble Fork, einem Nebenfluss des Kaweah River, erreicht man die über schräge Granitflanken sprudelnden, 366 m hohen Fälle. Sie zeigen sich im Frühsommer von ihrer schönsten Seite, wenn auf der hohen Sierra die Schneeschmelze für genügend Wasser sorgt. Die in dieser Gegend lebenden Murmeltiere scheinen jede Scheu vor Menschen verloren zu haben.

Übernachten

Komfort mitten im Park – **Wuksachi Village Lodge:** Wuksachi Village, etwa 2 Meilen westlich des Lodgepole Village, Tel. 866-807-3598, www.visitsequoia.com, ca. 200 $. Die auf 1980 m

Höhe gelegene Lodge bietet ganzjährig 102 Gästezimmer mit Bad, Telefon, TV und Kaffeemaschine. Zur Unterkunft gehört ein Restaurant.
Übernachten ohne Schnickschnack – **John Muir Lodge:** Grant Grove Village, Tel. 866-522-6966, www.sequoia-kingscanyon.com/reservations.html, im Sommer ab 172 $, im Winter ab 69 $. Rustikale Lodge mit einer stimmungsvollen Lobby um einen offenen Kamin. Die 36 einfachen Gästezimmer sind mit eigenem Bad, Telefon und Kaffeemaschine ausgestattet (kein TV).

Im Zelt oder Campmobil – **Campgrounds:** Im Sequoia N.P. liegen sieben. Der größte und am besten ausgestattete ist der Lodgepole Campground (am Generals' Highway, mit Markt, Snackbar, Duschen und Besucherzentrum, Reservierungen Tel. 877-444-6777). Die meisten Plätze werden nach dem Prinzip »First come, first served« belegt.

Infos

Außer dem Ash Mountain Entrance im Süden gibt es einen zweiten Parkeingang östlich von Fresno am Highway 180. Innerhalb des Parks sucht man Tankstellen vergeblich. Handys funktionieren in den meisten Gebieten nicht.
Shuttle Service: von Ende Mai bis Anfang Sept. Pendelbus zw. Visalia und dem Nationalpark (Tel. 877-287-4453, www.ci.visalia.ca.us/depts/transit/sequoia_shuttle, 15 $ hin und zurück).

Kings Canyon National Park ► E/F 3

Nördlich von Grant Grove führt der Kings Canyon Scenic Byway (Highway 180) in einem weiten Bogen in den Kings Canyon National Park. Dieser Park ist wenig frequentiert, weil man für Hin- und Rückfahrt dieselbe Straße benutzen muss. Auf dem östlichen Abschnitt führt sie direkt am Ufer des South Fork Kings River an überhängenden Felswänden vorbei. Endpunkt der einzigen Autoverbindung in dieses Gebiet ist Cedar Grove Village, wo es ein Besucherzentrum, mehrere Campingplätze, ein Restaurant, Einkaufsladen und mit der Cedar Grove Lodge das einzige Hotel gibt (Mai–Okt., Tel. 559-565-0100, www.sequoiakingscanyon.com/cedargrovelodge.html).

Lieblingsort

Die perfekte Geisterstadt ► E 1
Damals, in der zweiten Hälfte des 19. Jh., waren die Lebensumstände in **Bodie** zum Gotterbarmen, Hygiene und medizinische Versorgung Fremdwörter, Wohnungen mehr als primitiv. Keine Woche verging ohne Mord, Totschlag oder Diebstahl. Mittlerweile hat der Zeitenwechsel das historische Bergbaucamp in eine der sehenswertesten Geisterstädte des amerikanischen Westens verwandelt. Besucher flanieren durch eine waschechte Westernkulisse mit windschiefen Saloons und ausgedienten Minenanlagen und genießen die Atmosphäre der malerischen *ghost town*, die wie von der Zivilisation vergessen irgendwo dicht unter dem Himmel Kaliforniens zu liegen scheint.

Das Beste auf einen Blick

Zwischen Los Angeles und San Diego

Highlight!

Laguna Beach: Das zum Orange County zählende Städtchen liegt an einem der schönsten Abschnitte der südkalifornischen Steilküste. Am Fuß ausgewaschener Klippen dehnen sich Buchten aus, die für den Badeurlaub wie gemacht sind. Neben der prächtigen Lage prägen Kunst und Kunsthandwerk die Gemeinde. Hauptsächlich beim sommerlichen Festival of Arts & Pageant of the Masters kommt dies zum Ausdruck, wenn Männer, Frauen und Kinder in Kostümen berühmte Gemälde gleichsam als lebende Kunst nachstellen. S. 212

Auf Entdeckungstour

Straße der Missionsstationen – El Camino Real: In Bronze gegossen steht Junípero Serra vor zahlreichen historischen Missionsstationen in Kalifornien. Der von der Insel Mallorca stammende Franziskanerpater spielte beim Aufbau des Missionssystems im Golden State eine herausragende Rolle. Am Camino Real stehen mehrere seiner Gründungen. S. 218

Kultur & Sehenswertes

Orange County Museum of Art: Das Museum in Newport Beach stellt Werke zeitgenössischer, hauptsächlich amerikanischer Künstler aus, unter ihnen so prominente Namen wie Richard Diebenkorn und Ed Ruscha. S. 211

Birch Aquarium in La Jolla: Das Aquarium beschäftigt sich mit dem Meeresleben des Pazifischen Ozeans. Besucher können sich u. a. über Walgesänge, Korallenriffs und das Leben in Gezeitentümpeln informieren. S. 225

Aktiv & Kreativ

Walbeobachtungstouren: In Newport Beach haben Besucher Gelegenheit, bei professionell kommentierten Walbeobachtungstouren den größten Säugetieren der Erde ganz nah zu kommen. S. 212

Carlsbad Mineral Water Spa: Von den Kuranlagen aus dem 19. Jh. ist in Carlsbad heute nur noch dieser mehrfach preisgekrönte Spa übrig. S. 224

Genießen & Atmosphäre

Crescent Bay Point Park: Von dem am nördlichen Ortsausgang von Laguna Beach liegenden Park hat man einen atemberaubenden Blick über die grandiose Steilküste. S. 212

Flower Fields of Carlsbad: Im Frühjahr verwandeln riesige Ranunkelkulturen die Hügel östlich der Stadt in ein buntes Blütenmeer. Die Saison dauert normalerweise von Anfang März bis Mitte Mai. S. 221

Abends & Nachts

Oceanside Pier: Der Sonnenuntergang und die hereinbrechende Nacht gestalten sich auf dem ins Meer ragenden Flaniersteg häufig auf dramatische Art und Weise. S. 216

Prospect Bar in La Jolla: Die kalifornische Riviera ist nicht unbedingt ein Nachtschwärmerparadies. Aber in diesem Club haben Partywillige Gelegenheit, Gleichgesinnte zu treffen. S. 227

Orange und North County

Nicht ohne triftigen Grund hängt dem Pazifiksaum zwischen den südlichen Ausläufern des Großraums Los Angeles und San Diego das Sonne-, Sand- und Surfimage an, das Südkaliforniens Küste zur perfekten Projektionsfläche für den amerikanischen Traum macht. Über wunderbaren Stränden kleben elegante Villen wie Schwalbennester an den Steilküsten und künden vom Wohlstand und Glück ihrer Bewohner (wenn da bloß nicht die Immobilienkrise schon viele aus ihren Prachtbauten vertrieben hätte...).

Infobox

Touristeninformation

Newport Beach Conference & Visitors Bureau: 1200 Newport Center Dr., Newport Beach, CA 92660, Tel. 1-800-942-62 78, Fax 949-719-6101, www.nbcvb.com

Laguna Beach Visitors Center: 381 Forest Ave., Laguna Beach, CA 92651, Tel. 949-497-9229, www.lagunabeachinfo.com

Anreise und Weiterkommen

Wer mit dem Auto unterwegs ist, nimmt am besten den Pacific Coast Highway (Hwy 1), der durch alle Küstenstädte führt. Die Amtrak-Bahn Pacific Surfliner bedient die Küstenstädte zwischen L. A. und San Diego, lässt aber diejenigen im Orange County aus (www.amtrak.com). Busse der Orange County Transportation Authority (OCTA, Tel. 714-636-RIDE, www.octa.net) fahren nach Newport Beach, Laguna Beach, Balboa Island und Corona del Mar.

Orange County ► F/G 8

Am ehesten hat sich der amerikanische Traum offenbar für die gut 3 Mio. Einwohner des Orange County erfüllt, gilt der Landkreis mit seiner 24 Meilen langen, wunderschönen Pazifikküste doch als der Teil Kaliforniens mit dem höchsten Pro-Kopf-Einkommen und den höchsten Immobilienpreisen. Kein Wunder, dass dort die auch vom deutschen Fernsehen ausgestrahlte Teenager-Serie »O. C., California« angesiedelt ist, in der es vorzugsweise um die Welt der Schönen und Reichen von Newport Beach geht.

Huntington Beach ► F 8

Im Zentrum könnte man die Küstenstadt für einen kleinen Flecken an der kalifornischen Riviera halten. Die Ausdehnung weit ins Landesinnere sorgt aber dafür, dass Huntington Beach fast 200 000 Einwohner zählt. Am knapp neun Meilen langen Pazifiksaum bildet der mit 560 m längste aus Beton gebaute **Pier** der USA (tgl. 5–24 Uhr) den Dreh- und Angelpunkt des öffentlichen Lebens, während der Sandstrand der Gemeinde als Ursprungsort des kalifornischen Surfsports gilt. Wettbewerbe und Meisterschaften wie die U.S. Open of Surfing im August (www.usopenofsurfing.com) untermauern die Vorherrschaft von Huntington Beach in Sachen Surfsport. Gleiches gilt für das **International Surfing Museum**, das Surfbretter, Fotografien und allerlei Memorabilien sowie Filme und Musik rund ums Surfen präsentiert (411 Olive Ave., Tel. 714-960-3483, www.surfingmuseum.org, Mo–Fr 12–17, Sa–So

11–18 Uhr, 2 $). Die Stadt feiert ihre berühmtesten Wellenreiter mit der **Surfers' Hall of Fame**, einem Sportgeschäft voller Surfartikel und Memorabilien, vor dem das Denkmal des Surfpioniers Duke Kahanamoku an die Sportgeschichte der Stadt erinnert.

Essen & Trinken

Mit Blick aufs Meer – **Fred's Mexican Café:** 300 Pacific Coast Hwy, Tel. 714-37 4-8226, www.fredsmexicancafe.com, tgl. 10–23 Uhr, 10–25 $. Lokal mit lockerer Atmosphäre im mexikanisch-karibischen Stil in der Nachbarschaft des Piers. Zu den guten mexikanischen Gerichten trinkt man vorzugsweise eine hausgemachte Margarita auf Zitronen- oder Erdbeerbasis.
Typisches Diner – **Ruby's:** 1 Huntington Beach Pier, Tel. 714-969-7829, www.rubys.com, tgl. Frühstück, Lunch und Dinner, ab 7 $. Im Stil der 1940er-Jahre eingerichtet und dekoriert, empfängt der Diner Gäste in einem Imbiss am Ende des Piers. Serviert werden keine kulinarischen Spitzenleistungen, sondern typisch Amerikanisches.

Aktiv & Kreativ

Wassersportzentrum – **OEX Sunset Beach:** 16910 Pacific Coast Hwy, Tel. 562-592-0800, www.oexsunsetbeach.com. Verleihstation für allerlei Wassersportgeräte von Kanus über aufblasbare Gummiflossen bis zu Tretbooten.

Newport Beach ► F/G 8

Neben seiner Kleinstadtatmosphäre wird Newport Beach durch ein dynamisches Geschäftsleben, ein dreifach über dem nationalen Mittel liegendes Pro-Kopf-Einkommen und eine außergewöhnliche Küstenlage charakterisiert. Wie ein schützender Arm schottet die Balboa Peninsula die eigentliche Küste und mehrere künstlich aufgeschüttete Inseln gegen das offene Meer ab. Die Halbinsel selbst besitzt vor allem auf der Westflanke wunderbare Sandstrände und mit dem Balboa Pier eine beliebte, in den Pazifik hineinragende Flaniermeile. Dem Festland zugewandt sind ein Rummelplatz mit Fahrbetrieben und der Balboa Pavilion, ein hübscher, viktorianischer Fährterminal, von dem Ausflugsschiffe etwa nach Santa Catalina Island und zu Walbeobachtungstouren ablegen (s. u.). Die seit 1919 betriebene Balboa Ferry stellt für Autos und Passagiere die Verbindung nach Balboa Island her (So–Do 6.30–24, Fr–Sa 6.30–2 Uhr, Auto und Fahrer 2 $, pro Person 1 $, http://balboaislandferry.com) und erspart einen 5 Meilen langen Umweg.

Orange County Museum of Art

850 San Clemente Dr., Tel. 949-759-1122, www.ocma.net, Mi–So 11–17, Do 11–20 Uhr, Erw. 12 $, Senioren ab 65 J. 10 $, Kinder unter 12 J. und jeden 2. So im Monat Eintritt frei
Das Museum bietet zeitgenössischen, hauptsächlich amerikanischen Künstlern die Gelegenheit, ihre Werke einer breiteren Öffentlichkeit vorzustellen. Unter den Prominenten finden sich Namen wie Richard Diebenkorn, John Baldessari, Ed Ruscha und Helen Lundeberg, die in den 1930er-Jahren zu den Pionieren des amerikanischen Post-Surrealismus gehörte.

Übernachten

Romantische Strandhütten – **Crystal Cove State Park:** 8471 North Coast Hwy, Tel. 949-494-0802, www.parks.ca.gov/?page_id=644. Südlich von Newport Beach gelegener schöner Strand, an dem man auch in Cottages übernachten kann. Parkgebühr 10 $.

Einkaufen

Alles auf einem Fleck – Fashion Island: 401 Newport Center Dr., www.shopfashionisland.com, Mo–Fr 10–21, Sa 10–19, So 11–18 Uhr. Was sich Insel nennt, ist ein Shoppingzentrum im Stil eines mediterranen Dorfes mit ca. 200 Shops, 40 Restaurants, Kinos, Cafés und großen Kaufhäusern.

Aktiv & Kreativ

Walbeobachtungstouren – **Newport Landing Whale Watching:** Tel. 949-675-0551, www.newportwhales.com. **Newport Beach Tours:** Tel. 1-888-653-9136, www.NewportBeachTours.net. Solche Ausflüge lohnen sich in erster Linie zwischen Januar und Ende März, wenn die Wale auf ihren jahreszeitlichen Wanderungen sind.

Infos & Termine

Termine

Newport Beach Film Festival: April. Filmfestival mit Präsentationen und Gästen aus der ganzen Welt (www.newportbeachfilmfest.com).

Christmas Boat Parade: Dezember. Jedes Jahr kommen über 1 Mio. Besucher zu dieser Parade geschmückter Boote und Schiffe im Newport Harbor (www.christmasboatparade.com).

Laguna Beach! ► G 8

Idyllische Buchten mit sandigen Badestränden, eine wildromantische Steilküste mit exotischer Vegetation und ein quirliges Kleinstadtzentrum machen Laguna Beach zu einer Perle an der kalifornischen Riviera. Kaum irgendwo sonst drängt sich der Vergleich mit der französischen Riviera so sehr auf wie an diesem Pazifikabschnitt, wo man vom **Heisler Park** (am Pacific Coast Hwy) oder dem kleinen **Crescent Bay Point Park** (Crescent Bay Dr.) den Blick über die atemberau-

Große Bühne für ein dramatisches Naturtheater – der Pier in Huntington Beach

bende Küste schweifen lassen kann. Der Ort verfügt zudem über eine lebhafte Kunstszene, die sich hauptsächlich beim **Festival of Arts & Pageant of the Masters** zeigt, bei dem kostümierte Einwohner Gemälde berühmter Künstler möglichst originalgetreu nachzustellen versuchen (Aufführungen während der Festivalzeit im Juli/August jeden Abend 20.30–22 Uhr, www.foapom.com).

Laguna Art Museum

307 Cliff Dr., Tel. 949-494-8971, www.lagunaartmuseum.org, tgl. 11–17 Uhr, Erw. 12 $, Senioren 10 $, Kinder bis 12 J. Eintritt frei

Malereien bekannter und weniger bekannter kalifornischer Künstler stehen im Vordergrund der Dauerausstellung – ca. 3500 Werke, die in der Zeit zwischen dem frühen 19. Jh. und der Gegenwart entstanden sind.

Übernachten

Luxuriös rasten – **Surf & Sand Resort:** 1555 South Coast Hwy, Tel. 949-497-4477, www.surfandsandresort.com, DZ ab ca. 350 $. Die 154 Gästezimmer und 16 Suiten sind komfortabel ausgestattet. Im hauseigenen Splashes Restaurant kommen mediterran geprägte Speisen auf den Tisch, während der Aquaterra Spa eine Auswahl von Massagen und Anwendungen anbietet.
Freundliche Zimmer – **Travelodge:** 30806 S. Coast Hwy, Tel. 949-499-2227, www.lagunareefinn.com, DZ ab 150 $, kleines Frühstück inkl. Unterkunft mit 43 komfortabel ausgestatteten, klimatisierten Zimmern mit 2-x-2-m-Betten oder zwei Doppelbetten, Mikrowelle, Kühlschrank, Kabel-TV, Telefon und kostenlosem Internetzugang. In einigen Zimmern gibt es neben einer Dusche auch eine Badewanne.

Essen & Trinken

Gute Qualität – **Lumberyard:** 384 Forest Ave., Tel. 949-715-3900, www.lblumberyard.com, Mo–Mi 11.30–22, Sa–So 11–23 Uhr, Appetizers 6–17 $, Hauptgerichte 12–33 $. Sandwiches, Pastagerichte, Steaks, Fisch, Meeresfrüchte und Vegetarisches.
Gute Tropfen – **Laguna Canyon Winery:** 2133 Laguna Canyon Rd., Tel. 949-715-9463, www.lagunacanyonwinery.com, Do–Sa 12–20, So–Mi 12–19 Uhr. Hier kann man vor Ort gekelterte Weine probieren; die Trauben stammen aus Kalifornien, Washington und Oregon.

Infos & Termine

Termine

Sawdust Art Festival: Juni–Sept. Das größte Kunstfest der Stadt ist eine Abfolge unterschiedlicher Kunstausstellungen und Kulturveranstaltungen; präsentiert werden Arbeiten lokaler Künstler und Kunsthandwerker (www.sawdustartfestival.org).

Südlich von Laguna Beach ►G 8

Dana Point

Im Süden von Laguna Beach erreicht der Pacific Coast Highway mit Dana

Point einen 40 000 Einwohner zählenden Küstenort, der seinen Bekanntheitsgrad malerischen Steilküsten, aber auch dem Anfang der 1970er-Jahre gegründeten Jachthafen verdankt. Beim **Ocean Institute** liegen mit der ›Pilgrim‹ und der ›Spirit of Dana Point‹ zwei Nachbauten historischer Segelschiffe vor Anker, die man besichtigen kann (24 200 Dana Point Harbor Dr., Tel. 949-496-2274, www.ocean-institute.org, Sa–So 10–15 Uhr, ab 13 J. 6,50 $, Kinder 3–12 J. 4,50 $).

San Juan Capistrano

Das 35 000 Einwohner zählende Städtchen liegt nicht direkt an der Küste, sondern im hügeligen Hinterland. Zahlreiche historische Bauten wie der 1894 erbaute ehemalige Bahnhof **Capistrano Depot** (26 701 Verdugo St., heute Sarducci's Restaurant) sowie fast drei Dutzend zum Teil aus Adobe-Ziegeln erbaute Häuser im **Los Rios District** (www.sjc.net/los_rios/los_rios.html) erinnern an vergangene Zeiten. Die **Mission San Juan Capistrano**

Agaven verleihen dem Strand in Laguna Beach ein exotisches Aussehen

wurde 1775 als siebte Station am Camino Real gegründet (s. Entdeckungstour S. 218), der Bau der Kirche aber erst 1806 abgeschlossen. Sechs Jahre später und erneut im Jahre 1918 wurde sie durch Erdbeben schwer beschädigt, sodass vom originalen Gebäude nur noch Ruinen übrig sind. Andere Trakte der Mission wurden wiederaufgebaut bzw. renoviert. Die Station ist für ihre Schwalben bekannt, die früher jedes Jahr pünktlich am 19. März aus Argentinien ankamen und am 23. Oktober dorthin zurückflogen. Heute sind die Tiere das ganze Jahr vor Ort (26801 Ortega Hwy, Tel. 949-234-1300, www.missionsjc.com, tgl. 8.30–17 Uhr, Erw. 9 $, Kinder 5 $).

Infos

Touristeninformation
San Juan Capistrano Chamber of Commerce: 31 421 La Matanza St., San Juan Capistrano, CA 92675, Tel. 949-493-47 00, www.sanjuanchamber.com.

North County

Das sogenannte North County erstreckt sich von Oceanside bis nach La Jolla im Einzugsbereich von San Diego und bildet einen reizvollen Abschnitt der südkalifornischen Küste.

Oceanside ► G 9

Bei Sonnenuntergang wird der längste aus Holz gebaute Pier an der amerikanischen Westküste seinem Ruf als attraktive Flaniermeile gerecht. Auf einem 600 m langen Spaziergang über Holzplanken erreicht man am Ende des Piers **Ruby's Diner**. Im letzten Licht des Tages kann man in diesem im Stil der 1950er-Jahre ausgestatteten Imbiss über einen gebratenen Fisch oder ein Getränk hinweg Surfer beim Ritt über schäumende Wellen beobachten (1 Oceanside Pier, Tel. 760-433-7829, tgl. 7–22 Uhr, Hauptgericht ab 14 $).

San Luis Rey de Francia
4050 Mission Ave., Tel. 760-757-3651, www.sanluisrey.org, tgl. 10–16 Uhr, Erw. 4 $, Kinder unter 18 J. 3 $
Mit dieser Anlage besitzt Oceanside eine der schönsten historischen Missionen Kaliforniens. Sie wurde 1798 als 18. Station am Camino Real von Pater Fermin Lasuen errichtet und nach Louis IX. (1226–70) benannt, dem König von Frankreich und Schutzherrn des Franziskanerordens (s. auch Entdeckungstour S. 218). Auf keinem anderen Missionsgelände des Landes lebten so viele Ureinwohner wie in San Luis, zu Blütezeiten über 3000. In den 1950er-Jahren bildete die Anlage die Kulisse zahlreicher Zorro-Filme.

Escondido ► H 9

Abseits der Küste liegt in einer hügeligen Weinbauregion das Städtchen Escondido, in dessen Umgebung zahlreiche Winzereien zu Besichtigungen und zum Probieren einladen (Belle Marie Winery, 26 312 Mesa Rock Rd., Tel. 760-796-7557, www.bellemarie.com, tgl. 11–17 Uhr, 5 Proben pro Person 7 $; Orfila Vineyards, 13 455 San Pasqual Rd., Tel. 760-738-6500, www.orfila.com, tgl. 10–18 Uhr, Besichtigung und Probe mit 6 Weinen 10 $).

San Diego Zoo's Wild Animal Park
15 500 San Pasqual Valley Rd., Tel. 760-747-8702, www.wildanimalpark.org, im Hochsommer tgl. 9–20 Uhr, sonst kürzer, Erw. 40 $, Kinder 3–11 J. 30 $, Parkplatz 10 $

In den Weinbergen von Escondido reifen edle Tropfen heran

Die bekannteste Attraktion bei Escondido ist die Wild-Animal-Außenstelle des berühmten San Diego Zoo. Im Unterschied zu einem herkömmlichen, durch Käfige und Gitter gekennzeichneten Tierpark streifen hier Giraffen, Nashörner, Okapis, Antilopen, Thomson-Gazellen, Büffel, Elefanten und Gnus durch offenes Gelände. Schlendert man über den Kilimanjaro Safari Walk, bewundert im Lion Camp die Könige der Savanne oder stärkt sich im Nairobi Village auf der Samburu Terrace mit einem Sandwich, kommt man sich vor wie auf einer Safari in Ostafrika. Zu den ganz besonderen Abenteuern gehören Zeltübernachtungen in nächster Nähe der wilden Tiere, nicht nur für Kinder ein außergewöhnliches Erlebnis (Informationen unter 619-718-3000 oder 1-800-407-9534).

Carlsbad ► G 9

Carlsbad besitzt eine Mineralquelle, deren Wasser offenbar eine ähnliche chemische Zusammensetzung hat wie dasjenige der böhmischen Kurstadt Karlsbad – daher auch die Namensgleichheit. Zwar sprudelt die Quelle noch heute, doch vom einst vitalen Kurbetrieb ist mittlerweile nur noch ein Spa übrig (s. S. 224). An der Nord- sowie der Südgrenze der Kleinstadt laden zwei große Lagunen zum Baden ein.

Legoland California
1 Legoland Dr., Tel. 760-918-5346, www.legoland.com, im Juli/Aug. 10–20 Uhr, sonst kürzer, Tagesticket 13–59 J. 69 $, Kinder 3–12 J. und Senioren ab 60 J. 59 $ ▷ S. 221

Auf Entdeckungstour

Straße der Missionsstationen – El Camino Real

In Bronze gegossen steht Junípero Serra vor zahlreichen historischen Missionsstationen in Kalifornien. Der von der Insel Mallorca stammende Franziskanerpater spielte beim Aufbau des Missionssystems im Golden State eine herausragende Rolle. Am Camino Real stehen mehrere seiner Gründungen. Als steinerne Zeitzeugen geben sie Auskunft über die Epoche der spanischen Kolonisation, als von 1769 bis 1823 insgesamt 21 Missionen im Land entstanden.

Infos: Alle Missionen am Camino Real (California's Historic Mission Trail) sind zugänglich (http://missions.bgmm.com, www.missionscalifornia.com).

El Camino Real hieß der ca. 600 Meilen lange Weg, der die 21 spanischen Missionen zwischen San Diego im Süden und dem Sonoma Valley im Norden miteinander verband. Neben San Juan Capistrano (s. S. 215) und San Luis Rey de Francia (s. S. 216) sind noch weitere Anlangen am ›Königsweg‹ besuchenswert.

Die Anfänge

Im Juli 1769 gründete Junípero Serra mit **San Diego de Alcala** (▶ G/H 9, s. S. 236) die erste Mission auf kalifornischem Boden. Sie wurde zur Keimzelle der heutigen Großstadt San Diego. Im Auftrag des spanischen Monarchen Karl III. stieß damals die Portolá-Expedition von Neuspanien (später Mexiko) nach Kalifornien vor, um den Süden in Anbetracht der russischen Präsenz im Norden dem spanischen Einflussbereich zu sichern. Die Missionierung der indianischen Urbevölkerung war lediglich Mittel zum Zweck. Unter Versklavung, Zwangsarbeit und von den Spaniern eingeschleppten Krankheiten hatten die *Native Americans* so schwer zu leiden, dass sie auf mehreren Missionen gegen ihre unmenschliche Behandlung revoltierten.

Königin der Missionen

Eine Berühmtheit ragt unter allen Missionen heraus: **Santa Barbara** (▶ D 7). Stolz trägt sie den Beinamen ›Königin der kalifornischen Missionen‹, weil ihre Kirche mit zwei baugleichen Türmen unter allen anderen Gotteshäusern eine architektonische Ausnahme ist. Außerdem liegt sie so, als habe schon damals das moderne Immobiliencredo »Lage, Lage, Lage« gegolten. Die heutige Missionskirche mit ihrer imponierenden Fassade entstand erst nach dem Erdbeben von 1812. Der zweite Turm wurde 1833 hinzugefügt. Im gleichen Jahr verlegte Kaliforniens oberster Franziskaner Narciso Duran das Hauptquartier der Landesmissionen nach Santa Barbara, was die Niederlassung zur bedeutendsten in Kalifornien machte. Ebenso wie andere Missionen dient auch Santa Barbara heute noch als aktive Pfarrei.

Zu Gast bei der US-Armee

Von San Diego abgesehen zeichnete Serra für weitere acht Gründungen verantwortlich. **San Antonio de Padua** (▶ B 4) war die dritte, 1771 von ihm gegründete Mission. Sie wirkt vor allem wegen ihrer Abgelegenheit in einem hügeligen Militärgelände im Monterey County so reizvoll. Die Kirche mit Ziegelfassade und Glockenturm sieht nach ihrem Wiederaufbau aus wie zur Bauzeit 1813. In einem kleinen Museum sind historische und sakrale Gegenstände ausgestellt (5 Meilen westl. von Jolon, Tel. 831-385-4478, www.missionsanantonio.net, tgl. 10–16, Juni–Sept. 8.30–18 Uhr, 5 $).

Die einzigen Aktivitäten außerhalb der heute als Pfarrei dienenden Mission beschränken sich auf den Ausbildungs- und Trainingsbetrieb im militärischen Sperrgebiet von Fort Hunter Ligget. Da die Mission mitten in diesem Armeegelände liegt, muss man sich an einem an der Zufahrtsstraße gelegenen Kontrollposten (Ausweiskontrolle!) einen Passierschein ausstellen lassen, was in der Regel ohne Probleme vonstatten geht.

Prominentestes Gebäude des Forts ist eine 1929 im spanischen Kolonialstil erbaute Hazienda, die früher als Zentrum einer riesigen, zum Hearst Castle gehörenden Ranch und gelegentlich als Partybühne für Berühmtheiten wie Jean Harlow, Errol Flynn und Will Rogers diente. 1940 verkaufte Hearst den Besitz an die USA. In der reizvollen Anlage können Gäste in zwölf unterschiedlich ausgestatteten Zimmern mit Kühlschrank und Kaffeemaschine übernachten (www.liggett.army.mil/sites/local, Tel. 831-386-2511, DZ 56–95 $). In der Mission selbst muss man mit einem der 31 spartanisch wie Mönchsklausen eingerichteten Gästezimmer vorliebnehmen (60 $); Toilette und Dusche sind auf dem Flur. Lediglich eine Suite ist komfortabler (195 $)

Mission Nervenkitzel

Wer sich in der 1797 gegründeten Mission **San Juan Bautista** (▶ B 3) im gleichnamigen Ort nördlich von Salinas unter die Besucher mischt, hört häufig die Namen ›Hitchcock‹ und ›Vertigo‹. Der Altmeister des Thrillers drehte 1958 in der vom Flair des 19. Jh. geprägten Anlage einige Schlüsselszenen von ›Vertigo‹. So stimmungsvoll das historische Ambiente auch ist: Kinofans bleibt eine Enttäuschung nicht erspart. Der Kirchturm, von dem Kim Novak am Ende des Films stürzt, existiert in Wahrheit nicht, sondern wurde durch technische Tricks in den Komplex hineinkopiert.

Ein historisches Schmuckstück

Junípero Serra, der insgesamt 34 Jahre seines Lebens in Mexiko und Kalifornien, verbracht hat, starb 1784 im Alter von 70 Jahren in der 1771 errichteten Mission **San Carlos Borroméo** (▶ A/B 3) in Carmel. Eine Fassade mit Bogenportal und ein Glockenturm im maurischen Stil mit kuppelförmigem Aufsatz machen die Basilika zu einer der schönsten des Landes. Zum unvergleichlichen Reiz tragen auch die Außenanlagen mit einem wunderschönen, von einem Kreuzgang umgebenen Innenhof samt Brunnen und Blumenrabatten bei. In einem Anbau der Kirche ist ein von drei Mönchsskulpturen flankierter Sarkophag mit einer Liegefigur von Serra aufgestellt. Seine sterblichen Überreste sollen sich jedoch unter dem Hochaltar befinden.

Liegefigur von Junípero Serra in der Mission in Carmel

Besucher können unter mehr als 50 Fahrgeschäften, Shows und Sehenswürdigkeiten auswählen, etwa durch von Piraten verseuchte Gewässer schippern, das aus Legosteinen errichtete »Miniland USA« bestaunen oder in die Rolle von mittelalterlichen Rittern schlüpfen. Dass im Park Legospielzeug eine Hauptrolle spielt, versteht sich von selbst.

Flower Fields of Carlsbad

5704 Paseo del Norte, Tel. 760-431-0352, www.theflowerfields.com, Anfang März–Mitte Mai, tgl. 9–18 Uhr, Erw. 10 $, Kinder 3–10 J. 5 $, Senioren ab 60 J. 9 $

Auf einer Fläche von über 20 ha verwandeln jedes Frühjahr riesige Ranunkelkulturen die Hügel östlich von Carlsbad in ein vielfarbiges Blütenmeer. Die Blütezeit dauert zwischen sechs und acht Wochen, während derer jährlich bis zu 150 000 Besucher die duftende Farborgie bewundern. Nur ein sehr geringer Teil der Ranunkeln kommt als Schnittblumen auf den Markt, weil die eigentliche Produktion auf jährlich bis zu 8 Mio. Blumenzwiebeln abzielt, die in alle Welt exportiert werden.

Museum of Making Music

5790 Armada Dr., Tel. 760-438-5996, www.museumofmakingmusic.org, Di–So 10–17 Uhr, Erw. 7 $, Senioren ab 60 J. 5 $, Kinder 6–18 J. 5 $

Hunderte Instrumente sowie Bild- und Tonaufnahmen dokumentieren die über 100-jährige Geschichte populärer Musik in den Vereinigten Staaten. Zudem veranstaltet das Museum spannende Wechselausstellungen zu Themen der populären und klassischen Musik. Das Museum befindet sich in einem Bürokomplex und ist von außen als solches kaum zu erkennen. Von der Straße vor dem Gebäude hat man einen guten Blick auf die Flower Fields of Carlsbad (s. o.).

Übernachten

›Strandübernachtung‹ – **Pelican Cove Inn:** 320 Walnut Ave., Tel. 760-434-5995, www.pelican-cove.com, DZ ab ca. 100 $. Alle 10 Zimmer sind nach bekannten kalifornischen Stränden benannt und mit eigenem Bad, Federbetten, TV und offenen Gaskaminen ausgestattet.

Behaglicher Komfort – **Ramada Inn:** 751 Macadamia Dr., Tel. 760-438-2285, www.ramadacarlsbad.com, DZ ab ca. 90 $. Im renovierten, abseits der Interstate gelegenen Hotel können Gäste zwischen Suiten, DeLuxe- und Standardzimmern wählen. Alle Räume sind mit Internetzugang, TV und kleinem Safe ausgestattet. Zur Unterkunft gehört ein beheizter Pool. Das Frühstück ist inklusive.

Einfach – **Motel 6 Downtown:** 1006 Carlsbad Village Dr., Tel. 760-434-7135, www.motel6.com. Budgetmotel mit Zimmern, die nur mit dem Nötigsten ausgestattet sind. DZ ca. 52 $.

Essen & Trinken

Kreative Küche vom Feinsten – **Blue Fire Grill:** 2100 Costa Del Mar Rd., Tel. 760-929-6306, www.lacosta.com/dinebluefire.aspx, Dinner Mi–Sa 17–22 Uhr. Feines Restaurant im La Costa Resort. Gegrilltes Filet Mignon mit karamellisierten Zwiebeln und Spargel, Tagliatelle mit frischen Kräutern und Wildpilzen. Hauptgerichte im Durchschnitt 30–50 $.

Große Speisekarte – **Bellefleur Winery & Restaurant:** 5620 Paseo del Norte, Tel. 760-603-1919, www.belle fleur.com, Mo–Sa ab 11, So ab 10 Uhr. Vielfältige Fleisch- und Geflügelgerichte, Fisch und Meeresfrüchte, auch vegetarische Speisen. So Champagner-Brunch 10–14 Uhr (22 $). Hauptgerichte 18–33 $.

Lieblingsort

Kostenlose Robben-Show ► G 9
Der Coast Walk in La Jolla wurde als Panoramaweg angelegt, von dem aus man über die von der Meeresbrandung zerklüftete Steilküste auf den blauen Pazifik blickt. Eine besondere Attraktion hat den Küstentrail zum Erlebnispfad gemacht: der sogenannte Children's Pool. Wo früher Familien mit Kindern hinter einer schützenden Mole gefahrlos baden konnten, ließ sich in jüngerer Vergangenheit eine vielköpfige Robbenkolonie nieder, um sich am Sandstrand zu sonnen und sich von Schaulustigen aus nächster Nähe bewundern zu lassen.

Einkaufen

Die Preise stimmen – **Carlsbad Premium Outlets:** 5620 Paseo Del Norte, www.premiumoutlets.com/outlets/outlet.asp?id=66, Mo–Sa 10–21, So 10–19 Uhr. Großes Fabrikverkaufszentrum mit zahlreichen Restaurants.

Aktiv & Kreativ

Relaxen wie im Orient – **Carlsbad Mineral Water Spa:** 2802 Carlsbad Blvd., Tel. 760-434-1887, www.carlsbadmineralspa.com, tgl. 9–18 Uhr. Ein wunderschönes Überbleibsel aus dem 19. Jh. ist das seit 1882 in einem Fachwerkhaus mondän eingerichtete, mehrfach preisgekrönte Spa mit Badeeinrichtungen im orientalischen Stil; umfangreiches Angebot an Bädern und Massagen.

Mein Tipp

Ausflug in die Lüfte
Das Städtchen **Del Mar** hat sich zu einem Zentrum für Heißluftballonfahrten entwickelt. Wer sich für diesen unbeschwerten, wenn auch nicht gerade preiswerten Spaß am Himmel begeistern kann, findet vor Ort gleich drei Anbieter (Preise ab ca. 140 $/Person):
Skysurfer Balloon Co.: 2658 Del Mar Heights Rd., Tel. 858-481-6800, www.sandiegohotairballoons.com.
California Dreamin' Balloon Tours: 33 133 Vista Del Monte Dr., Temecula, CA 92591, Tel. 951-699-0601 oder 1-800-373-3359.
Sky's the Limit: Tel. 1-800-558-5828, www.sandiegoballoonrides.com, Treffpunkt nach telefonischer Absprache.

Infos

Touristeninformation
Carlsbad Area Convention & Visitors Bureau: 400 Carlsbad Village Dr., Carlsbad, CA 92008, Tel. 760-434-6093, http://visitcarlsbad.com.

Del Mar ►G 9

Das an einem langen Sandstrand gelegene Städtchen ist in Kalifornien hauptsächlich Freunden des Pferdesports ein Begriff. Die im Hochsommer veranstalteten Rennwochen im 1937 von Bing Crosby gegründeten Del Mar Thoroughbred Club sind nicht nur sportliche, sondern auch gesellschaftliche Großereignisse. Ganz besonders trifft das auf den Eröffnungstag der neuen Saison zu, den ›Hat Day‹. Stilbewusste Rennbahnbesucherinnen treten zum Vergnügen des Publikums mit kreativen, zum Teil recht extravaganten Hutmodellen zum großen Schaulaufen an (2260 Jimmy Durante Blvd., Tel. 858-755-1141, www.dmtc.com).

La Jolla ►G 9

Das Städtchen leitet seinen Namen vom spanischen La Hoya (Die Höhle) ab, weil es an der Steilküste zahlreiche, von der Brandung ausgewaschene Höhlen und viele Gezeitentümpel (s. Entdeckungstour S. 238) gibt, in denen bei Ebbe Wasser und Meeresbewohner zurückbleiben. Die Reputation als Millionärswinkel beruht auf offensichtlich gutsituierten Einwohnern, die in wunderschönen Villen leben. Der Krimischriftsteller Raymond Chandler verbrachte dort seine letzten Lebensjahre und wollte bzw. konnte seine treffsichere Bissigkeit auch von seinem letzten Wohnort nicht fernhalten. La Jolla, so seine Meinung, sei ein netter Ort für alte Leute und deren Eltern. Seit Chandlers Zeiten hat La Jolla sein Gesicht mit modernen Geschäften, Galerien, Boutiquen, Restaurants und Hotels verändert. Geblieben sind die krummen, nicht im üblichen Schachbrettmuster verlaufenden Straßen, die auswärtige Amerikaner oft vor Orientierungsprobleme zu stellen scheinen.

Museum of Contemporary Art

700 Prospect St., Tel. 858-454-3541, www.mcasd.org, tgl. außer Mi 11–17, Do bis 19 Uhr, Erw. 10 $, Senioren ab 60 J. 5 $, Jugendl. bis 25 J. und 3. Do im Monat 17–19 Uhr Eintritt frei

Die Filiale des Museum of Contemporary Art in San Diego stellt in permanenten und wechselnden Ausstellungen Malereien, Fotografien und multimediale Installationen zur Schau. Vom Skulpturengarten können Besucher einen Blick aufs Meer werfen.

Birch Aquarium

2300 Expedition Way, Tel. 858-534-3474, http://aquarium.ucsd.edu, tgl. 9–17 Uhr, Fütterungszeiten Di u. Do 12.30, Sa 14 u. So 10.30 Uhr, Erw. 12 $, Kinder unter 18 J. 8,50 $, Senioren ab 60 J. 9 $,

Als Teil des ozeanografischen Instituts der University of California beschäftigt sich das Aquarium mit dem Meeresleben sowohl in den nördlichen, kalten Regionen des Pazifischen Ozeans als auch mit den warmen Gewässern im Süden. Besucher können sich anhand von speziellen, auch interaktiven Einrichtungen über Walgesänge, Tarntaktiken von Meerestieren, Korallenriffs und das Leben in Gezeitentümpeln informieren.

Sunny Jim Cave

1325 Coast Blvd., Tel. 858-459-0746, www.cavestore.com, tgl. 9–17 Uhr, Erw. 4 $, Kinder unter 16 J. 3 $

An der Steilküste liegen sieben größere, von der Brandung ausgewaschene Höhlen, von denen einige nur per Kajak, andere auch zu Fuß erreichbar sind. Von einem Souvenirladen führen 145 Stufen in einem zu Beginn des 20. Jh. von Menschenhand geschaffenen Tunnel in die ausgeleuchtete Sunny Jim Cave. Hier bekommt man eine Vorstellung von der Brachialgewalt der donnernder Brecher, welche die Höhle während der vergangenen 200 000 Jahre aus dem 75 Mio. Jahre alten Sandstein der Küste herausmodellierten.

Salk Institute for Biological Studies

10 010 N. Torrey Pines Rd., Tel. 858-453-4100, Anschluss 1287, www.salk.edu, Architekturführungen Mo–Fr 12 Uhr, Reservierung obligatorisch

Die Forschungseinrichtung wurde 1960 von Jonas Salk gegründet, der in der ersten Hälfte der 1950er-Jahre einen Impfstoff gegen Kinderlähmung entwickelt hatte. Wer sich für die vom Architekten Louis I. Kahn (1901–74) entworfenen Gebäude interessiert, kann sich einer kostenlosen Führung anschließen.

Torrey Pines State Reserve

12 600 N. Torrey Pines Rd., Tel. 858-755-2063, http://torreypine.org, tgl. 8 Uhr bis Sonnenuntergang, Besucherzentrum 9–18 Uhr, Erw. 10 $, Senioren ab 62 J. 9 $

An diesem unter Naturschutz stehenden Küstenstreifen wächst mit der Torrey Pine *(Pinus torreyana)* eine Kiefernart, die sonst nur noch auf der Kanalinsel Santa Rosa vorkommt. Die bis zu 15 m hohen knorrigen Bäume gehören zu einer der seltensten Baumarten der Erde. Durch den Küstenpark führen gut ausgeschilderte Wanderwege, auf denen man seltsam ausgewaschene Cany-

La Jollas Küste bietet ideale Bedingungen für Kajakfahrer und Kanuten

ons und steile Klippen erkunden kann. Camping ist im Park nicht erlaubt.

Übernachten

Unterkünfte in La Jolla sind fast ausnahmslos teuer. Wer preiswert übernachten möchte, sollte eines der Motels am Hotel Circle an der I-8 in San Diego wählen.

Komfortabel – **Holiday Inn Express La Jolla:** 6705 La Jolla Blvd., Tel. 858-454-7101, www.hiexpress.com, DZ ab ca. 185 $. Alle 57 Zimmer bzw. Suiten sind mit Teeküche, Mikrowelle, Kaffeemaschine und Kühlschrank ausgestattet. Das in der Nähe des Zentrums von La Jolla gelegene Hotel besitzt eine im Schatten von Palmen liegende tropische Poollandschaft, kostenlosen WLAN-Internetzugang und einen Wäscheservice.

Erschwinglich – **La Jolla Beach Travelodge:** 6750 La Jolla Blvd., Tel. 858-454-0716 oder 1-800-454-4361, www.lajolla

travelodge.com, DZ ca. 88 $, Frühstück inkl. Das Motel liegt nur einen Straßenblock von der Steilküste und etwa eine Meile vom Stadtzentrum entfernt. Im Preis ist ein WLAN-Internetzugang inbegriffen.

Essen & Trinken

Frisch aus dem Meer – **El Pescador Fish Market:** 627 Pearl St., Tel. 858-456-2526, http://elpescadorfishmarket.com, tgl. 10–20 Uhr, 7–17 $. Fisch und Meeresfrüchte vom Grill oder aus der Pfanne, Suppen, frische Salate und Sandwiches haben den Fischmarkt zu einem populären und erschwinglichen Lokal gemacht.

Typisches Brauereirestaurant – **Karl Strauss Brewery:** 1044 Wall St., Tel. 858-551-2739, http://karlstrauss.com, So–Do 11.30–21, Fr–Sa bis 22 Uhr, ab ca. 14 $. Wie von einer Brauereigaststätte nicht anders zu erwarten, kommen keine lukullischen Kabinettstückchen, sondern deftige Fleisch- und Geflügelgerichte mit entsprechenden Beilagen auf den Tisch.

Frisch aus dem Meer – **Crab Catcher:** 1298 Prospect St., Tel. 858-454-9587, www.crabcatcher.com, tgl. ab 11.30 Uhr, ab 14 $. Gutes Fischrestaurant.

Abends & Nachts

Schicker Szenetreff – **Prospect Bar:** 1025 Prospect St., Tel. 858-454-8092, tgl. ab 21 Uhr. Populärer Treffpunkt der lokalen Partyszene in einem Restaurant mit Nachtclub. Ohne schickes Outfit fällt man auf der Tanzfläche höchstens negativ auf. Auf einer Terrasse dürfen Raucher ihrem Laster frönen.

Für junge Leute – **Porter's Student Pub:** 9500 Gilman Dr., Tel. 858-587-4828, www.porterspub.net, Happy Hour Mo–Fr 16–19 Uhr. Auf dem Campus der Universität liegende lebhafte Studentenkneipe mit einem bewirtschafteten Außenbereich für Raucher. Außer unterschiedlichen Biersorten werden auch kleinere Gerichte angeboten.

Das Tanzbein schwingen – **La Jolla Marriott:** 4240 La Jolla Village Dr., Tel. 858-587-1414, www.marriott.com. Jeweils Fr und Sa unterrichten professionelle Lehrer ab 20.30 Uhr in der Kunst des Salsa-Tanzens.

Das Beste auf einen Blick

San Diego

Highlight!

San Diego: Die Millionenstadt mit ihrem geradezu perfekten Klima bietet jede Menge Freizeitaktivitäten, kulturelle Attraktionen und Sehenswürdigkeiten, die den Besuch zum Reisehöhepunkt machen. Auch die geografische Lage von San Diego könnte reizvoller kaum sein. Der luftig-kühle Pazifiksaum liegt nur zwei Autostunden von der backofenheißen Wüste entfernt. S. 230

Auf Entdeckungstour

Showtime bei Ebbe – Tide Pools an der Küste von San Diego: Kaum hat sich bei Ebbe das Meer vom Küstenstreifen zurückgezogen, schwärmen passionierte Gezeitenpooljäger aus. Kennzeichen: gebeugter Rücken und auf den Meeresboden gerichteter Blick. Wo in kleinen Tümpeln Salzwasserreste zurückbleiben, entdecken aufmerksame Spürnasen Muscheln, Seeigel und Krebse. S. 238

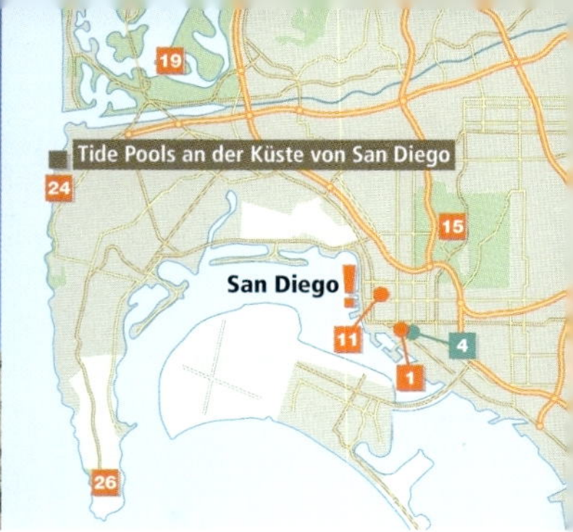

Kultur & Sehenswertes

Museum of Contemporary Art: Wer sich für zeitgenössische Kunst begeistern kann, findet in den Ausstellungen dieses Museums Exponate verschiedenster Medien und Genres seit 1950, von Malereien und Skulpturen bis zu Fotografien sowie Film- und Videoinstallationen. 11 S. 234

Museumsmeile El Prado: An dieser Prachtstraße des Balboa Parks liegen nicht nur interessante Museen, sondern auch zahlreiche üppige Gärten und Architekturzeugnisse im spanisch-barocken Stil. 15 S. 235

Aktiv & Kreativ

Mission Bay Park: Als Naherholungsziel steht dieser halb aus Wasser, halb aus Land bestehende Park mit seinen vielfältigen Freizeitmöglichkeiten bei der lokalen Bevölkerung hoch im Kurs. 19 S. 241

Genießen & Atmosphäre

Ocean Beach: An Wochenenden herrscht um den örtlichen Pier Kirmesatmosphäre, wenn halb San Diego den Strand stürmt und in den umliegenden Lokalen für Umsatz sorgt. 24 S. 244

Cabrillo National Monument: An der Südspitze der Point-Loma-Halbinsel liegt mit der Gedenkstätte für den Seefahrer Rodríguez Cabrillo ein Aussichtspunkt, von dem aus man das gesamte Stadtgebiet von San Diego überblicken kann. 26 S. 245

Abends & Nachts

Gaslamp Quarter: Mit seinen Restaurants, Theatern, Clubs, Geschäften, Boutiquen und Galerien ist der historische Stadtkern ein ideales Ausgehviertel, das man sehr gut zu Fuß erkunden kann. 1 S. 230

Stingaree: Wer gerne tanzt, ist in diesem auf einer Dachterrasse liegenden Club gut aufgehoben. 4 S. 241

America's Finest City – San Diego!

Mindestens 300 Sonnentage pro Jahr, jährliche Durchschnittstemperaturen um 21 °C, 100 km puderfeiner Sandstrand am Pazifik, exotische Vegetation von einer unglaublichen Vielfalt – selbst im mit landschaftlichen Schätzen reich gesegneten Kalifornien ist San Diego ein ganz besonderes Kleinod aus dem Schatzkästchen von Mutter Natur. Das gilt selbst für das Klima in der kalten Jahreszeit. Wetterfrösche mit Zahlengedächtnis behaupten, dass in den vergangenen 125 Jahren in der Stadt nur an fünf Tagen nennenswerter Schneefall registriert wurde.

Die 1,3 Mio. Einwohner zählende Metropole lockt zudem mit einem vitalen Großstadtleben und touristischen Attraktionen wie dem San Diego Zoo und einer historischen Mission.

Stadtzentrum

Gaslamp Quarter 1

2nd bis 6th Ave. zwischen Broadway im Norden u. W. Harbor Dr. im Süden, www.gaslamp.org; Plan www.gaslampquarter.org/history/map.php

Wer das historische Stadtzentrum in den 1980er-Jahren kennengelernt hat, wird sich heute verwundert die Augen reiben. Das Gaslamp Quarter mit viktorianischen Straßenzeilen, exquisiter Restaurantszene, Geschäften und Galerien hat seit damals eine steile Karriere gemacht und bildet heute mit Alleen, gasbetriebenen Straßenlampen und neonilluminierten Fassaden ein hippes Ausgehviertel, das erst nach Sonnenuntergang richtig zum Leben erwacht.

Infobox

Reisekarte: ► G/H9

Touristeninformation

San Diego International Visitor Information Center: 1040 1/3 W. Broadway (am Harbor Dr.), Tel. 619-236-1212, www.sandiego.org.

Balboa Park Visitor Center: 1549 El Prado, Tel. 619-239-0512, www.balboapark.org. Mit dem Passport to Balboa Park kann man innerhalb von 7 Tagen 14 Museen zum Preis von 45 $ (Erw.) bzw. 24 $ (Kinder 3–12 J.) besuchen. Der Eintritt zu den meisten Parkeinrichtungen außer dem Zoo ist in einem rotierenden System Di frei.

San Diego Passport: Mit dem 86 $ teuren Pass genießt man Attraktionen preisreduziert. Zudem sind Rundfahrten, einige Museumsbesuche, eine Telefonkarte und der Eintritt in elf Nachtclubs im Preis enthalten (http://sandiego-passport.com).

Anreise und Weiterkommen

San Diego International Airport (3665 N. Harbor Dr., Tel. 619-400-2400, www.san.org) liegt per Bus 992 (2,25 $) 15 Min. von der Innenstadt entfernt. **Taxen** (Tel. 619-234-6161) kosten Grundgebühr 2,40 $, jede Meile 2,60 $. **Amtrak-Bahnhof** (1050 Kettner Blvd., Tel. 1-800-USA-RAIL, www.amtrak.com); **Greyhound Terminal** (120 W. Broadway, Tel. 619-515-1100, www.greyhound.com.). Die Blue, Orange und Green Line des **MTS-Trolleysystems** verbinden Downtown mit anderen Stadtteilen.

Westfield Horton Plaza 2
324 Horton Plaza, http://westfield.com/hortonplaza, Mo–Fr 10–21, Sa 10–20, So 11–19 Uhr. Restaurants haben länger geöffnet; wer einkauft, kann 3 Std. gratis parken
Die 1985 eröffnete Westfield Horton Plaza ist nicht nur das originellste Einkaufsparadies von San Diego, sondern stand auch am Beginn der Revitalisierung des historischen Stadtzentrums. Über 140 Fachgeschäfte, Boutiquen, Restaurants und Imbissketten verteilen sich auf sechs ineinander verschachtelte, zum Teil offene Etagen und machen diese Stadt in der Stadt zum populären Treff für Konsumenten und Flaneure.

William Heath Davis House 3
410 Island Ave., Tel. 619-233-4692, www.gaslampquarter.org, Führungen jeweils Sa 11 Uhr, Erw. 10 $, Senioren ab 62 J. 8 $
Die im ca. 1850 erbauten Haus einquartierte Gaslamp Quarter Historical Foundation unterhält ein kleines Museum zur Geschichte der Stadt und bietet im Kern von San Diego Führungen an, bei denen Teilnehmer Interessantes über die Entwicklung vom Fischereihafen zur Metropole erfahren.

Petco Park 4
100 Park Blvd., Tel. 619-795-5000, http://sandiego.padres.mlb.com, Führungen April–Sept. Di–Fr 10.30 u. 12.30, Sa–So zusätzlich 14.30, Mai–Aug. Di–So 10,30, 12.30 u. 14.30 Uhr, Erw. 11 $, Kinder unter 14 J. 7 $, Senioren ab 60 J. 8 $
Petco Park ist das Heimstadion der Baseballmannschaft San Diego Padres, die in der Western Division der National League spielt. Die 42 000 Zuschauer fassende Arena wurde 2004 mit einem Konzert der Rolling Stones eröffnet.

Mein Tipp

Mexikanische Open-Air-Galerie
Der **Chicano Park** 5 am südöstlichen Rand des Zentrums entstand in den 1970er-Jahren, als sich das Viertel Barrio Logan unter dem Einfluss lateinamerikanischer Einwanderer immer stärker in einen Latino-Stadtteil verwandelte. Seit damals entstanden auf den grauen Betonstützen der über dem Park verlaufenden Interstate 5 in der Tradition des berühmten mexikanischen Künstlers Diego Rivera stehende Wandmalereien. Viele Werke im Chicano Park zeigen politische bzw. gewerkschaftliche Motive, andere sind religiös, folkloristisch, mythisch oder historisch geprägt. Von den Malereien abgesehen, ist die Grünzone allerdings keine Sehenswürdigkeit (2000 Logan Ave., an der I-5 auf Höhe des Zugangs zur Coronado Bridge, www.chicano-park.org).

Waterfront

San Diego ist untrennbar mit dem Meer verbunden und unübersehbar durch den Pazifik geprägt ist. Nirgendwo wird dies deutlicher als am Hafen und an der Wasserkante entlang der San Diego Bay.

San Diego Convention Center 6
111 W. Harbor Dr., Tel. 619-525-5000, Fax 619-525-5005, www.sdccc.org
Der gewaltige, nach Plänen des kanadischen Architekten Arthur Erickson erbaute Komplex liegt direkt an der San Diego-Bucht und besteht u. a. aus über sechs Dutzend Kongress- und Bankettträumen inklusive zweier Ball-

State St.
Union St.
Curlew St.
Brant St.
Albatross St.
Front St.
1st. Ave.
2nd. Ave.
Olive St.
Nutmeg St.
Maple St.
Laurel St.
Kalmia St.
Juniper St.
Ivy St.
Hawthorn St.
Grape St.
Fir St.
Elm St.
3rd. Ave.
4th. Ave.
5th. Ave.
6th. Ave.
Balboa Dr.
El Prado
Balboa
Park
Old Globe Theater
Plaza de Balboa
Hall of Nations
Balboa Park Visitors Center
UN Building
Balboa Naval Hospital
Veterans Memorial Center
Municipal Gym
Balboa Park Administration
8th Ave. Dr.
Park Blvd.
Florida Dr.
Balboa Stadium
Russ Blvd.
Laurel St.
Kettner Blvd.
India St.
California St.
Pacific Highway
Hawthorn St.
Grape St.
Fir St.
N. Harbor Dr.
LITTLE ITALY
Date St.
Cedar St.
Beech St.
Ash St.
Columbia St.
A St.
B St.
County Center Little Italy
SD Concourse Convention & Performing Arts Center
Civic Theater
Copley Symphony Hall
City Administration
Port of San Diego B St. Pier
Santa Fe Amtrak Depot
American Plaza Transfer Station
C St.
Fifth Avenue
City College
Civic Center
Broadway
E St.
F St.
G St.
Navy Pier
Belt
Pantoja Park
DOWNTOWN
7th. Ave.
8th. Ave.
9th. Ave.
10th. Ave.
11th. Ave.
12th. Ave.
13th. St.
14th. St.
15th. St.
16th. St.
17th. St.
Market St.
12th & Market
Seaport Village
Island Ave.
J St.
K St.
L St.
GASLAMP QUARTER
Fishing Fleet
Harbor Dr.
Convention Center
SEAPORT VILLAGE
Embarcadero Marina Park
Marina
12th & Imperial Transfer Station MTS Autopark
Imperial St.
Commercial St.
Gaslamp Quarter
Marina Park Way
Convention Way
National Ave.
Logan Ave.
Newton Ave.
Sigsbee St.
Beardsley St.
San Diego Bay
Port of San Diego
1st. St.
2nd. St.
3rd. St.
4rd. St.
NORTH ISLAND
0
300
600

San Diego

Sehenswert

- 1 Gaslamp Quarter
- 2 Westfield Horton Plaza
- 3 William Heath Davis House
- 4 Petco Park
- 5 Chicano Park
- 6 San Diego Convention Center
- 7 Seaport Village
- 8 San Diego Aircraft Carrier Museum
- 9 Broadway Pier
- 10 Maritime Museum of San Diego
- 11 Museum of Contemporary Art
- 12 Little Italy
- 13 San Diego Zoo
- 14 Spanish Village Art Center
- 15 Museumsmeile El Prado
- 16 Hillcrest
- 17 San Diego de Alcala
- 18 Old Town
- 19–29 s. S. 244

Übernachten

- 1 Omni
- 2 Keating House
- 3 Best Western Cabrillo Garden Inn
- 4 Bristol
- 5 Motel 6 Downtown
- 6 Pacific Inn
- 7 Hosteling International
- 8–12 s. S. 244

Essen & Trinken

- 1 Ruth's Chris Steak House
- 2 Blue Point
- 3 Harbor House
- 4 La Fiesta
- 5 Anthony's Fish Grotto
- 6–10 s. S. 244

Einkaufen

- 1 Fashion Valley Shopping Center
- 2 Basar del Mundo
- 3 G-Star Raw
- 4 Tile Shop
- 5 Spanish Village Art Center
- 6 Four Winds Trading Co.
- 7–11 s. S. 244

Aktiv & Kreativ

- 1 Hornblower Cruises
- 2 Gaslamp Segway Tours
- 3 SEAL Amphibious Tour
- 4 Sente Bella Day Spa
- 5–8 s. S. 244

Abends & Nachts

- 1 Dick's Last Resort
- 2 Onyx/Thin
- 3 House of Blues
- 4 Stingaree
- 5–7 s. S. 244

säle. In den Parkgaragen finden über 5000 Fahrzeuge einen Platz. Auf dem Dach erinnern teflonüberzogene, stilisierte Segel aus Fiberglas an die aufregende Seefahrtgeschichte der Stadt.

Seaport Village 7

849 W. Harbor Dr., Tel. 619-235-4014, www.seaportvillage.com, tgl. 10–21 Uhr, Restaurants haben länger geöffnet; wer etwas kauft, kann 2 Std. gratis parken

Das auf alt getrimmte, direkt am Wasser gelegene ›Dorf‹ besteht fast ausschließlich aus Läden, Boutiquen und Restaurants, zwischen denen man bei schönem Wetter flanieren und den Blick aufs Meer genießen kann. An Wochenenden sorgen Straßenmusiker und Performance-Künstler für Unterhaltung. Ein 1895 erbautes Karussell steht bei Kindern hoch im Kurs.

San Diego Aircraft Carrier Museum 8

910 N. Harbor Dr., Tel. 619-544-9600, www.midway.org, tgl. 10–17 Uhr, Erw. 18 $, Kinder 6–17 J. 10 $

Der 47 Jahre lang in Diensten der US-Navy stehende Flugzeugträger war zuletzt 1991 im Desert-Storm-Krieg im Persischen Golf eingesetzt. Heute liegt der schwimmende Riese als Museumsschiff fest vertäut im Hafen von San Diego.

Broadway Pier 9

N. Harbor Dr. und Broadway, Coronado Ferry einfache Fahrt Erw. 4,25 $, Kinder unter 4 J. frei

An diesem Pier legen häufig Schiffe an, die San Diego einen Besuch abstatten. Außerdem ist er Abfahrtsstelle der Coronado Ferry, die Passagiere von morgens bis abends in einer 15-minütigen

Fahrt über die Bucht auf die Halbinsel Coronado bringt.

Maritime Museum of San Diego 10
1492 N. Harbor Dr., Tel. 619-234-9153, www.sdmaritime.com, tgl. 9–20, im Sommer bis 21 Uhr, Erw. 14 $, Kinder 6–17 J. 8 $
Prunkstück unter den historischen Schiffen des Museums ist die Star of India, die 1863 zu den ersten Segelschiffen mit einem Rumpf aus Stahl gehörte und während ihrer aktiven Zeit nicht nur fürchterliche Stürme, sondern auch eine Meuterei zu überstehen hatte. Ein anderer Oldtimer ist die Berkeley, die von 1898 an 60 Jahre lang als Dampffähre in der San Francisco Bay verkehrte. An die jüngere Seefahrtsgeschichte erinnert die USS Dolphin, das letzte mit Dieselmotoren betriebene U-Boot der Navy, das 1968 vom Stapel lief und 2007 außer Dienst gestellt wurde.

Museum of Contemporary Art 11
1100 u. 1001 Kettner Blvd. zwischen Broadway & B St., Tel. 858-454-3541, www.mcasd.org, Do–Di 11–17, 3. Do im Monat bis 19 Uhr, Mi geschl., Erw. 10 $, Senioren ab 60 J. 5 $, Kinder u. Jugendl. unter 25 J. u. 3. Do im Monat 17–19 Uhr Eintritt frei
Ursprünglich zur ›Panama-California Exposition‹ von 1915 als Gepäckdepot des Santa-Fe-Bahnhofs errichtet, stellt in den umgebauten Räumlichkeiten und im angrenzenden David-C.-Copley-Neubau mittlerweile das Museum für zeitgenössische Kunst seine Werke aus. In den permanenten Ausstellungen sind Exponate aller Medien und Genres seit 1950 zu sehen, von Malereien und Skulpturen bis zu Fotografien sowie Film- und Videoinstallationen.

Little Italy 12
India St. zwischen Ash & Laurel St., www.littleitalysd.com
An der nordwestlichen Grenze von Downtown fristete das italienische Viertel lange Zeit ein Dasein im Verborgenen, ehe eine lebhafte Szene von über drei Dutzend Restaurants und Cafés dem Quartier neues Leben einhauchte. Am Abend werden entlang der India Street und ihrer Umgebung Pasta-, Lasagne- und Pizzaschlachten geschlagen.

Balboa Park

Auf 560 ha ist der Balboa Park mit exotischen Gartenanlagen, dem weltberühmten Zoo, renommierten Museen und Theatern Grünzone und Kulturareal zugleich. Im Herzen des Parks bekommt man u. a. attraktive Beispiele des Spanish-Revival-Stils an Gebäuden zu sehen, die 1915 für die damals stattfindende Panama-California-Ausstellung errichtet wurden.

San Diego Zoo 13
123 Camino de la Reina, Tel. 619-231-1515, www.sandiegozoo.org, tgl. 9–17 Uhr, im Sommer länger, ab 12 J. 40 $, Kinder 3–11 J. 30 $
Der reizvoll angelegte Tierpark hat weltweit einen hervorragenden Ruf, weil er auf seinem über 400 000 m² großen Gelände nicht nur ca. 800 zum Teil seltene Arten zur Schau stellt, sondern sich auch der Aufzucht bedrohter Arten widmet. Zwar kann man eine Busfahrt durch den Park unternehmen, doch bietet sich eine Fußtour eher an, weil man sich seine Lieblingsstellen selbst aussuchen kann. Zu den Besucherfavoriten gehören aus China stammende Pandabären und gleich in der Nachbarschaft lebende Rote Pandas (Katzenbären), ein Gehege mit Eisbären, knuddlige Koalas und natürlich Elefanten, die bei den meisten Kindern hoch im Kurs stehen.

Spanish Village Art Center 14

1770 Village Pl., Tel. 619-239-0137, www.spanishvillageart.com, tgl. 11–16 Uhr, Eintritt frei
An die Südgrenze des San Diego Zoo schließt sich dieses Künstlerdorf an, in dem sich um einen offenen, mit farbigen Bodenplatten ausgelegten Platz ca. drei Dutzend Galerien und Studios gruppieren. In und vor den zum Teil hübsch dekorierten Häuschen kann man Malern, Bildhauern, Töpfern, Schmuckdesignern, Silberschmieden, Korbmachern, Glaskünstlern, Fotografen und Grafikern bei der Arbeit über die Schulter schauen.

Museumsmeile El Prado 15

El Prado zwischen der Cabrillo Bridge und der Plaza de Balboa
Herzstück des gewaltigen Balboa Parks ist mit El Prado eine Prachtstraße, an der sich in wunderschönen Gebäuden mehrere Museen aneinanderreihen. Am westlichen Ende dient der 60 m hohe, filigrane California Tower als Wegweiser zum **San Diego Museum of Man**, das sich mit Archäologie, Kunst und Kultur unterschiedlicher Regionen der Erde beschäftigt (1350 El Prado, Tel. 619-239-2001, www.museumofman.org, tgl. 10–16.30 Uhr, Erw. 8 $, Kinder 6–17 J. 4 $).

Durch den mit exotischen Gewächsen bepflanzten Alcazar Garden gelangt man zum **Mingei International Museum** mit Kunst- und Volkskunstausstellungen aus allen Teilen der Welt (1439 El Prado, Tel. 619-239-0003, www.mingei.org, Di–So 10–16 Uhr). Als ältestes Kunstmuseum der Stadt besitzt das **San Diego Museum of Art** eine unschätzbare Sammlung europäischer Kunstwerke sowie Kollektionen aus Asien und Lateinamerika (1450 El Prado, Tel. 619-232-7931, www.sdmart.org, Di–Sa 10–17, So 12–17 Uhr). Werke von Rembrandt, Rubens, Fragonard, Albert Bierstadt, Pieter Bruegel d. Ä. und John Singleton Copley machen das **Timken Museum of Art** zu einer besonderen Schatztruhe (1500 El Prado, Tel. 619-239-5548, www.timkenmuseum.org, Di–Sa 10–16.30, So 13.30–16.30 Uhr, Eintritt frei). Vor dem **Botanical Building** dehnt sich ein Wasserlilienteich aus, und gleich daneben steht mit der **Casa del Prado** ein palastartiges Gebäude mit schwelgerischem Bauschmuck im Stil des spanischen Barock. Das gegenüberliegende **History Center** setzt sich anhand von Dokumenten, Plänen, Zeichnungen und historischen Fotos mit der Geschichte der Stadt auseinander (1649 El Prado, Tel. 619-232-6203, www.sandiegohistory.org, Di–So 10–17 Uhr, in der Hochsaison Do bis 21 Uhr). Im selben Gebäude ist das **Museum of Photographic Arts** zu Hause (Tel. 619-238-7559, www.mopa.org, gleiche Öffnungszeiten). El Prado endet am Springbrunnen auf der Plaza de Balboa, die im Norden vom **San Diego Natural History Museum** mit naturkundlichen Ausstellungen (Tel. 619-232-3821, www.sdnhm.org, tgl. 10–17 Uhr) und im Süden vom **Reuben H. Fleet Space Theater & Science Center** mit Omnimax-Theater, Planetarium und Exponaten aus Raumfahrt und Astronomie flankiert wird (1875 El Prado, Tel. 619-238-1233, www.rhfleet.org, tgl. ab 9.30 Uhr, Erw. 10 $, Kinder 3–12 J. und Senioren ab 65 J. 8,75 $).

Abseits von El Prado liegt im südlichen Park mit dem **San Diego Air & Space Museum** eine der meistbesuchten Einrichtungen des Parks, wahrscheinlich weil u. a. ein Kommandomodul der Apollo-9-Mondmission und Modelle bzw. Entwürfe von Leonardo da Vinci ausgestellt sind (President's Way, Tel. 619-234-8291, www.sandiegoairandspace.org, tgl. 10–16.30 Uhr, ab 12 J. 16,50 $, Kinder 3–11 J. 6 $, Se-

Ein architektonisches Juwel – das San Diego Museum of Man

nioren ab 62 J. 13,50 $, die Da-Vinci-Ausstellung kostet extra).

Hillcrest 16

Schnittpunkt von University Ave. und 6th Ave. in Uptown San Diego

Der Stadtteil lädt mit von Bäumen gesäumten Straßen, Art-déco-Gebäuden und kleinstädtischem Flair zum Bummeln und mit seinen zahlreichen Clubs zum Nachtschwärmen ein. Allein an der Fifth Avenue liegen über 100 Restaurants, Clubs und Cafés. Am höchsten schlagen die Wellen beim CityFest im Hochsommer. Die Straßen werden in einen Open-Air-Markt umgewandelt, auf dem alles verkauft wird, was Herz und Gaumen erfreut.

San Diego de Alcala 17

10818 San Diego Mission Rd., Tel. 619-281-8449, www.missionsandiego.com, tgl. 9–16.45 Uhr, 3 $

Die heute noch als Pfarrkirche genutzte Basilika stammt aus dem Jahr 1813. Im Chor ist Father Luis Jayme zur letzten Ruhe gebettet, der erste christliche Märtyrer Kaliforniens, der 1775 von Kumeyaay-Indianern umgebracht wurde. In einem kleinen Museum dokumentiert eine Ausstellung die Eroberung Kaliforniens und die Fast-Ausrottung der Indianer.

Old Town 18

Südlich der Kreuzung von Interstate 8 und Interstate 5, www.oldtownguide.com, Eintritt frei

In Old Town hat längst der Kommerz die Regie übernommen, die Geschichte der Stadt wird von Souvenirshops und mexikanischen Restaurants immer stärker in den Hintergrund gedrängt. Doch ist die Touristenattraktion durchaus einen Besuch wert, weil viele Lokale hübsch hergerichtet sind und zum Teil authentische mexikanische Küche anbieten. Eigentlicher Kern ist der um die Plaza de las Armas gelegene, unter Denkmalschutz stehende Old Town San Diego State Historic Park, der eine Vorstellung davon gibt, wie San Diego in seinen jungen Jahren zwischen 1821 und 1872 ausgesehen hat. Zu den historischen Relikten gehören die erste Schule Kaliforniens, eine Schmiede, die erste Zeitungsredaktion, ein Pferdestall und die romantische, um einen begrünten Innenhof angelegte Casa de Estudillo.

Übernachten

Alles, was der Gast braucht – **Omni 1**: 675 L St., Tel. 619-231-6664, www.omnisandiegohotel.com, DZ ca. 270 $. 4-Sterne-Hotel zwischen dem historischen Gaslamp Quarter und dem Convention Center mit über 500 Zimmern für anspruchsvolle Gäste; Fisch und Meeresfrüchte im angeschlossenen Restaurant, Kaffeebar, Fitnesscenter mit Spa, Außenpool und Sonnenterrasse.
Wie in alten Zeiten – **Keating House 2**: 2331 Second Ave., Tel. 619-239-8585, www.keatinghouse.com, DZ 115–165 $. Viel gepriesenes B & B in einem über 100-jährigen viktorianischen Anwesen. Die 9 nach den jeweils dominierenden Farben benannten Gästezimmer befinden sich im Haupthaus und im angrenzenden Cottage.
Nur für Nichtraucher – **Best Western Cabrillo Garden Inn 3**: 840 A St., Tel. 619-234-8477, http://book.bestwestern.com, DZ ab ca. 115 $. Günstig gelegenes Nichtraucherhotel mit 30 komfortablen Zimmern mit Satelliten-TV, kostenlosem Highspeed-WLAN-Internetzugang, Kaffee/Tee, preisgünstigem Parkplatz und Frühstück.
Modisch-moderne Bleibe – **Bristol 4**: 1055 First Ave., Tel. 619-232-6141, www.thebristolsandiego.com, DZ ca. 100 $. Boutiquehotel mit 102 Nichtraucherzimmern bzw. Suiten, alle mit bequemen Betten, Kaffeemaschine, Flachbild-TV und kostenlosem Highspeed-WLAN-Internetzugang.
Einfach – **Motel 6 Downtown 5**: 1546 2nd Ave., Tel. 619-236-9292, www.motel6.com, DZ ca. 90 $. Einfaches Kettenmotel mit Münzwaschmaschinen und Morgenkaffee, WLAN für 24 Std. 3 $.
Für kleine Ansprüche – **Pacific Inn 6**: 1655 Pacific Hwy, Tel. 619-232-6391, www.pacificinnsd.com, DZ ab ca. 70 $. Unterkunft mit Pool und Terrasse, zwischen Innenstadt und Flughafen.
Für Budgetreisende – **Hosteling International 7**: 521 Market St., Tel. 619-525-1531, www.sandiegohostels.org, Schlafsaalbett ab 19 $, private Doppelzimmer ab 47 $. Schlafsäle für 4 bis 10 Personen mit Etagenbädern, Bettbezüge und Handtücher sind inklusive.

Essen & Trinken

Für Fleischliebhaber – **Ruth's Chris Steak House 1**: 1355 N. Harbor Dr., Tel. 619-233-1422, www.ruthschris.com, Mo–Fr 11–22, Sa–So 16.30–22 Uhr, ab ca. 25 $. Die ausgezeichneten Steaks werden von Appetizern, frischen Beilagen und leckeren Desserts begleitet. Zum Lunch serviert man leichte Gerichte.
Eine gute Wahl – **Blue Point 2**: 565 5th Ave., Tel. 619-233-6623, www.cohnrestaurants.com, Dinner tgl. ab 17 Uhr, ab ca. 25 $. Nautisches Themenlokal mit lebhafter Atmosphäre. Serviert werden Fisch und Meeresfrüchte, ausgezeichnete Steaks, Lamm und Geflügel. Außerdem gibt es eine Austernbar.
Schmausen mit Aussicht – **Harbor House 3**: 831 W. Harbor Dr., Seaport Village, Tel. 619-232-1141, www.harborhousesd.com, tgl. 11–23 Uhr, Hauptgerichte 17–25 $. Zu den preiswerten Fisch- und Seafoodgerichten, Austern, Suppen und Salaten gibt es eine wunderbare Aussicht über die San Diego Bay.
Mexiko lässt grüßen – **La Fiesta 4**: 628 5th Ave., Tel. 619-232-4242, www.lafiestasd.com, tgl. Lunch ▷ S. 240

Auf Entdeckungstour

Showtime bei Ebbe – Tide Pools an der Küste von San Diego

Kaum hat sich bei Ebbe das Meer vom Küstenstreifen zurückgezogen, schwärmen passionierte Gezeitenpooljäger aus. Kennzeichen: gebeugter Rücken und auf den Meeresboden gerichteter Blick. Wo in kleinen Tümpeln Salzwasserreste zurückbleiben, entdecken aufmerksame Spürnasen Muscheln, Seeigel, Krebse, mit Glück sogar einen Seestern oder eine Anemone. Die maritime Show dauert nur bis zur nächsten Flut, wiederholt sich aber bei jedem Niedrigwasser.

Start: Ocean Beach Pier in Ocean Beach

Planung: Auf www.tides.info/?command=view&location=Point+Loma,+California erfährt man, wann Ebbe ist.

Ocean Beach 13.15 Uhr. Der Meeresspegel ist am **Ocean Beach Pier** 24 auf den niedrigsten Stand gesunken. Der Steg verwandelt sich in eine Aussichtstribüne über die nebenan liegenden Gezeitenpools. Aus dem Meer tauchen flache Felsbänke auf, übersät von Tümpeln, Schrunden und Vertiefungen, in denen Salzwasser zurückgeblieben ist. Es garantiert kleinen Meeresbewohnern das Überleben, bis sie von der nächsten Flut aus der temporären Gefangenschaft befreit werden.

Schaulustige wuseln über trockene Küstensäume, Familien versammeln sich um *tide pools*, in denen es etwas zu entdecken gibt, Väter erteilen ihren Kindern Anschauungsunterricht in Meeresbiologie, Hobbyfotografen hoffen auf den idealen ›Schuss‹ von kleinen Tintenfischen, gepunkteten Seehasen oder Einsiedlerkrebsen, die es bei ablaufendem Wasser nicht mehr ins Meer geschafft haben. In den Tümpeln entdeckt man fast immer etwas Interessantes – als sei der Stille Ozean bemüht, mit aquatischen Inszenierungen für einen achtsamen Umgang mit den Meereslebewesen zu werben. Entsprechend achten Naturschützer bei sporadischen Kontrollen auch darauf, dass bei *tide-pool*-Jägern keine Sammelleidenschaft ausbricht.

Die Point-Loma-Pools

Einheimische kennen die Stellen, an denen das Meer ins Open-Air-Aquarium einlädt. Der **Ocean Beach Pier** ist nur eine von zahlreichen Abschnitten im Großraum San Diego. Nicht überall an der insgesamt ca. 120 km langen Küstenlinie der Stadt sind die Voraussetzungen günstig; die *tide pools* verteilen sich nur auf ca. 17 km.

Südlich von Ocean Beach erstreckt sich mit der lang gezogenen Point Loma Peninsula eine mächtige Halbinsel, die wie ein gekrümmter Finger den Zugang zur San Diego Bay schützt. Am südlichen Ende liegt mit dem **Cabrillo National Monument** 26 (s. S. 245) nicht nur eine wunderbare Aussichtsstelle auf die Stadt, sondern an der Westflanke in der Nähe der Point Loma Light Station auch ein populäres Gebiet mit vielen Gezeitenpools. Dort wie anderswo lohnt sich der Spaziergang auf den teils rutschigen Felsen am ehesten in den kühleren Monaten, wenn in den *tide pools* genügend Wasser stehen bleibt, um den eingeschlossenen Meerestieren das Überleben zu sichern. In heißen Sommern verdunstet das Wasser in manchen Tümpeln, sodass sich Tiere im feuchten Schlamm oder Seegras verstecken, um nicht auszutrocknen (Gezeitentabelle im Internet: www.nps.gov/cabr/naturescience/low-tide-best-dates-and-times.htm).

Tide-Pool-Etikette

Wenn die Ebbe ihr kaleidoskopisches Meeresleben präsentiert, gilt für Schaulustige ein strenger Verhaltenskodex. In *tide pools* Muscheln zu sammeln ist nicht nur verpönt, sondern auch ebenso verboten wie Meerestiere anzufassen. Auch sollte man es unterlassen, in den Pfützen herumzustochern. Nur wer Geduld hat und sich ruhig verhält, wird am Beckenboden Fische, Krebse und mehr in Bewegung sehen. Experten weisen darauf hin, dass über die Jahre durch Vandalismus in den Pools so viel zerstört wurde, dass immer weniger Tiere überhaupt so erwachsen werden, dass sie Nachkommen produzieren können, was wiederum das delikate Öko-Gleichgewicht in den *tide pools* schädigt. Aus Naturschutzgründen wurden am kalifornischen Pazifiksaum bereits mehrere Küstenabschnitte mit Gezeitenpools für Schaulustige komplett gesperrt.

und Dinner, Hauptgerichte 15–26 $. Im Herzen von Gaslamp Quarter gelegenes Lokal, in dem in gemütlicher Atmosphäre mexikanische Spezialitäten und Seafood-Gerichte serviert werden.
Frisch aus dem Meer – **Anthony's Fish Grotto** 5: 360 N. Harbor Dr., Tel. 619-232-5103, www.gofishanthonys.com, tgl. 11–22 Uhr, Hauptgerichte 10–26 $. Seit 1946 bestehendes Traditionslokal, das sich auf Fisch und Meeresfrüchte spezialisiert hat.

Einkaufen

Shoppingparadies – **Fashion Valley Shopping Center** 1: 7007 Friars Rd., www.simon.com, Mo–Sa 10–21, So 11–19 Uhr. Im Mission Valley liegendes, größtes Einkaufszentrum im Landkreis mit sechs Kaufhäusern und über 200 Einzelhandelsgeschäften, Boutiquen und Restaurants.
Souvenirs, Souvenirs – **Basar del Mundo** 2: Beim Old Town State Historic Park (s. S. 236) liegt dieser zum Teil offene Markt mit einem Riesenangebot an mexikanischem Kunsthandwerk, Kitsch und Nippes.
Nicht von der Stange – **G-Star Raw** 3: 470 Fifth Ave., Tel. 619-238-7088, www.g-star.com/flash/content.html, Mo–Sa 11–22, So 11–21 Uhr. Etwas kostspieligere Designerkollektionen von Damen- und Herrenbekleidung.
Kacheln aus Mexico – **Tile Shop** 4: 849 W. Harbor Dr., Seaport Village, Tel. 619-233-3829, http://seaporttileshop.com, tgl. 10–21 Uhr. Handbemalte Keramikkacheln mit Hausnummern, Buchstaben oder dekorativen Motiven als mexikanische Souvenirs.
Kunsthandwerk – **Spanish Village Art Center, Balboa Park** 5: (s. S. 235). Kunsthandwerk aus unterschiedlichen Materialien, das Künstler vor Ort herstellen und verkaufen.
Indianische Kunst – **Four Winds Trading Co.** 6: 2448 San Diego Ave., Tel. 619-692-0466, www.fourwinds.signonsandiego.com, tgl. 10–21 Uhr. In Old Town gelegenes Geschäft für Kunst und Kunsthandwerk, hauptsächlich aus Indianerpueblos in New Mexico.

Aktiv & Kreativ

Touren auf dem Wasser – **Hornblower Cruises** 1: 1066 N. Harbor Dr., Tel. 619-686-8715, www.hornblower.com, Abfahrten ab Broadway Pier. Bootsausflüge auch mit Abendessen, Hafenrundfahrten, Sonntagsbrunch, Partys an Feiertagen und Walbeobachtung.
Futuristische Zweiradtouren – **Gaslamp Segway Tours** 2: 739 4th Ave., Tel. 619-239-2111, http://anothersideofsandiegotours.com/c-73825-segway-tours.html. Touren mit den hypermodernen Segway-Rollern im Gaslamp Quarter, in Coronado und in La Jolla.
Mit dem Tourbus ins Meer – **SEAL Amphibious Tour** 3: 500 Kettner Blvd., Seaport Village, Tel. 619-868-7482 oder 1-800-969-9932, www.sealtours.com, im Sommer tgl. 10–17 Uhr, sonst kürzer. 90-minütige Land-Wasser-Touren in einem Spezialfahrzeug ab USS Midway Aircraft Carrier Museum.
Entspannung pur – **Sente Bella Day Spa** 4: 220 West G St., Tel. 619-235-6865, www.sentebellaspa.com, Mo–Do 11–19.30, Di, Mi, Fr 9.30–19, Sa 9.30–18.30 Uhr. In ruhiger Atmosphäre können Gäste auch stundenweise bei unterschiedlichen Anwendungen Stress abbauen und entspannen.

Abends & Nachts

Wo man sich trifft – **Dick's Last Resort** 1: 345 Fourth Ave., Tel. 619-231-9100, www.dickslastresort.com, tgl. 11–2 Uhr.

Restaurant mit unprätentiösem Nachtclub, jeden Abend Live-Entertainment.
Nachtleben im Doppelpack – **Onyx/Thin** 2: 852 Fifth Ave., Tel. 619-235-6699, http://onyxroom.com, Di und Do–Sa 21–2 Uhr. Zwei übereinander gelegene Clubs, wobei das im Untergeschoss liegende Onyx in Sachen Tanz und Musik die bessere Empfehlung ist.
Blues zum Dinner – **House of Blues** 3: 1055 Fifth Ave., Tel. 619-299-2583, www.houseofblues.com, Mi–Fr 11.30–23, Sa 16–24, So 16–22 Uhr. Kombination zwischen Musikrestaurant, Nachtclub, Tanzclub und Konzerthalle mit regelmäßiger Live-Musik.
Cooler Treff – **Stingaree** 4: 454 6th Ave., Tel. 619-544-9500, www.stingsandiego.com, Do–Sa 21–2 Uhr. Mit hervorragendem Light-&-Sound-Equipment ausgestatteter, auf einer Dachterrasse liegender Club, der zu den besten Tanztreffs der Stadt zählt.

Infos & Termine

San Diego im Internet

www.sdreader.com: Online-Version der kostenlosen Zeitung San Diego Reader mit vielen praktischen Tipps.
www.signonsandiego.com: Infos über Restaurants, Konzerte, Sportveranstaltungen, Freizeitmöglichkeiten usw.
www.wheresd.com: Alles über kulturelle Veranstaltungen. Über die Seite kann man auch Hotels buchen.

Termine

Cinco de Mayo: 5. Mai. Mexikanisches Volksfest in Old Town, bei dem als Soldaten kostümierte Freiwillige den Sieg über französische Truppen aus dem Jahr 1862 wiederaufleben lassen (www.fiestacincodemayo.com).
Rock & Roll Marathon: Juni. Traditionelles Langstreckenrennen quer durch die Stadt, das von über drei Dutzend am Rennkurs spielenden Bands begleitet wird (http://san-diego.competitor.com).
San Diego Symphony Summer Pops: Ende Juli–Anfang Sept. Das Ensemble veranstaltet an unterschiedlichen Plätzen Konzerte mit leichter klassischer bzw. Unterhaltungsmusik.

Mein Tipp

Ausflug nach Tijuana
Drogenkriege haben der 1,8 Mio. Einwohner großen, südlich von San Diego gelegenen mexikanischen Grenzstadt Tijuana nicht eben ein glanzvolles Image verschafft. Für Touristen aus den USA ist die Metropole dennoch ein beliebtes Ausflugsziel geblieben. Typisch mexikanisch ist das Flair der Stadt nicht, weil sie sich längst auf Massentourismus eingestellt hat. Das Angebot an Kneipen, in denen Bier und Margaritas in Strömen fließen, ist gewaltig – aus gutem Grund. Vor allem auf junge Amerikaner übt die Stadt eine magische Anziehungskraft aus, darf doch in Tijuana schon mit 18 Jahren Alkohol konsumiert werden. So wird die **Avenida de la Revolución** mit Diskotheken, Pubs und Restaurants nach Sonnenuntergang zum Ziel vieler Tagestouristen.

Die Küste von San Diego ► G 9

Mission Bay Park 19

Zwischen Mission Beach u. I-5 sowie I-8 u. Grand Ave., www.sandiego.gov/park-and-recreation/parks/missionbay

In den 1950er-Jahren ließen die Stadtväter mit diesem Park die größte von Menschenhand geschaffene Freizeitanlage Amerikas bauen, die jeweils zur Hälfte aus Wasser und Land besteht. Halbinseln, Strände, Picknickplätze, Sportanlagen und Marinas haben das Gelände mittlerweile zu einem beliebten Outdoor-Revier der Einheimischen gemacht, in dem man schwimmen, segeln, Boot fahren, Tennis spielen und joggen kann. Der Park besitzt eine hervorragende Infrastruktur, die es an nichts fehlen lässt. Hotels und Motels aller Preisklassen bieten gediegenen Komfort.

SeaWorld 20

500 Sea World Dr., Tel. 619-226-3901, www.seaworld.com, häufig wechselnde Öffnungszeiten, meist 9–21 Uhr, ab 10 J. 70 $, Kinder 3–9 J. 62 $

Blick über die San Diego Bay auf Downtown

Die Kombination aus Meeresaquarium und Rummelplatz muss der Besucher teuer bezahlen, zumal im Preis die beiden Fahrattraktionen Skyride und Skytower noch gar nicht enthalten sind. Wer sich den Luxus dennoch leistet, erlebt unterschiedliche Shows, etwa mit dem Orka Shamu, oder kann im Rahmen des Dolphin Interaction Program mit Delfinen ins Becken steigen. Andere Programme wie Cirque de la Mer oder Clyde & Seamore's Risky Rescue zielen eher auf den seichten Publikumsgeschmack ab.

Pacific Beach 21

http://pacificbeach.org

Kilometerlange Sandstrände machen den südlich von La Jolla liegenden Stadtteil zur *beach community* mit hohem Freizeitwert. Die Straßen sind nach Edelsteinen benannt, was viel über das Selbstverständnis der Einwohner aussagt. Wer Wert auf Strandaktivitäten wie Kajak- und Radfahren, Volleyballspielen, Picknicken oder Joggen legt und Strandpausen für einen Besuch im Café oder zum Shoppen nutzen will, findet in diesem Viertel die besten Möglichkeiten. Epizentrum des Strandlebens ist der Crystal Pier (s. S. 247).

Mission Beach 22

www.sandiego.gov/lifeguards/beaches/mb.shtml

Der Küstenort bildet das Zentrum eines etwa 2 Meilen langen Strandes, der zu den populärsten Badeabschnitten in San Diego zählt. Ebenso beliebt ist der am Pazifiksaum entlangführende Ocean Front Walk, eine Promenade für Flaneure und Radfahrer. Am Ventura Place liegen eine Life Guard Station und mehrere Restaurants, Geschäfte, Verleihstellen für Räder und Wassersportgeräte, Toiletten und Duschen. Für Badegäste und Surfer sind unterschiedliche Strandabschnitte reserviert.

Belmont Park 23

3146 Mission Blvd., Tel. 858-488-1549, www.belmontpark.com, wechselnde Öffnungszeiten, meist 11–22 Uhr, Tagesticket Erw. 27 $, Kinder 16 $

Der in den 1920er-Jahren gegründete Vergnügungspark liegt direkt am Strand und bietet Fahrbetriebe wie die knapp 800 m lange Achterbahn Giant Dipper (www.giantdipper.com). The

Plunge galt nach seiner Fertigstellung 1925 als größtes Hallenschwimmbad im südlichen Kalifornien.

Ocean Beach 24

www.oceanbeach.com

An warmen Wochenenden ist in der sonst eher verschlafenen Küstengemeinde kaum ein Parkplatz zu bekommen, weil der Strand und die dahinterliegenden Straßenzüge am Aufgang zum Ocean Beach Pier von Wochenendurlaubern gestürmt werden. Noch chaotischer geht es am Nationalfeiertag (4. Juli) zu, wenn traditionell eines der größten Feuerwerke im südlichen Kalifornien veranstaltet wird. Auf der zentralen Newport Avenue findet jeden Mittwoch ab 16.30 Uhr der lokale Farmers' Market statt, auf dem Bauern und Händler mit frischem Obst und Gemüse mittlerweile in der Minderheit sind. Zum Spaßevent machen den Markt Straßenkünstler, Live-Bands und Imbissstände, an denen Chili-Chicken, mexikanische Tamales und afrikanische Snacks angeboten werden.

Point Loma Peninsula

Südlich von Ocean Beach wird die hügelige Point Loma Peninsula, die sich wie ein leicht gekrümmter Finger um die San Diego Bay biegt, immer schmaler und endet schließlich am Point Loma, wo eine Station der Küstenwache steht. Die Autofahrt über den Rü-

Die Küste von San Diego

Sehenswert
- 1–18 s. S. 232
- 19 Mission Bay Park
- 20 SeaWorld
- 21 Pacific Beach
- 22 Mission Beach
- 23 Belmont Park
- 24 Ocean Beach
- 25 Sunset Cliffs
- 26 Cabrillo Nat. Monument
- 27 Coronado
- 28 Coronado Central Beach
- 29 Silver Strand

Übernachten
- 1–7 s. S. 232
- 8 Crystal Pier Hotel & Cottages
- 9 Hotel del Coronado
- 10 Americas Best Value Inn
- 11 Banana Bungalow
- 12 Ocean Beach International Hostel

Essen & Trinken
- 1–5 s. S. 232
- 6 Coronado Boathouse
- 7 Island Prime
- 8 Miguel's Cocina
- 9 Cafe Bahia
- 10 Moondoggies

Einkaufen
- 1–6 s. S. 232
- 7 Kobey's Swap Meet
- 8 Ferry Landing Marketplace
- 9 Pacific Beach Surf Shop
- 10 Ocean Beach Antique District
- 11 Shelter Island Sign Shop

Aktiv & Kreativ
- 1–4 s. S. 232
- 5 Lois Ann Dive Charters
- 6 Bahia Belle Boat Cruise
- 7 South Bay Drive In
- 8 Sea Spa

Abends & Nachts
- 1–4 s. S. 232
- 5 Garnet Avenue
- 6 Humphreys Concerts by the Bay
- 7 The Harp

cken der Halbinsel nimmt zwar Zeit in Anspruch, lohnt sich aber bei gutem Wetter wegen der fantastischen Aussicht in jedem Fall. In östlicher Richtung blickt man über die flache Coronado Peninsula auf die Stadt und die dahinter ansteigenden Berge. Im Westen liegt der endlose Pazifik, dessen blaugrünes Wasser in den ersten Monaten des Jahres Grauwale durchpflügen.

Sunset Cliffs 25

Südlich von Ocean Beach

Um Sonnenuntergänge zu beobachten, bietet sich die westliche Steilküste der Point Loma Peninsula mit ihren schroffen Klippen an. Bei diesem Abschnitt des Pazifiksaums handelt es sich um gänzlich unverbautes Gelände, das man auf Fußpfaden erkunden kann.

Cabrillo National Monument 26

1800 Cabrillo Memorial Dr., Tel. 619-557-5450, www.nps.gov/cabr, tgl. 9–17 Uhr, 5 $/Pkw

Die Gedenkstätte samt Denkmal ist dem portugiesischen Seefahrer Juan Rodríguez Cabrillo gewidmet, der im September 1542 als erster Europäer im heutigen San Diego kalifornischen Boden betrat und das Gebiet für die spanische Krone in Besitz nahm. Im Besucherzentrum, dessen Ausstellungen sich mit dem Leben des Entdeckers beschäftigen, wird ein Film über ihn gezeigt. Kostümierte Ranger bieten unterschiedliche Besichtigungsprogramme an. Nur Schritte entfernt steht 130 m über Meeresniveau das weiß getünchte, 1854 errichtete Point Loma Lighthouse, das bis 1891 Schiffe durch die trügerischen Gewässer leitete und heute als Museum dient. Der spektakuläre Blick reicht über ganz San Diego und Umgebung.

Coronado Peninsula

Coronado 27

www.coronado.ca.us

Auf einem Spaziergang oder einer kleinen Rundfahrt mit dem Auto gibt sich der Stadtteil westlich der 3407 m

In SeaWorld begeistern die Orkas das Publikum

langen Coronado Bridge schnell als recht nobler Villenvorort zu erkennen. Schattige Alleen, in akkuraten Gärten stehende Villen, Residenzen pensionierter Generäle und Kapitäne, Restaurants, Boutiquen und Straßencafés machen die Gemeinde zum Bilderbuchort. Die Nordspitze der Halbinsel ist militärisches Sperrgebiet; hier befindet sich die zweitgrößte Marinebasis der USA.

Coronado Central Beach 28

Ocean Blvd., kostenlose Parkplätze befinden sich an dieser Straße

An Sommerwochenenden rücken die Einwohner von San Diego meist schon am frühen Vormittag mit Sonnenschirmen, Badematten und Kühltaschen an, um den Tag am breiten, flachen Strand zu verbringen. Dass die sandige Meile bei Einheimischen große Sympathie genießt, liegt auch am berühmtesten Hotel der Stadt, das seit über 120 Jahren den Strand dominiert. Mit roten, viktorianischen Türmchen und einer schneeweißen Fassade präsentiert sich das **Hotel del Coronado** (s. S. 247) geradezu märchenhaft; in ihm stiegen gekrönte Häupter und Präsidenten,

Wirtschafts- und Industriebosse, Erfinder und Schriftsteller ab. In die Annalen der Filmgeschichte ging der Palast als Drehort von Billy Wilders genialer Filmkomödie »Manche mögen's heiß« mit Marilyn Monroe, Jack Lemmon und Tony Curtis ein.

Silver Strand 29

Im Süden von Coronado folgt der Silver Strand Boulevard (Hwy 75) dem Silver Strand auf einer langen, schmalen Sandbank, die am Imperial Beach auf dem Festland endet. Teile des Sandstreifens sind Militärgebiet, andere zählen zu den attraktivsten Badestränden in der Umgebung von San Diego. Baden kann man am Silver Strand State Beach (5000 Hwy 75, Tel. 619-435-5184, www.parks.ca.gov/?page_id =654, Parken 10 $) sowohl an der dem offenen Pazifik zugewandten Flanke als auch an der östlich gelegenen San Diego Bay.

Übernachten

Romantisch nächtigen – **Crystal Pier Hotel & Cottages 8**: 4500 Ocean Blvd., Crystal Pier in Pacific Beach, Tel. 858-483-6983, www.crystalpier.com, ab ca. 250 $. Hübsche, in den 1930er-Jahren aus Holz gebaute, direkt auf dem Pier errichtete Cottages mit Sonnenterrasse, Grill und Parkplatz vor der Tür. Im Sommer Minimumaufenthalt 3 Nächte, im Winter 2 Nächte.

Luxushotel und Kinolegende – **Hotel del Coronado 9**: 1500 Orange Ave., Coronado, Tel. 619-435-6611, www.hoteldel.com, DZ ab ca. 215 $. Legendäres Nobelhotel im viktorianischen Stil mit historischem Flair und modernen Zimmern und Suiten. Von der Poollandschaft mit Bar (s. Lieblingsort S. 250) blickt man auf den Coronado Central Beach. Mehrere Restaurants und Geschäfte gehören zum Haus.

Mit dem Nötigsten ausgestattet – **Americas Best Value Inn 10**: 4545 Mission Bay Dr., Mission Bay, Tel. 858-483-4222, www.americasbestvalueinn.com, DZ ab ca. 75 $, kleines Frühstück inkl. Jedes Zimmer in diesem Nichtraucherhotel besitzt Kühlschrank, Mikrowelle, Kaffeemaschine, TV und Highspeed-WLAN.

Für junge Reisende – **Banana Bungalow 11**: 707 Reed Ave., Pacific Beach, Tel. 858-273-3060, www.bananabungalowsandiego.com, im Sommer 35 $/Bett, DZ 150 $. Unterkunft im Stil einer komfortableren Jugendherberge mit Betten im Schlafsaal und in Privatzimmern, kostenloser WLAN-Internetzugang, kleines Frühstück.

Preiswert übernachten – **Ocean Beach International Hostel** 12: 4961 Newport Ave., Tel. 619-223-7873, www.californiahostel.com. Betten im Schlafsaal 19–30 $, Privatzimmer ab 46 $ inklusive Frühstück. Kostenloser Transport zwischen Bahnhof bzw. Flughafen und Herberge. Wer eine Woche bleibt, bekommt die 7. Nacht gratis.

Essen & Trinken

Eine Übersicht über Restaurants und Bars der Region bietet www.sandiegorestaurants.com.

Viktorianisch speisen – **Coronado Boathouse** 6: 1701 Strand Way, Coronado, Tel. 619-435-0155, www.coronadoboathouse.com, So–Do 17–22, Fr, Sa bis 23 Uhr, 30–50 $. Das nicht weit vom Hotel del Coronado entfernte Restaurant von 1887 ist direkt am Wasser im selben Stil wie die historische Unterkunft erbaut. Zu den Spezialitäten gehören Fisch- und Seafoodgerichte.

Stilvoll Speisen mit Aussicht – **Island Prime** 7: Harbour Island Dr., Tel. 619-298-6802, www.cohnrestaurants.com, tgl. Lunch und Dinner, 10–50 $. An der Spitze von Harbour Island gelegenes Restaurant mit kleinen Cabanas direkt am Wasser und Aussicht auf den Hafen mit seinen Kreuzfahrtschiffen. Zu den Spezialitäten gehören Jakobsmuscheln in Haselnusskruste und Colorado-Lammrückenfilet mit Mascarponekartoffeln.

Wie in Mexiko – **Miguel's Cocina** 8: 1351 Orange Ave., Coronado, Tel. 619-437-4237, www.brigantine.com/locations_miguels.html, Mo–Sa 11–21, So 10–21, 10–16 $. Gute mexikanische Küche und grandiose Margaritas im Restaurant selbst oder im Patio. Spezialitäten sind die Fisch-Tacos und Shrimps-Burritos.

Subtropisches Ambiente – **Cafe Bahia** 9: 998 W. Mission Bay Dr., Mission Beach, Tel. 858-488-0551, www.bahiahotel.com, Frühstück, Lunch und Dinner, ab ca. 12 $. Zum Bahia Resort Hotel gehörendes Café im mediterranen Stil mit Plätzen drinnen und draußen. Neben kleineren Gerichten gibt es auch Prime Rib, Steaks und gegrilltes Seafood.

Lebhaftes Amüsement – **Moondoggies** 10: 832 Garnet Ave., Pacific Beach, Tel. 858-483-6550, www.moondoggies.com, tgl. ab 11 Uhr, Happy Hour tgl. 15–19, Fr bis 22 Uhr, ab 7 $. Lebhafte Sportbar mit über 50 TV-Monitoren und Entertainment wie Karaoke oder Comedy am Abend.

Einkaufen

Open-Air-Markt – **Kobey's Swap Meet** 7: 3500 Sports Arena Blvd., www.kobeyswap.com, Fr–So 7–15 Uhr. Größter Markt unter freiem Himmel in der Stadt. Was es hier nicht zu kaufen gibt, braucht man normalerweise auch nicht.

Shoppen mit Aussicht – **Ferry Landing Marketplace** 8: 1201 First St., www.beachcalifornia.com/coronado-ferry-landing.html, unterschiedliche Öffnungszeiten. An der Anlegestelle der Fähren vom Broadway Pier befinden sich zahlreiche Geschäfte unterschiedlicher Branchen. Außerdem hat man einen wunderbaren Blick auf das Stadtzentrum.

Surferbedarf – **Pacific Beach Surf Shop** 9: 4150 Mission Blvd., Tel. 858-373-1138, www.pacificbeachsurfshop.com, tgl. 10–19 Uhr. Im Shop der Surfschule bekommt man alles an Accessoires und Zubehör.

Antiquitäten – **Ocean Beach Antique District** 10: Newport Ave., www.antiquesinsandiego.com, individuelle Öffnungszeiten. Nur wenige Blocks vom Strand entferntes Antiquitätenviertel mit über 100 Händlern, Sammlern und Designern.

Das etwas andere Mitbringsel – **Shelter Island Sign Shop** 11: 1055 Rosecrans St., Tel. 619-222-1586, www.shelterislandsignshop.com, Mo–Fr 9–19, Sa 9–18 Uhr. Das Geschäft hat sich u. a. auf magnetische Symbole, Aufkleber für Autos und bemalte US-Briefkästen spezialisiert.

Aktiv & Kreativ

Wracktauchen – **Lois Ann Dive Charters** 5: c/o Seaforth Sportfishing, 1717 Quivira Way, Tel. 858-780-0130 oder 1-800-201-4381, www.loisann.com. Das Unternehmen bietet Touren zur Wreck Alley an, einem Schiffsfriedhof ca. 2 Meilen vor der Küste von Mission Beach, auf dem acht Schiffe (darunter ein kanadischer Zerstörer) auf Grund liegen.

Wie auf dem Mississippi – **Bahia Belle Boat Cruise** 6: 998 W. Mission Bay Dr., Tel. 858-539-7779, www.bahiahotel.com, Feb.–Nov., Erw. 10 $, Kinder unter 12 J. 3 $. Rundfahrten mit einem auf alt getrimmten Raddampfer in der Mission Bay.

Kino unter freiem Himmel – **South Bay Drive In** 7: 2170 Coronado Ave., Tel. 619-423-2727, www.southbaydrivein.com, tgl. ab 20.30 Uhr, 7 $. Eines der letzten Autokinos im südlichen Kalifornien. Der Ton wird per Autoradio übertragen. Eine Snackbar sorgt für Verpflegung.

Reif für die Insel – **Sea Spa** 8: 4000 Coronado Bay Rd., Tel. 619-628-8770, www.loewshotels.com/en/Coronado-Bay-Resort/spa. Seetangwickel, Massagen und Meersalzanwendungen sollen helfen, Stress abzubauen. Der Spa ist Teil des auf einer Insel liegenden luxuriösen Loews Coronado Bay Resort.

Abends & Nachts

Hotspot am Abend – **Garnet Avenue** 5: Zwischen Ingraham St. und Mission Blvd. in Pacific Beach liegt der Schwerpunkt der örtlichen Restaurant- und Clubszene.

Konzerte unter den Sternen – **Humphreys Concerts by the Bay** 6: Shelter Island Dr., Tel. 1-800-745-3000, www.humphreysconcerts.com, Mai–Okt. 1400 Plätze großes Open-Air-Theater, in dem schon Stars wie Joe Cocker, The Spencer Davis Group, Joan Baez und The Moody Blues auftraten.

Für Partyprofis – **The Harp** 7: 4935 Newport Ave., Tel. 619-222-0168, Do–Sa sind die besten Abende. Irischer Pub mit Live-Musik oder Songs aus der Jukebox, in dem die Stimmung gelegentlich hohe Wellen schlägt.

Infos & Termine

Touristeninformation

Mission Bay Visitors Information Center: 2688 E. Mission Bay Dr., Tel. 619-276-8200, www.infosandiego.com

Coronado Visitor Center: 1100 Orange Ave., Tel. 619-437-8788, www.coronadovisitorcenter.com

Termine

Block Party: Mai. Straßenparty im Stadtteil Pacific Beach mit Musik und Imbissangeboten.

Beachfest: Oktober. Der Strand in Pacific Beach verwandelt sich bei diesem Fest in eine Riesendisco mit Kunst- und Kunstgewerbeständen an der Garnet Avenue (www.pacificbeach.org).

Lieblingsort

Poolbar mit Aussicht

Ein Nobelhotel, in dem Marilyn Monroe, Jack Lemmon und Tony Curtis vor der Kamera standen, kann kein unpassender Platz für einen kühlen Drink bei Sonnenuntergang sein. Am Rand der Poollandschaft des berühmten **Hotel del Coronado** 9 (s. S. 247) in San Diego trifft man sich am späten Nachmittag in der Sun Deck Bar und genießt neben der reizenden Anlage auch die wunderbare Strandatmosphäre, liegen der breite Coronado Central Beach und die Pazifikküste doch nur Schritte vom Tresen entfernt.

Das Beste auf einen Blick

Die südkalifornischen Wüsten

Highlights!

Joshua Tree National Park: Der Nationalpark besteht aus zwei sehr unterschiedlichen Wüstentypen: Die Mojave-Wüste im Norden ist durch ein kühleres Klima, prächtige Joshua-Bäume und abgerundete Granitfelsen gekennzeichnet, die für Felskletterer viele Herausforderungen bieten. Die heißere und tiefer gelegene Sonora-Wüste im Süden präsentiert sich nicht ganz so abwechslungsreich. S. 270

Death Valley National Park: Das Death Valley gehört zu den heißesten Regionen der Erde – und bietet doch eine Fülle landschaftlicher Attraktionen, wie man sie im Tal des Todes eigentlich nicht erwarten würde. S. 272

Auf Entdeckungstour

Ursprung unbekannt – die Intaglios nördlich von Blythe: Fünf Jahre nachdem Charles Lindbergh 1927 als Erster den Atlantik überflogen hatte, war ein anderer Pilot über dem südöstlichen Kalifornien unterwegs. Er machte eine seltsame Entdeckung: riesige Menschen- und Tierfiguren, die den kargen Wüstenboden zieren. S. 256

Asphaltierte Legende – Route 66: Backofenhitze wabert über der Mojave-Wüste. Ortschaften starren wie Geisterstädte aus der Einsamkeit. Verschwommene Konturen einer Tankstelle tauchen wie eine Fata Morgana am Horizont auf: Impressionen auf der Route 66. S. 262

Kultur & Sehenswertes

Palm Springs Art Museum: Liebhaber moderner und zeitgenössischer Kunst finden in der Wüstenoase viele Werke berühmter Maler und Bildhauer. S. 265

Scotty's Castle: Das andalusisch wirkende Schlösschen im nördlichen Death Valley lebt nicht zuletzt von den Geschichten, die sich um Walter Scott ranken, einen Freund des ehemaligen Besitzers. S. 272

Aktiv & Kreativ

Golfen in der Wüste: Der Kontrast zwischen staubtrockenen Landschaften und sattgrünem Rasen im Schatten von Palmen macht eine Golfrunde in Wüstenregionen wie dem Anza Borrego Desert State Park zum Erlebnis. S. 260

Algodones Dunes: Auch wenn man selbst keinen Dünenbuggy zur Verfügung hat, macht es Spaß, in Glamis durch das Fahrercamp zu streunen und über Technik zu fachsimpeln. S. 260

Genießen & Atmosphäre

Apfelkuchenmekka: Markenzeichen des reizenden Städtchens Julian sind nicht mehr wie früher Bergbauminen, sondern ofenfrische Produkte aus den örtlichen Bäckereien. S. 255

Zabriskie Point: Niemand, der je den Sonnenaufgang oder -untergang an diesem berühmten Aussichtspunkt im Death Valley erlebte, wird das dramatische Naturerlebnis je vergessen können. S. 275, 278

Abends & Nachts

Glücksspiel im Coachella Valley: Die Wüstenoase Palm Springs und der Nachbarort Indio sind nicht eben für prickelndes Nachtleben bekannt. Eine Ausnahme bilden die auf indianischem Gebiet liegenden Spielcasinos mit Einarmigen Banditen, Spieltischen, Bars, Restaurants und Shows – natürlich im 24-Stunden-Betrieb. S. 267, 270

Wüstenabenteuer in der Mojave und Sonora Desert

Kugelige Fasskakteen, putzige, wenngleich teuflisch stachelige Teddybear Chollas, Palmenhaine, Dattelpalmenplantagen, Dünen, Kleinstädte mit großstädtischen Shopping Malls und zwischen Gemüsefeldern versteckte Provinzkäffer machen die Wüsten im Südosten von Kalifornien gleichsam zu einem exotischen Abenteuerspielplatz mit Attraktionen, wie sie in Europa nirgends zu finden sind. Vermutlich gehört diese heiße Region gerade deswegen zu den bei ausländischen Touristen beliebtesten Landesteilen.

Alpine ►H 9

Viejas Casino, 5000 Willows Rd., Tel. 619-445-5400, www.viejas.com, 24 Std. geöffnet, Infos über die Reservation der Kumeyaay-Indianer unter www.viejasbandofkumeyaay.org

Durch das Viejas Casino auf dem Gebiet der nicht einmal 400 Mitglieder zählenden Viejas Reservation, in dem man sein Glück an über 2200 Spielautomaten und Spieltischen versuchen kann, ist die Ortschaft zu einem viel besuchten Reiseziel geworden. In Restaurants, Imbissen und einem Buffet kann man sich von Verlusten erholen oder Gewinne feiern. Nebenan befindet sich ein Outlet Center mit 60 Modeboutiquen, Fachgeschäften, Gourmetlokalen und Schnellrestaurants. Der Komplex lohnt einen Besuch, weil sich der Architekt bei der Planung an indianischen Vorbildern orientierte. Auf einer Showbühne im Stil eines Indianertipi finden regelmäßig Konzerte

Infobox

Touristeninformation

Barstow Area Chamber of Commerce: 681 N. First Ave., Barstow, CA 92311, Tel. 760-256-8617, www.barstowchamber.com. Unter dem Stichwort Tourism Info gibt es auf der Website Einträge zu den Attraktionen der Region.

Mojave National Preserve: 2701 Barstow Rd., Barstow, CA 92311, Tel. 760-252-6100, www.nps.gov/moja

Kelso Depot Visitor's Center: Kelso, CA 92309, Tel. 760-252-6108

Death Valley National Park: Hwy 190, Visitors Center, P.O. Box 579, Death Valley, CA 92328, Tel. 760-786-3200, www.nps.gov/deva

Anreise und Weiterkommen

San Diego ist ein günstiger Ausgangspunkt für Wüstentouren mit dem Mietwagen. Östlich der kühleren Küstengebirge kommt man auf der I-8 in den Anza Borrego Desert State Park und weiter ins Imperial Valley bzw. in die Mojave- und Sonora-Wüste. Von Los Angeles sind über die I-15 nördlichere Teile wie das berühmte Death Valley erreichbar, per Sunset-Limited-Zug auch North Palm Springs und Yuma (Arizona). Auch Greyhoundbusse verkehren zwischen den größeren Städten im Süden, hauptsächlich entlang der Interstates.

statt (www.shopviejas.com, Mo–Sa 10–20, So 11–19 Uhr).

Julian ►H 9

Auf über 1000 m Höhe in den Laguna Mountains gelegen, hat sich die schnuckelige Ortschaft seit ihrer Gründung als Minencamp 1869 in ein Touristenziel verwandelt, das als Apfelhauptstadt Südkaliforniens bekannt ist. Aus Bäckereien dringt der Duft von Apfelkuchen, als Getränk kann man sich dazu frisch gepressten Apfelsaft servieren lassen. Viele der früheren Goldsucher kamen im 19. Jh. aus Deutschland, weshalb noch heute etwa ein Viertel aller Einwohner deutsche Vorfahren hat.

Julian Pioneer Museum

2811 Washington St., Tel. 760-765-02 27, im Sommer Di–So 10–16, sonst Sa–So 10–16 Uhr, Eintritt nach eigenem Gutdünken

Das kleine, in einer ehemaligen Brauerei eingerichtete Museum beschäftigt sich anhand von Bergbaugerätschaften, historischen Fotos, Kleidungsstücken und indianischen Exponaten mit der Vergangenheit der Gemeinde.

California Wolf Center

K Q Ranch Rd. ca. 4 Meilen südlich von Julian abseits Hwy 78, Tel. 760-234-9653, www.californiawolfcenter.org, Erw. 10 $, Kinder 5 $, So 9.30 Uhr

Das gemeinnützige Zentrum veranstaltet Führungen und spezielle Programme, um Besucher mit der Geschichte und dem Verhalten von Grauwölfen bekannt zu machen und damit das Überleben der früher über ganz Nordamerika verbreiteten Tiere zu sichern. In etwa 95 % ihrer früheren Lebensräume sind sie heute verschwunden.

Übernachten

Reizendes B & B – **Star Oaks:** 3833 Pine Hills Rd., Tel. 760-765-1946, www.staroaksjulian.com, 125 bzw. 150 $. Das B & B bietet zwei Gästezimmer inkl. Dusche bzw. Bad in einem geräumigen Wohnhaus. Zum Sonnenuntergang gibt es auf der Terrasse Wein mit Hors d'œuvres.

Wie im Märchen – **Shadow Mountain Ranch B & B:** 2771 Frisius Rd., Tel. 760-765-0323, www.shadowmountainranch.net, 120–150 $. Rustikale Cottages für einen eher romantischen Aufenthalt, etwa 3 Meilen von Julian entfernt. Man kann auch ein Baumhaus und ein märchenhaftes ›Gnome Home‹ anmieten.

Viktorianisch wohnen – **Julian Gold Rush Hotel:** 2032 Main St., Tel. 760-765-0201, www.julianhotel.com, DZ ab 135 $. Mitten im Ort liegendes, viktorianisches B & B mit gemütlich eingerichteten Zimmern, zum Teil mit Badewannen auf Löwenpfoten und gusseisernen Öfen.

Camping – **William Heise County Park:** 4945 Heise Park Rd., Tel. 760-765-0650, www.sdcounty.ca.gov/parks/Camping/heise.html. Südlich von Julian liegender Platz für Zelte und Wohnmobile. Man kann auch in Cabins übernachten. Wanderwege führen in der Umgebung durch Eichen-, Pinien- und Zedernwälder.

Essen & Trinken

Im Apfelkuchenhimmel – **Mom's Pie House:** 2119 Main St., Tel. 760-765-24 72, www.momspiesjulian.com, Mo–Fr 8–17, Sa–So 8–18 Uhr, ab ca. 7 $. Wer ein stilechtes ›Souvenir‹ aus Julian sucht, findet es in dieser beliebten Bäckerei. Hungrige Besucher verzehren ofenwarmen Kuchen im Café.

Auf Entdeckungstour

Ursprung unbekannt – die Intaglios nördlich von Blythe

Fünf Jahre nachdem Charles Lindbergh 1927 als Erster den Atlantik überflogen hatte, war ein anderer Pilot über dem südöstlichen Kalifornien unterwegs und machte eine seltsame Entdeckung: riesige Menschen- und Tierfiguren, die nicht weit vom Colorado-Ufer entfernt den kargen Wüstenboden zieren. Unter der Bezeichnung Blythe Intaglios gehören die Gestalten zu den ungelösten Rätseln der Sonora-Wüste.

Planung: Die Blythe Intaglios liegen 15 Meilen nördlich von Blythe auf der Westseite des Hwy 95. Etwa 500 m von der Straße entfernt kann man das Auto in nächster Nähe der Erdzeichnungen abstellen (frei zugänglich).

Reisekarte: ► L 8

Infos: In Blythe und in Parker (Arizona) besteht die touristische Infrastruktur aus Hotels, Tankstellen, Restaurants und guten Einkaufsmöglichkeiten.

»Wenn du keinen privaten Hubschrauber hast«, witzelt der Mechaniker, »findest du die Riesen mit dem Auto hier.« Sein Finger taucht in eine Öldose. »Das ist Highway 95«, doziert er und malt eine feucht glänzende Linie auf den Zementboden der Werkstatt. »Nach 15 Meilen siehst du ein Hinweisschild auf der linken Straßenseite. Etwa hier! Bieg ab auf die Staubpiste. Nach ein paar hundert Yards warten die Blythe Giants auf dich.«

Blythe Giants

Der ölige Anfahrtsplan ist korrekt. Die ausgeschilderte Stelle lässt sich leicht finden. Brütende Hitze wabert über der welligen Steinfläche, in der außer Reifenspuren von Zivilisation weit und breit nichts zu sehen ist. Hinter einem niedrigen Zaun geben sich nur Schritte vom Parkplatz entfernt die Umrisse eines Erdbildes zu erkennen, das einen der sogenannten Blythe Giants darstellt – eine Menschengestalt mit fast rechteckigem Körper, dünnen, langen Armen und Beinen und ovalem Kopf. Manche Bilder sind aus der Froschperspektive nicht leicht zu erkennen. Der Blick aus einem Hubschrauber wäre natürlich ideal, aber solche Flüge werden weder in Blythe noch in Parker angeboten. Unvermittelt werden beim Anblick der ›Scharrbilder‹ Erinnerungen an Erich von Däniken wach. Vermutete der Schweizer hinter kilometerlangen, schnurgeraden Bodenmarkierungen bei Nazca in Peru nicht prähistorische Start- und Landepisten von Außerirdischen?

Rätselhafte Geoglyphen

Wissenschaftler bezeichnen Phänomene wie die Blythe Intaglios als Geoglyphen. Das sind keine Malereien, sondern Scharrbilder. Sie sind entstanden, indem für eine ›Zeichnung‹ Tonnen der obersten, dunkleren Gesteinsschichten weggeräumt wurden, um so auf dem darunterliegenden, helleren Boden Formen und Gestalten entstehen zu lassen. Bei Blythe identifizierten Fachleute sechs Figuren in drei kleinen Arealen, die in einem Umkreis von ca. 300 m um den Parkplatz liegen.

In jedem der drei Sektoren taucht eine Menschenfigur auf, über deren Bedeutung die Archäologen lange rätselten. Dann zogen die Forscher die heute noch in der Colorado-Region lebenden Mohave- und Quechan-Indianer zu Rate, deren Vorfahren sie die Intaglios zuschrieben. Die *Native Americans* deuteten die Menschengestalten aufgrund ihrer eigenen Mythologie als Mastamho, den Erschaffer der Erde, während es sich bei den Tiergestalten ihrer Meinung nach um Hatakulya handelt, ein Mensch-Tier-Wesen, das dem Schöpfer bei der Genesis behilflich war. Die größte Menschengestalt misst über 50 m.

Vage Deutung

Die Blythe Intaglios sind nicht die einzigen Erdzeichnungen am Colorado River. Viele wurden von Wind und Wetter verwischt oder fielen Offroad-verrückten Motorsportlern zum Opfer. Die wissenschaftlichen Erkenntnisse über die geheimnisvollen Kunstwerke sind bis heute mehr als dürftig. Sie könnten 10 000 oder lediglich 200 Jahre alt sein. Auch über ihre Bedeutung herrscht Unklarheit, vermutlich handelt es sich um Botschaften der amerikanischen Ureinwohner, über die sie mit ihren Göttern oder Vorfahren in Verbindung treten wollten. Eines ist jedenfalls sicher: Nirgendwo sonst im Südwesten der Vereinigten Staaten sind die rätselhaften Geoglyphen so gut erhalten und so leicht zugänglich wie bei Blythe.

Infos & Termine

Touristeninformation

Julian Chamber of Commerce: Town Hall auf der Main St., Julian, CA 92036, Tel. 760-765-1857, www.julianca.com.

Termine

Apple Days: Oktober. Großes Herbstfest aus Anlass der jährlichen Apfelernte (www.julianca.com/events/index.htm).

Anza Borrego Desert State Park ► H/J 8/9

Visitor Center, 200 Palm Canyon Dr., Borrego Springs, Tel. 760-767-5311, www.parks.ca.gov, 8 $

Kerzensträucher, Feigenkakteen mit Blüten in Rot und Gelb und stacheligen Mickey-Maus-Ohren, Agaven, Wildgräser und im Frühjahr eine Blütenorgie vieler Wildblumenarten gehören zu den reizvollen Naturattraktionen dieses Schutzgebietes. Hauptreisezeiten sind die ersten vier, fünf Monate des Jahres, zum einen wegen der Blütezeit, zum anderen wegen der Temperaturen, die dann ebenso wie im Herbst und Winter noch nicht so extrem sind wie im Hochsommer.

Der riesige Park mit einer Fläche von 2500 km² besitzt keine geschlossenen Grenzen wie ein Nationalpark.

Borrego Springs ► H/J 8

So ländlich wie der Park erweist sich auch der Ort, der nicht Teil des Parks ist und natürlich ohne Verkehrsampeln auskommt. Von den 2600 Einwohnern leben viele nur in der kühleren Jahreszeit vor Ort, steigt doch im Sommer die Quecksilbersäule häufig auf weit über 38 °C. Vor 3 Mio. Jahren war die Gegend der Lebensraum einer uns fremden Tierwelt – darauf verweisen die entlang der Borrego Springs Road aufgestellten, vom kalifornischen Künstler Ricardo Breceda aus Stahlblech geschaffenen Tierfiguren in Originalgröße, unter denen sich Säbelzahntiger, Riesenschildkröten und Ur-Elefanten befinden. Mit Hotels, Motels, Restaurants und Einkaufsgelegenheiten bildet Borrego Springs die einzige Versorgungsbasis im Park (s. S. 259).

Übernachten

Gutes Preis-Leistungs-Verhältnis – **Borrego Springs Resort:** 1112 Tilting T Dr., Tel. 760-767-5700, www.borregospringsresort.com, DZ ab 109 $. Gäste kommen in 100 komfortablen Zimmern unter. Die Suiten (ab ca. 129 $) haben einen eigenen Balkon. Im Arches Restaurant im Clubhouse sowie im Roadrunner Café können die Gäste mit einer recht soliden Verpflegung rechnen.

Preisgünstig – **Stanlunds Resort:** 2771 Borrego Springs Rd., Tel. 760-767-5501, www.stanlunds.com, DZ Juni–Sept. ab 55 $, sonst ab 75 $. Von Palmen umgebenes Motel mit Pool verfügt über klimatisierte Standardzimmer inkl. Internetzugang, TV, Küche und Waschmaschinennutzung.

Mit Zelt oder Campmobil – **Camping:** Reservierungen Tel. 1-800-444-7275. Die Plätze Palm Canyon, Tamarisk Grove und Vern Whitaker sind mit Toiletten, Duschen und Feuerstellen aus-

Großartige Szenerie für ein Picknick: der Font's Point im Anza Borrego Desert State Park

gestattet. Mit einer Genehmigung, die man im Visitor Center in Borrego Springs erhält, darf man auch in freier Wildbahn campen.

Essen & Trinken

Solide Küche – **Red Ocotillo:** 2220 Hoberg Rd., Tel. 760-767-7400, www.thepalmsatindianhead.com, Frühstück, Lunch und Dinner, Hauptgerichte ab ca. 15 $. Das zum Palm Hotel gehörende Restaurant bietet kalifornische Gerichte in ungezwungener Atmosphäre, drinnen oder im Patio.

Aktiv & Kreativ

Lernen aus der Wüste – **Rangerprogramme:** Parkranger bieten im Visitor Center (s. S. 255) neben Wildblumenführungen unterschiedliche Aktivitäten an, bei denen es um Astronomie, Paläontologie, Geologie, Flora und Fauna sowie Geschichte geht.
Wüstengrün – **Golfen:** Im State Park gibt es mehrere öffentliche Golfanlagen, u. a. die Plätze im Borrego Springs Resort (s. S. 258), Roadrunner Golf & Country Club (www.roadrunnerclub.com) und Club Circle Resort (www.clubcircle resort.com).
Für Pedaltreter – **Radverleih:** Palms Hotel at Indian Head, 2220 Hoberg Rd., Tel. 760-767-7788. Fahrräder samt Helm 8 $/Std. (3 Std. Minimum) oder 40 $/Tag.

Infos

Touristeninformation
Borrego Springs Chamber of Commerce: 786 Palm Canyon Dr., P. O. Box 420, Borrego Springs, CA 92004-0420, Tel. 760-767-5555, www.borregosprin gs.com.

Imperial Valley ► J/K 8/9

Salton Sea

Kaliforniens größtes, 70 m unter dem Meeresspiegel liegendes Gewässer ist ein ganz besonderer See. Er liegt in einer staubtrockenen, heißen Wüste und ist gerade mal gut 100 Jahre alt. 1905 überschwemmte der Colorado River einen Teil des Imperial Valley und füllte mit dem Salton Sink ein Becken, in dem sich der 970 km² große See bildete. Durch die Versickerung von Pflanzenschutzmitteln aus umliegenden Agrargebieten wurde das durch Verdunstung immer salziger werdende Wasser auch immer giftiger, sodass heute dort lebende Vogelkolonien bedroht sind.

Algodones Dunes

In der Sonora-Wüste im äußersten Südosten von Kalifornien tummeln sich in der kühleren Jahreszeit an Wochenenden bis zu 150 000 Offroader in den goldfarbenen Dünen. Die Algodones Dunes gehören zu den populärsten kalifornischen Treffpunkten für Geländewagenfahrer, die Freiheit auf Rädern genießen wollen. Der nördliche Teil der imposanten Landschaft steht unter dem Namen North Algodones Dunes Wilderness unter strengem Naturschutz und bleibt deshalb von PS-Freaks verschont. Deren Zentrum ist Glamis am Highway 78, wo es außer einer Tankstelle und dem Glamis Store nur provisorische Camps von Buggyfahrern gibt. Westlich von Glamis zeigt sich die ›kleine Sahara‹ von ihrer malerischsten Seite.

Coachella Valley

► H/J 7/8

An das Salton-Sea-Becken schließt sich im Nordwesten das in einer Senke zwi-

Palm Springs macht seinem Namen alle Ehre

schen den Santa Rosa und San Jacinto Mountains einerseits und den Little San Bernardino Mountains andererseits liegende, 70 km lange Coachella Valley an. Wo vor 1000 Jahren noch der mittlerweile ausgetrocknete Coachella Lake den Talboden bedeckte, gedeihen heute Dattelpalmen, Melonen, Grapefruit und Wein – und neun Städte, die sich mittlerweile zu einem der begehrtesten Wohngebiete in Südkalifornien entwickelt haben. Längst sind sie zu einem Ballungsraum, besser gesagt zu einer Freizeit- und Wohnoase u. a. für Künstler, Prominente aus Film, TV und Show Business und gut betuchte Industriebosse, zusammengewachsen.

Palm Springs ► H 8

Unumstrittenes Zentrum des Coachella Tals ist das renommierte Palm Springs. Schon vor dem Zweiten Weltkrieg strömte Hollywood-Prominenz im Winter in die warme Wüstenoase, die in späteren Jahrzehnten ein Refugium hauptsächlich älterer Leinwandhelden wurde – von Lästerern gerne als Altstar-Mausoleum bezeichnet. Seit damals hat die 45 000 Einwohner zählende Stadt einen bemerkenswerten Imagewandel durchgemacht. Neue, schicke Hotels, ein beeindruckendes Angebot an Restaurants, eine vitale Kunstszene und ein hervorragendes Freizeitangebot haben der Stadt dabei geholfen, sich selbst neu zu erfinden.

Moorten Botanical Garden

1701 S. Palm Canyon Dr., Tel. 760-327-6555, http://palmsprings.com/moorten, Mo–Sa 9–16.30, So 10–16 Uhr, Erw. 4 $, Kinder 5–15 J. 2 $

Über 3000 Kakteen- und Pflanzenarten bilden eine Miniwüste. Die stachligen und blättrigen Schönheiten stammen nicht nur aus dem amerikanischen Südwesten, sondern auch aus Lateinamerika, dem südlichen Afrika und anderen heißen Trockenregionen der Erde. Hinzu kommen ▷ S. 265

Auf Entdeckungstour

Asphaltierte Legende – Route 66

Backofenhitze wabert über der einsamen Mojave-Wüste. Ortschaften starren wie Geisterstädte aus der Einsamkeit. Stellt man den Motor ab, kommt man sich in der Stille vor wie auf einem anderen Planeten. Verschwommene Konturen einer Tankstelle tauchen wie eine Fata Morgana am bleichen Horizont auf: Impressionen auf der Route 66, der Asphalt gewordenen Sehnsuchtsprojektion für Motorenthusiasten.

Reisekarte: ► G–L 6

Planung: Die Route ist in der ›historisch korrekten‹ Richtung von Ost nach West beschrieben, lässt sich aber genauso gut in der Gegenrichtung befahren. Wer große Hitze nur schwer erträgt, sollte sich nicht im Hochsommer auf diese Tour begeben.

Infos: National Historic Route 66 Federation, P.O. Box 1848, Dept. WS, Lake Arrowhead, CA 92352-1848, Tel. 909-336-6131, www.national66.com, www.historic66.com

Symbol für Aufbruch, Hoffnung und Grenzenlosigkeit, Kulisse für Easy-Rider-Roadmovies. Als was ist die berühmteste Straße Amerikas nicht schon alles bezeichnet worden! Aber was heißt hier schon Straße. Bei der Transkontinentalverbindung von Chicago nach Los Angeles handelt es sich um einen 3939 km langen Kultgegenstand. Jahr für Jahr nehmen Nostalgiker aus aller Herren Länder die Route unter die Räder. Ihr 320 Meilen langer kalifornischer Abschnitt zählt zu den weniger bekannten Teilen, weil er mitten durch die Wüste führt. Aber gerade dort zeigt die ›66‹ ein einprägsames Gesicht.

Kunst und Kult

Mit dem Roman »Früchte des Zorns« setzte John Steinbeck der legendären Route ein literarisches Denkmal. Am Beispiel einer Familie schildert er die Geschichte verarmter Wanderarbeiter, die Oklahoma während der Weltwirtschaftskrise verlassen, um einer besseren Zukunft in Kalifornien entgegenzuziehen. 1946 schrieb Bobby Troup den Song »Get Your Kicks on Route 66«, von dem es Dutzende Coverversionen gibt – von Nat King Cole bis Chuck Berry und von Ray Charles bis zu den Rolling Stones.

Auf dem Weg nach Westen

Erste größere Ortschaft auf der kalifornischen Route 66 ist **Needles** am Colorado River, wo man sich für den Trip durch die Wüste rüsten kann. Sprit ist teurer als in anderen Gegenden des Golden State (jenseits der Grenze in Arizona spart man). Der erste Teil der Route führt über die viel befahrene Schnellverbindung I-40. Mit **Goffs** ist bald einer jener Orte erreicht, die vom Charme des Verblichenen geprägt sind. Die Eisenbahngemeinde wird eigentlich nur noch von Dennis G. Casebier am Leben erhalten, der inmitten von Geisterstadtrelikten das Santa Fe Railway Depot in eine Spezialbibliothek mit der größten Sammlung historischer Dokumente über die Mojave-Wüste verwandelte. Im früheren Schulhaus befindet sich ein Museum, dessen Ausstellungsstücke zu dem Sammelsurium aus Gegenständen rund um die Themen Bergbau und Eisenbahn passen, die im Wüstengarten zwischen Kakteen aufgestellt sind.

In **Fenner** führt die Route 66 unter der I-40 hindurch und schlägt einen Bogen nach Süden. Fährt man auf der Interstate weiter Richtung Westen, kann man dem Mojave National Preserve (s. S. 271) einen Besuch abstatten. Wüstenflecken wie **Essex** und **Chambless** waren einmal lebhafte Ortschaften, ehe die 1973 eröffnete vierspurige Autobahn an ihnen vorbeiführte und ihr Niedergang damit nicht mehr abzuwenden war.

Von Essex bis nach Ludlow ist die Route 66 auf älteren Straßenkarten unter dem Namen ›National Old Trails Highway‹ eingetragen. Der Abschnitt war Teil einer 3940 km langen Überlandstraße, die 1912 als erste Automobilstrecke zwischen der amerikanischen Ost- und Westküste gebaut wurde und von Baltimore (Maryland) über St. Louis (Missouri) und Santa Fe (New Mexico) quer durch den Kontinent bis an die kalifornische Küste führte.

Route-66-Ikonen

An einem Schicksal wie Essex und Chambless schrammte die Bilderbuchgemeinde **Amboy** haarscharf vorbei – dank Route-66-Enthusiasten. Jeder legt an der filmreifen Tankstelle mit ihrem 1959 aufgestellten Werbeschild für Roy's Cafe einen Stopp ein, weil die ›66‹ weit und breit kein nostalgischeres

Bild abgibt. Seit 2005 gehört das Nest samt Motel und Postamt dem Besitzer einer Kette von Hähnchenbratereien. Er betreibt die Tankstelle, will sich aber mit der Wiedereröffnung des aus Filmen und TV-Commercials bekannten Cafés Zeit lassen. Snacks und kalte Getränke spendet nur ein Automat, und auch die von einer Filmgesellschaft zwecks neuer Aufnahmen weiß getünchten Motelhäuschen sind noch nicht auf Gäste eingestellt.

Was Berühmtheit anbelangt, wird Amboy von **Newberry Springs** in den Schatten gestellt. Am östlichen Rand der Ortschaft zieht das Bagdad Cafe mit rotbraunen Fassaden Blicke auf sich. Wo auf spartanischen Resopaltischen Kunstblumengestecke, Ketchup, Senf in Nachfüllflaschen sowie Salz- und Pfefferstreuer auf Gäste warten, spielte 1987 der Film »Out of Rosenheim« des Regisseurs Percy Adlon mit Marianne Sägebrecht in der Hauptrolle. Auch in den USA wurde der Streifen ein Kinohit, sodass nicht nur deutsche Reisende, sondern auch viele Amerikaner den Imbiss von der Kinoleinwand kennen (46548 National Trails Hwy., Tel. 760-257-3101, Frühstück, Lunch und Dinner).

Museale Route 66

Unterkünfte, Lokale, Imbisstuben, Tankstellen und Supermärkte machen das 21000 Einwohner große **Barstow** zum idealen Etappenziel auf der Route 66. Das Städtchen ist in Kalifornien für zweierlei bekannt: die geringsten Niederschläge und das niedrigste Pro-Kopf-Einkommen. Trotzdem ist es ein wichtiger Verkehrsknotenpunkt, an dem sich die beiden Interstates 15 und 40, die Route 66 und Highway 58 kreuzen. Hie und da finden sich Erinnerungen an die historische Straße, in Gestalt von Wandbildern, Straßenschildern oder vor Rost erstarrten, früher über die ›66‹ zuckelnden Oldtimern, wie sie im Hof des angestaubten Route 66 Motel aufgestellt sind (195 W. Main St.). In besserem Zustand sind alte Autos, Motorräder, Zapfsäulen und viele Memorabilien, die im 1911 aus Ziegelstein erbauten Bahnhof Casa del Desierto im **Route 66 Mother Road Museum** zu sehen sind (685 N. First Ave., Tel. 760-255-1890, www.route66museum.org, Fr–So 10–16 Uhr, Eintritt frei).

Ein weiteres Museum steht im alten, ausgestorbenen Stadtkern von **Victorville** an der I-15. Das Gebäude diente früher als Raststation und wurde 1980 zum Drehort des Films »The Jazz Singer« mit Neil Diamond in der Hauptrolle. Die Exponate ähneln denen im Barstow-Museum (16825 D St., Tel. 760-951-0436, www.califrt66museum.org, Do-Mo 10–16, So 11–15 Uhr).

Ende einer Legende

Südwestlich von Victorville durchquert die ›66‹ die San Bernardino Mountains, hinter denen der dicht bevölkerte Großraum Los Angeles in gleißender Hitze schmorende Geistersiedlungen und gottverlassene Wüstenstrecken vergessen macht. Wo die Route 66 offiziell endet, wird kontrovers diskutiert. Die einen betrachten den Pier in Santa Monica als Endpunkt. Andere nennen **Barney's Beanery** in West Hollywood. Die rustikale, 1920 eröffnete Kneipe begann schon wenig später Route-66-Memorabilien zu sammeln, indem die Barkeeper Reisenden Autokennzeichen für jeweils ein Bier abkauften. Später standen Berühmtheiten wie Charles Bukowski, Janis Joplin, Jimi Hendrix und Jim Morrison am Tresen, der heute noch Route-66-Fans zu über 130 Biersorten einlädt (8447 Santa Monica Blvd., Tel. 323-654-2287, http://barneysbeanery.

Tiere, die sich an das extreme Klima angepasst haben.

Palm Springs Art Museum
101 Museum Dr., Tel. 760-322-4800, www.psmuseum.org, Di–Mi, Fr–So 10–17, Do 12–20 Uhr, Erw. 12,50 $, Senioren ab 62 J. 10,50 $, Kinder unter 12 J. Eintritt frei
Das 1938 gegründete Museum stellt moderne und zeitgenössische Werke mehr oder weniger berühmter Künstlern aus, darunter Henry Moore, Helen Frankenthaler, Duane Hanson, Edward Ruscha, Thomas Moran, Charles Russell und Frederic Remington. Die 28 Galerien und zwei Skulpturengärten werden durch ein Theater, eine Museumsboutique und ein Café ergänzt.

Palm Springs Aerial Tramway
1 Tramway Rd., Tel. 760-325-1391, www.pstramway.com, Mo–Fr 10–21.45, Sa–So ab 8 Uhr, Erw. 23 $, Kinder 3–12 J. 16,25 $, Senioren ab 60 J. 21,25 $
Innerhalb von 15 Minuten überwindet die Seilbahn mit ihren sich drehenden Kabinen den Höhenunterschied zwischen 1791 m und 3234 m. Auf den San Jacinto Mountains angekommen, herrscht ein merklich frischeres Klima, selbst im Hochsommer, wenn Palm Springs in der Hitze schmort. Für Wanderer bietet die Bergwelt reizvolle Wege, von einem 1,6 km langen Naturpfad durch das Long Valley gleich hinter der Bergstation bis zum 8,8 km langen Pfad auf den 3302 m hohen Gipfel. Parkranger veranstalten Führungen. In der kalten Jahreszeit können Wintersportler im Adventure Center Skier und Schneeschuhe ausleihen.

Palm Springs Air Museum
745 N. Gene Autry Trail, Tel. 760-778-6262, www.palmspringsairmuseum.org, tgl. 10–17 Uhr, Erw. 14 $, Kinder/Jugendl. 3–17 J. u. Senioren ab 65 J. 12 $
Das Museum besitzt eine der größten Sammlungen an Militärflugzeugen in den USA. Zu bestimmten Anlässen (meist samstags) heben manche Oldtimer zu Demonstrationsflügen ab und stellen ihre Flugfähigkeit unter Beweis.

Indian Canyons
East Palm Canyon Dr., Tel. 760-323-6018, www.indian-canyons.com, tgl. 8–17 Uhr, Erw. 9 $, Kinder 6–12 J. 5 $; hier bekommt man auch Kartenmaterial; die Straße endet an einer Zahlstelle
Südlich von Palm Springs liegen vier idyllische Schluchten zum Wandern (Palm, Andreas, Murray und Fern Canyon), die auch unter dem Namen Indian Canyons bekannt sind, weil dort schon vor 3000 Jahren die Vorfahren der Cahuilla-Indianer lebten und das Gebiet heute noch den Agua-Caliente-Indianern gehört. Selbst im Hochsommer herrscht in diesen von Palmen bestandenen und von Bächen durchflossenen Schluchten ein angenehmes Klima. Im 15 Meilen langen Palm Canyon werfen ca. 6000 Palmen ihre Schatten auf die Wege.

Übernachten

Marokkanisches Flair – **Korakia Pensione:** 257 S. Patencio Rd., Tel. 760-864-6411, www.korakia.com, DZ ab 159 $. Keine Kinder unter 13 J. Die im orientalischen Stil erbaute Unterkunft besteht aus zwei Villen mit verspielt ausgestatteten Nichtraucherzimmern. In den Suiten gibt es offene Kamine und komplett eingerichtete Küchen. Aufs Fernsehen müssen Gäste verzichten, aber es gibt einen Internetzugang.

Makellose Bleibe – **Alexander Inn:** 1425 S. Via Soledad, Tel. 760-327-4970, www.alexander-inn.com, im Sommer ab 145 $. Individuell eingerichtete Ferienwohnungen mit Wohn- und Schlafzimmer,

Bad, eingerichteter Küche, Garten und Pool. Der Service ist hervorragend.
Entspannte Atmosphäre – **Colony Palm Hotel:** 572 N. Indian Canyon Dr., Tel. 760-969-1800, www.colonypalmshotel.com, ab 145 $. Reizende Anlage mit 56 Gästezimmern und Suiten, die allesamt geschmackvoll eingerichtet sind. Eine Bar mit Terrasse am Pool und ein Restaurant sind ebenfalls vorhanden. Im Wellnessbereich im marokkanischen Stil bieten professionelle Kräfte unterschiedliche Therapien an.
Günstig und ordentlich – **Palm Court Inn:** 1983 N. Palm Canyon Dr., Tel. 760-416-2333, www.palmcourt-inn.com, ab ca. 60 $. 107 freundliche Nichtraucherzimmer zum Teil mit Balkon, Blick auf die Berge, den Garten oder den Pool, Fitness Center, Waschmaschinen/Trockner, kostenloser Parkplatz und Restaurant auf dem Gelände.

Essen & Trinken

Für Fleischliebhaber – **LG's Prime Steakhouse:** 255 S. Palm Canyon Dr., Tel. 760-416-1779, www.lgsprimesteakhouse.com, tgl. ab 17 Uhr, 25–47 $. Das Lokal ist bekannt für seine exzellenten Steaks, für die nur bestes Fleisch verwendet wird. Auch die Weinauswahl kann sich sehen lassen.
Weltumspannende Küche – **The Tropicale:** 330 E. Amado Rd., Tel. 760-866-1952, http://thetropicale.com, Dinner So–Do 17–22, Fr–Sa bis 23 Uhr, Happy Hour tgl. ab 16 Uhr, 10–30 $. Die Globalisierung ist in dieser Küche allgegenwärtig, wie chinesische Shrimp Dumplings, thailändische Grilled Chicken, vietnamesische Shrimp Spring Rolls und mexikanisches Filet Mignon beweisen.
Fernöstlicher Gaumenschmaus – **The Great Wall:** 362 S. Palm Canyon Dr., Tel. 760-322-2209, http://greatwallrestaurant.com, tgl. 11.30–14 und 16.30–21.30 Uhr, 7–18 $. Fisch und Meeesfrüchte, Fleisch- und Geflügelgerichte, Vegetarisches, Nudel- und Reisspeisen nach originalen chinesischen Rezepten.
Kaffee und Snacks – **Palm Springs Koffi:** 515 N. Palm Canyon Dr., Tel. 760-416-2244, http://kofficoffee.com, tgl. 5.30–20 Uhr, ab ca. 6 $. Das beliebte Café serviert nicht nur Heißgetränke in vielen Variationen, sondern auch Backwerk frisch aus dem Ofen und gute Salate.

Einkaufen

Sehr schick – **Ooo La La:** 275 S. Palm Canyon Dr., Tel. 760-318-7744. Eigenwilligen Damenmode und außergewöhnliche Accessoires.
Taschen-Mekka – **Purses For A Princess:** 232 N. Palm Canyon Dr., Tel. 760-327-4907, http://pursesforaprincess.com. Von bekannten Designern inspirierte Taschen in allen Formen, Farben und Materialien.

Aktiv & Kreativ

Naturführungen – **Indian Canyons:** (s. o.) Indianische Ranger führen durch den Palm und den Andreas Canyon. Man erfährt viel über die 3000-jährige Geschichte dieses Siedlungsgebiets, nur Fr–So, Erw. 3 $, Kinder 2 $.
Höhenwanderung – **Mt. San Jacinto State Wilderness:** Wer Bergwanderungen schätzt, kann sich ab der Bergstation der Seilbahn auf eine Wanderung begeben. Man benötigt eine kostenlose Genehmigung, die man in der Long Valley Ranger Station (Tel. 951-659-2607) in der Nähe der Tram-Gipfelstation bekommt.
Gute Aussicht – **Museum Trail:** Am Desert Museum beginnt der 2,5 km lange Pfad, der sich ca. 270 m in die Höhe windet und an Picknicktischen mit

wunderbarem Blick über die Stadt endet. Über weitere Wandermöglichkeiten informiert die Internetseite www.hiking-in-ps.com.

Ausflüge im Radsattel – **Palm Springs Bike Rentals:** 350 S. Belardo Rd., Tel. 760-323-3654, www.callalilypalmsprings.com. Man kann unterschiedliche Fahrräder ausleihen (halber Tag 27 $, ganzer Tag 37 $). Stadtplan mit Radwegen unter www.palmsprings.com/city/palmsprings/bikemap.html.

Wellness international – **SpaTerre:** im Riviera Resort & Spa (s. o.), Tel. 760-778-6690, www.psriviera.com/riviera_spa.aspx, Nov.–Mai tgl. 8–20, sonst 9–19 Uhr. Gäste können unter balinesischen, thailändischen und indonesischen Anwendungen wählen. Pool, Fitness Center und kleine Boutiquen machen den Wellnessaufenthalt komplett.

Traumhaftes Grün – **Tahquitz Creek Resort Course:** 1885 Golf Club Dr., Tahquitz Creek Golf Resort, Tel. 760-328-1005, www.tahquitzgolfresort.com. Zwei wunderschön gelegene und gepflegte 18-Loch-Plätze.

Abends & Nachts

Gamblingparadies – **Spa Resort Casino:** 401 E. Amado Rd., Tel. 760-883-1000, www.sparesortcasino.com. In diesem rund um die Uhr geöffneten Gamblingtempel kann man sein Glück an 1000 Automaten und 40 Spieltischen versuchen oder sich in vier Restaurants bzw. an einem guten Buffet stärken.

Nachtbar – **Bikini Bar:** 1600 N. Indian Canyon Dr., Tel. 760-778-3361, www.psriviera.com/poolbars.aspx. In der Bar des Riviera Resorts tragen die Bedienungen knappe Dienstkleidung – daher der Name. Das Etablissement gehört zu den wenigen in der Stadt, in denen man sich nach Mitternacht noch amüsieren kann.

Mein Tipp

Flanier- und Einkaufsmeile

Geschäfte, Kaufhäuser und Boutiquen gibt es natürlich in allen Städten des Coachella Valley. Die beste Shoppingadresse aber ist **Palm Desert,** wo mit El Paseo eine renommierte Einkaufsmeile mitten durch die Gemeinde führt. In den ca. 300 Geschäften findet man alle möglichen Waren, in erster Linie aber Mode, Accessoires, Schmuck und Kunst (www.palm-desert. com/elpaseo).

The Living Desert in Palm Desert ►H 8

47-900 Portola Ave., Tel. 760-346-5694, www.livingdesert.org, Sept.–Mitte Juni tgl. 9–17, Mitte Juni–Aug. tgl. 8–13.30 Uhr, Erw. 14,25 $, Senioren ab 62 J. 12,75 $, Kinder 3–12 J. 7,75 $, im Sommer reduzierte Preise

Auf sehr anschauliche Art und Weise zeigt diese Naturoase unterschiedliche Lebensräume auf dem Planeten Erde und die dort jeweils existierende Flora und Fauna. Neben Gärten mit typischer Wüstenvegetation bekommen Besucher mexikanische Wölfe, ein Aviarium für Schmetterlinge, Dickhornschafe, Gazellen, Zebras, Giraffen, Greifvögel, Geparden, Leoparden und Pumas zu sehen.

Indio ►J 8

Ein großer Teil der in den USA vermarkteten Datteln stammt aus den Plantagen um das über 50 000 Einwohner große Indio. Beim jedes Jahr im Feb-

Joshua Tree in der Abendsonne

ruar veranstalteten National Date Festival geht es zwar auch um die süßen Früchte, aber das rauschende Fest wird von Veranstaltungen wie Kamel- und Straußenrennen und einer Arabian-Nights-Parade begleitet, die dem Event auf den Riverside County Fairgrounds eine unverkennbar orientalische Note verleihen (www.datefest.org).

Abends & Nachts

Wer wagt, gewinnt vielleicht – **Fantasy Springs Casino:** 84-245 Indio Springs Pkwy, Tel. 760-342-5000, www.fantasyspringsresort.com, 24 Stunden geöffnet. Das indianische Casino wartet neben vielen Spieleinrichtungen mit mehreren Restaurants und Bars, einem Bowlingzentrum und einem 250 Zimmer großen Hotel auf.

Einkaufen

Für Leckermäuler – **Shield's Date Garden:** 80-225 Hwy 111, Tel. 760-347-7768, http://shieldsdates.com, tgl. 9–17 Uhr. Großes Verkaufsgeschäft für landwirtschaftliche Produkte wie Orangen, Zitronen, getrocknete Früchte und vor allem Datteln.

Joshua Tree National Park ! ► H–K 7/8

Interessantester Teil des 2250 km² großen Naturschutzgebietes ist der äußerste Norden zwischen den Ortschaften **Joshua Tree** 1 und **Twentynine Palms** 2. Diese Region gehört zur über 900 m hoch gelegenen Mojave-Wüste, in der weniger extreme Temperaturen ganze Wälder von Joshua Trees wachsen lassen. Diese zum Teil über 10 m hohen Agavengewächse *(Yucca brevifolia)* geben mit Büscheln spitzer, harter Blätter ein sehr dekoratives Bild ab, hauptsächlich während der Blütezeit im April und Mai, wenn Wildblumen um ihre Stämme bunte Teppiche ausbreiten. Neben den fotogenen Joshua Trees charakterisiert ein anderes Element den nördlichen Park: seltsam abgerundete, übereinandergeschichtete Granitblöcke, die sich wie riesige Murmeln zu Bergen türmen. Seit Langem bilden die gewaltigen Granitmurmeln mit ihren griffigen Oberflächen ein weltbekanntes Kletterparadies.

Nordwestlich des Campingplatzes **Jumbo Rocks** gibt es mit dem sogenannten **Wonderland of Rocks** 3 ein ausgezeichnetes Klettergebiet mit vielen kurzen Routen (teilweise hohe Schwierigkeitsgrade!). Weiter westlich kann man den 1660 m hohen **Ryan Mountain** 4 über einen 2,5 km langen, nicht sehr anstrengenden Pfad besteigen. Von oben blickt man über die benachbarten Täler wie das idyllische **Hidden Valley** 5 im Norden oder **Oueen Valley** 6 im Nordosten.

Durchquert man den Nationalpark in Nord-Süd-Richtung, lohnt sich ein Stopp bei den **Cholla Cactus Gardens** 7, wo sich viele Exemplare dieser pelzig aussehenden Kakteen auf einer relativ kleinen Fläche versammeln. Folgt man der Straße weiter südlich, erreicht man bei Cottonwood Spring den südlichen Parkausgang in der Nähe der I-10.

Übernachten

Außer neun mit Toiletten, Feuerstellen und Picknicktischen ausgestatteten Campingplätzen gibt es innerhalb der Parkgrenzen keine Übernachtungsmöglichkeiten. Motels, Restaurants und Geschäfte findet man in den Ortschaften am Highway 62.

Joshua Tree National Park

Infos

Touristeninformation
Joshua Tree National Park: 74485 National Park Dr., Twentynine Palms, Tel. 760-367-5500, www.nps.gov/jotr, 15 $/Pkw.

Mojave National Preserve ► J/K 5/6

Der Kern der Mojave-Wüste dehnt sich in Südkalifornien zwischen der Stadt Barstow und dem Colorado River aus. Die westlichen Ausläufer reichen bis in das südliche Central Valley. Wahrscheinlich leitet sich das Wort Mojave von einem indianischen Begriff ab, der »Menschen, die am Wasser leben« bedeutet und sich auf am Colorado River lebende Stämme bezieht.

Angesichts der großen Höhenunterschiede zwischen 250 und knapp 2300 m weist das östlich von Barstow zwischen den Interstates 15 und 40 liegende, 140 km² große Naturschutzgebiet eine außerordentliche Pflanzenvielfalt von ca. 700 Arten auf. An den tiefsten Stellen flimmert im Sommer Backofenhitze über aufgesprungenen Salzflächen, während höher gelegene Berghänge von lichten Wäldern aus Kiefern und Wacholdersträuchern bedeckt sind. Nur mit viel Glück stößt man im Preserve noch auf die selten gewordene Wüstenschildkröte *(Gopherus agassizii)*.

Nicht alle Straßen bzw. Pisten sind mit normalem Pkw befahrbar. Gut ausgebaut ist die asphaltierte Kelbaker Road, die den Ort **Baker** an der I-15 mit der I-40 verbindet. 16 Meilen südöstlich von Baker liegen an ihr 32 Asche- und Schlackehügel, die daran erinnern, dass man ein bis zu 7 Mio. Jahre altes Vulkangebiet durchfährt. Im ehemaligen Bahnhof von Kelso wurde mit dem Kelso Depot Visitor Center ein Informationszentrum mit Museum eingerichtet. Südlich der Ortschaft zieht sich mit den **Kelso Dunes** ein attraktives Dünengebiet am Rande der Granite Mountains entlang.

An der Cima-Kelso Road liegt auf der Höhe des **Cima Dome** der weltweit größte und dichteste Wald aus Joshua-Bäumen, den man besonders gut auf dem hin und zurück 6 km langen, ausgeschilderten Teutonia Peak Trail besichtigen kann. Sehenswert ist auch das Gebiet **›Hole-in-the-Wall‹** am nördlichen Ende der asphaltierten Black Canyon Road. Die Felsen aus Quarzporphyr sind über und über mit seltsamen Hohlräumen bedeckt, die in der Ära des aktiven Vulkanismus durch aus heißer Magma aufsteigende Gasblasen entstanden.

Übernachten

In der Umgebung sind Barstow, Nipton, Needles, Baker und Primm (NV) die einzigen Orte mit Motels. Im Preserve ist man auf Campingplätze angewiesen.

Infos

Touristeninformation

Mojave National Preserve: 222 E. Main St., Barstow, CA 92311, Tel. 760-252-6100, www.nps.gov/moja. Beste Reisezeit sind die Monate März, April, Oktober und November. Innerhalb des Preserve gibt es keine Tankmöglichkeiten. Die nächsten Tankstellen befinden sich in Ludlow und Fenner an der I-40, in Baker, am Halloran Summit und in Primm (NV) an der I-15 sowie in Searchlight (NV).

Death Valley National Park !

► F–G 3–5

Fährt man aus Richtung Westen auf dem Highway 190 in den Nationalpark, kommt man nach langer Bergabfahrt zunächst nach **Stovepipe Wells Village** 1, wo man rasten und übernachten kann. In der Nähe dehnt sich mit den **Stovepipe Wells Dunes** 2 eine etwa 40 km² große Dünenlandschaft aus. An der Kreuzung der Highways 190 und 267 bieten sich zwei Abstecher nach Norden und Nordosten an.

Scotty's Castle 3

Grapevine Canyon, www.nps.gov/deva/historyculture/house-tour.htm, keine telefonische Reservierung, Nov.–April tgl. 9–17, Mai–Okt. 9.30–16 Uhr, Erw. 11 $, Senioren ab 62 J. 9 $, Kinder 6–16 J. 6 $

In der Einsamkeit des nördlichen Death Valley liegt ein andalusisch anmutendes Schlösschen. Besitzer war zwar ein Chicagoer Versicherungsmillionär, aber Scotty's Castle wurde nach Walter Scott benannt, einem Freund des Hauses, der sich mit filmreifen Aktionen und unglaublichen Geschichten selbst ein Denkmal setzte. Bei 50-minütigen Führungen lernen Besucher das rustikale Interieur des Anwesens und Interessantes über den ›Wüsten-Münchhausen‹ Scotty kennen. Nach seinem Tod im Jahr 1954 wurde er auf

Hier brodelte einst das Magma: ›Hole-in-the-Wall‹ im Mojave National Preserve

einer Anhöhe über dem Anwesen begraben.

Ubehebe Crater 4

Westlich von Scotty's Castle klafft ein 800 m breiter und 140 m tiefer Krater in der Erde. Er entstand vor mehreren tausend Jahren, als heiße Magma in den damals noch existierenden See floss und das Wasser explosionsartig verdampfte. In der Umgebung zeugen weitere kleinere Krater und Asche-

Am schönsten ist es im Death Valley, wenn die Sonne tief steht

hügel von einstigen vulkanischen Aktivitäten.

Furnace Creek 6

Informations- und Versorgungszentrum des Death Valley ist das von Dattelpalmhainen umgebene Furnace Creek. Am Eingang zur Furnace Creek Ranch zeugt Bergbaugerät von der Industriegeschichte, ebenso wie bei den ehemaligen Fabrikanlagen der Harmony Borax Works, wo in den 80er-Jahren des 19 Jh. aus kristallinen Ablagerungen Borax produziert wurde. Bei der Fabrikruine beginnt mit dem Mustard Canyon eine kurze Piste, die am Morgen und Spätnachmittag in senffarbenes Licht getaucht ist. Im Besucherzentrum des National Park Service bekommt man Informationen über den Nationalpark, kann an Rangerprogrammen teilnehmen und auf der benachbarten Furnace Creek Ranch (s. S. 277) übernachten. Im Umkreis liegen mehrere, nur mit dem Notwendigsten ausgestattete Campingplätze.

Zabriskie Point 7

Ein atemberaubendes Erlebnis ist der Sonnenauf- bzw. untergang am Zabriskie Point. Das erste oder letzte Licht des Tages inszeniert auf vegetationslosen, in Falten gelegten Lehmablagerungen eines alten Flussbettes ein unvergessliches Naturschauspiel mit sich ständig verändernden Licht- und Schattenspielen und berauschenden Farben. Wichtig ist, dass man den richtigen Zeitpunkt abpasst. Steht die Sonne zu hoch, verliert die bühnenreife Show viel an Reiz. Den in der Nähe liegenden Twenty Mule Team Canyon kann man auf einer Einbahnstraße befahren. Die Strecke mäandert zwischen Felsen und Sedimenten hindurch, in denen Farbschattierungen von Gelb über Ocker und Braun bis zu Türkis und Rostrot vorkommen.

Der Weg nach Badwater

Am Fuße der Amargosa Range entlang führt der asphaltierte Highway 178 Richtung Süden. Im Westen der Straße breitet sich die Talsohle des Death Val-

Death Valley National Park

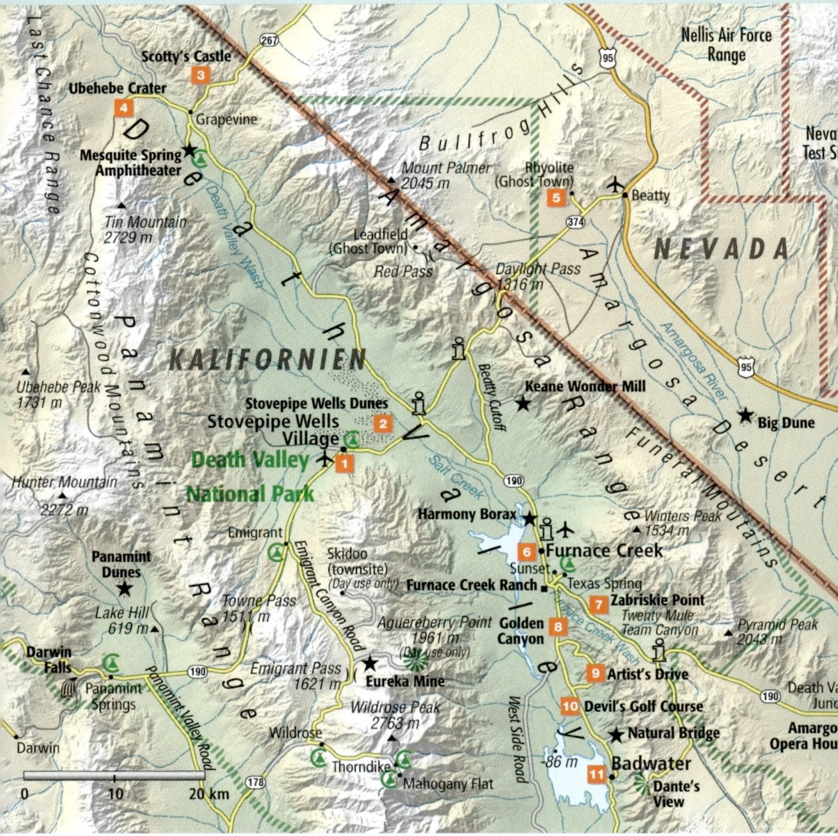

ley mit ausgetrockneten Salzflächen aus, hinter denen die dunkle Panamint Range mit dem 3368 m hohen Telescope Peak in den Himmel ragt.

Golden Canyon 8

Von der früher bestehenden Straße durch die enge Schlucht sind nur noch Bruchstücke übrig. Eine ca. 2 km lange Wanderung führt durch zerklüftete, gelbliche Felsformationen bis zu einem natürlichen Amphitheater mit dem Namen Red Cathedral. Vor allem am Spätnachmittag lohnt sich der Weg, wenn die schräg stehende Sonne den Canyon theatralisch ausleuchtet.

Artist's Drive 9

Eine 9 Meilen lange, gut befahrbare Einbahnstraße biegt vom Highway 178 Richtung Osten in eine wild zerklüftete Berglandschaft mit mehreren Aussichtspunkten ab. Auf halbem Weg liegt mit Artist's Palette eine durch Metalloxide bunt schillernde Bergflanke, die einer Malerpalette ähnelt.

Devil's Golf Course 10

Die Bezeichnung ›Golfplatz des Teufels‹ wurde von der Parkverwaltung nicht schlecht gewählt. Der Parkplatz liegt direkt am Rand aufgeworfener Salzflächen, die übersät sind von scharfkantigen Salzausblühungen, zwischen denen man nur mit strapazierfähigen Schuhen spazieren gehen sollte. Etwa 50 m vom Parkplatz entfernt klafft ein Loch in der Salzschicht und beweist, dass darunter tatsächlich ein Salzsee ist.

Badwater 11

Nirgends in der westlichen Hemisphäre existiert ein tieferer Landpunkt als diese 86 m unter Meereshöhe liegende Stelle. Spektakuläres gibt es zwar nicht zu sehen, aber der topografische Superlativ animiert zum Fotoshooting fürs Familienalbum. Von einem Holzsteg blickt man auf salzige Pfützen und kann einen Spaziergang über festgebackene Salzflächen machen. An der Felswand über dem Parkplatz markiert ein kleines Schild die Meereshöhe. Weiter im Süden endet das Death Valley kurz nach der Überquerung des 390 m hohen Jubilee Pass.

Mein Tipp

Stippvisite in die Vergangenheit

Wenige Meilen außerhalb des Nationalparks liegt am Highway 374 nach Beatty in Nevada die ehemalige Bergbaustadt **Rhyolite** 5, die um 1910 mit mehr als 10 000 Einwohnern die drittgrößte Stadt im Bundesstaat war. 1916 war der Boom vorüber und Rhyolite versank in der Anonymität. Heute sind nur noch Ruinen, der baufällige Bahnhof der Las Vegas & Tonopah Railroad und das sogenannte Bottle House übrig, dessen Wände aus 30 000 leeren Bierflaschen bestehen. Am Ortseingang fallen im Freien aufgestellte, mit Acryl überzogene Gipsfiguren des Künstlers Albert Szukalski auf, die u. a. Leonardo da Vincis ›Letztes Abendmahl‹ darstellen.

Übernachten, Essen

Komfort im Todestal – **Furnace Creek Inn:** an der Kreuzung von Hwy 190 und 178, Tel. 760-786-2345, www.furnacecreekresort.com, zwischen Mitte Mai und Mitte Okt. geschlossen, DZ 340–460 $. Komfortabelste Unterkunft im Park in einem Gebäude im Missionsstil. Im Restaurant gibt es Frühstück, Mittag- und Abendessen, am So Brunch. Man kann sich seine Mahlzeiten auch auf dem Zimmer servieren lassen.

Rustikal – **Furnace Creek Ranch:** Hwy 190, Tel. 760-786-2345, www.furnacecreekresort.com, DZ ab 129 $. Ehemalige Ranch mit 224 Zimmern, Steakhouse, Coffeeshop, Freischwimmbad, Tennis- und Golfplatz mit Pro Shop. Im Corkscrew Saloon werden Getränke und kleine Gerichte serviert. Außerdem gibt es eine Tankstelle, einen Supermarkt und einen Geldautomaten.

Aktiv & Kreativ

Hitzesport – **Furnace Creek Inn/Furnace Creek Ranch:** (s. o.). Sportlich aktive Gäste können vier beleuchtete Tennisplätze beim Furnace Creek Inn und den von Palmenwäldchen eingerahmten, oasenhaften 18-Loch-Golfplatz bei der Ranch nutzen – das mit 65 m unter Meereshöhe am tiefsten gelegene Grün der Erde. Ein amerikanisches Golfmagazin zählte es (aus klimatischen Gründen) zu den 50 härtesten Kursen überhaupt.

Lieblingsort

Dramatisches Naturtheater
Kein Laut stört die bühnenreife Inszenierung. Als der erste Lichtstrahl der aufgehenden Sonne über den scharfkantigen Kamm der Amergosa Range fällt, beginnen die gelben Schlammfalten eines uralten Flussbettes am **Zabriskie Point** 7 zu leuchten wie unterirdisch illuminiert. Licht, Schatten und unglaubliche Farben verwandeln die Wüsteneinöde innerhalb von Minuten in die dramatische Kulisse eines mitreißenden Naturschauspiels. Wer morgens zu spät kommt, kann die Vorstellung von Mutter Natur bei Sonnenuntergang genießen. Bei hochstehender Sonne ist Zabriskie Point nur halb so schön.

Sprachführer

Allgemeines

guten Morgen	good morning
guten Tag	good afternoon
guten Abend	good evening
auf Wiedersehen	good bye
Entschuldigung	excuse me/sorry
hallo/grüß dich	hello
bitte	please
gern geschehen	you're welcome
danke	thank you
ja/nein	yes/no
Wie bitte?	Pardon?
Wann?	When?
Wie?	How?

Unterwegs

Haltestelle	stop
Bus	bus
Auto	car
Ausfahrt/-gang	exit
Tankstelle	petrol station
Benzin	petrol
rechts	right
links	left
geradeaus	straight ahead/ straight on
Auskunft	information
Telefon	telephone
Postamt	post office
Bahnhof	railway station
Flughafen	airport
Stadtplan	city map
alle Richtungen	all directions
Einbahnstraße	one-way street
Eingang	entrance
geöffnet	open
geschlossen	closed
Kirche	church
Museum	museum
Strand	beach
Brücke	bridge
Platz	place/square
Schnellstraße	dual carriageway
Autobahn	motorway
einspurige Straße	single track road

Zeit

3 Uhr (morgens)	3 a.m.
15 Uhr (nachmittags)	3 p.m.
Stunde	hour
Tag/Woche	day/week
Monat	month
Jahr	year
heute	today
gestern	yesterday
morgen	tomorrow
morgens	in the morning
mittags	at noon
abends	in the evening
früh	early
spät	late
Montag	Monday
Dienstag	Tuesday
Mittwoch	Wednesday
Donnerstag	Thursday
Freitag	Friday
Samstag	Saturday
Sonntag	Sunday
Feiertag	public holiday
Winter	winter
Frühling	spring
Sommer	summer
Herbst	autumn

Notfall

Hilfe!	Help!
Polizei	police
Arzt	doctor
Zahnarzt	dentist
Apotheke	pharmacy
Krankenhaus	hospital
Unfall	accident
Schmerzen	pain
Panne	breakdown
Rettungswagen	ambulance
Notfall	emergency

Übernachten

Hotel	hotel
Pension	guesthouse
Einzelzimmer	single room

Doppelzimmer	double room
mit zwei Betten	with twin beds
mit/ohne Bad	with/without bathroom
mit WC	ensuite
Toilette	toilet
Dusche	shower
mit Frühstück	with breakfast
Halbpension	half board
Gepäck	luggage
Rechnung	bill

Einkaufen

Geschäft	shop
Markt	market
Kreditkarte	credit card
Geld	money
Geldautomat	cash machine
Bäckerei	bakery
Metzgerei	butchery
Lebensmittel	food
Drogerie	chemist's
teuer	expensive
billig	cheap
Größe	size
bezahlen	to pay

Zahlen

1	one	17	seventeen
2	two	18	eighteen
3	three	19	nineteen
4	four	20	twenty
5	five	21	twenty-one
6	six	30	thirty
7	seven	40	fourty
8	eight	50	fifty
9	nine	60	sixty
10	ten	70	seventy
11	eleven	80	eighty
12	twelve	90	ninety
13	thirteen	100	one hundred
14	fourteen	150	one hundred and fifty
15	fifteen		
16	sixteen	1000	a thousand

Die wichtigsten Sätze

Allgemeines

Sprechen Sie Deutsch?	Do you speak German?
Ich verstehe nicht.	I do not understand.
Ich spreche kein Englisch.	I do not speak English.
Ich heiße …	My name is …
Wie heißt du/heißen Sie?	What's your name?
Wie geht's?	How are you?
Danke, gut.	Thanks, fine.
Wie viel Uhr ist es?	What's the time?
Bis bald (später).	See you soon (later).

Unterwegs

Wie komme ich zu/nach …?	How do I get to …?
Wo ist bitte …	Sorry, where is …?
Könnten Sie mir bitte … zeigen?	Could you please show me …?

Notfall

Können Sie mir bitte helfen?	Could you please help me?
Ich brauche einen Arzt.	I need a doctor.
Hier tut es weh.	It hurts here.

Übernachten

Haben Sie ein freies Zimmer?	Do you have any vacancies?
Wie viel kostet das Zimmer pro Nacht?	How much is a room per night?
Ich habe ein Zimmer bestellt.	I have booked a room.

Einkaufen

Wie viel kostet …?	How much is …?
Ich brauche …	I need …
Wann öffnet/schließt …?	When does … open/… close?

Zubereitung

baked	im Ofen gebacken
broiled/grilled	gegrillt
deep fried	frittiert (meist paniert)
gebraten)	
fried	in Fett gebacken, oft paniert
hot	scharf
rare/medium rare	blutig/rosa
steamed	gedämpft
stuffed	gefüllt
well done	durch

Frühstück

bacon	Schinken
boiled egg	hart gekochtes Ei
cereals	Getreideflocken
cooked breakfast	englisches Frühstück
eggs (sunny side up/ over easy)	Spiegeleier (Eigelb nach oben/beidseitig)
jam	Marmelade (alle außer Orangen-marmelade)
marmalade	(ausschließlich) Orangenmarmelade
scrambled eggs	Rühreier

Fisch und Meeresfrüchte

bass	Barsch
clam chowder	Venusmuschelsuppe
cod	Kabeljau
crab	Krebs/Krabbe
flounder	Flunder
haddock	Schellfisch
halibut	Heilbutt
gamba	Garnele
lobster	Hummer
mussel	Miesmuschel
oyster	Auster
prawn	Riesengarnele
salmon	Lachs
scallop	Jakobsmuschel
shellfish	Schalentiere
shrimp	Krabbe
sole	Seezunge
swordfish	Schwertfisch
trout	Forelle
tuna	Thunfisch

Fleisch und Geflügel

bacon	Frühstücksspeck
beef	Rindfleisch
chicken	Hähnchen
drumstick	Hähnchenkeule
duck	Ente
ground beef	Hackfleisch vom Rind
ham	Schinken
meatloaf	Hackbraten
porc chop	Schweinekotelett
prime rib	saftige Rinderbraten-scheibe
rabbit	Kaninchen
roast goose	Gänsebraten
sausage	Würstchen
spare ribs	Rippchen
turkey	Truthahn
veal	Kalbfleisch
venison	Reh bzw. Hirsch
wild boar	Wildschwein

Gemüse und Beilagen

bean	Bohne
cabbage	Kohl
carrot	Karotte
cauliflower	Blumenkohl
cucumber	Gurke
eggplant	Aubergine
french fries	Pommes frites
garlic	Knoblauch
lentil	Linse
lettuce	Kopfsalat
mushroom	Pilz
pepper	Paprikaschote
peas	Erbsen
potato	Kartoffel
hash browns	Bratkartoffeln
squash/pumpkin	Kürbis
sweet corn	Mais
onion	Zwiebel
pickle	Essiggurke

Obst

apple	Apfel
apricot	Aprikose
blackberry	Brombeere
cherry	Kirsche
fig	Feige
grape	Weintraube
lemon	Zitrone
melon	Honigmelone
orange	Orange
peach	Pfirsich
pear	Birne
pineapple	Ananas
plum	Pflaume
raspberry	Himbeere
rhubarb	Rhabarber
strawberry	Erdbeere

Käse

cheddar	kräftiger Käse
cottage cheese	Hüttenkäse
goat's cheese	Ziegenkäse
curd	Quark

Nachspeisen und Gebäck

brownie	Schokoplätzchen
cinnamon roll	Zimtschnecke
french toast	Toast in Ei gebacken
maple sirup	Ahornsirup
muffin	Rührteiggebäck
pancake	Pfannkuchen
pastries	Gebäck
sundae	Eisbecher
waffle	Waffel
whipped cream	Schlagsahne

Getränke

beer (on tap/draught)	Bier (vom Fass)
brandy	Kognac
coffee	Kaffee
(decaffeinated/decaf)	(entkoffeiniert)
lemonade	Limonade
icecube	Eiswürfel
iced tea	gekühlter Tee
juice	Saft
light beer	alkoholarmes Bier
liquor	Spirituosen
milk	Milch
mineral water	Mineralwasser
red/white wine	Rot-/Weißwein
root beer	dunkle Limonade
soda water	Selterswasser
sparkling wine	Sekt
tea	Tee

Im Restaurant

Ich möchte einen Tisch reservieren.	I would like to book a table.
Bitte warten Sie, bis Ihnen ein Tisch zugewiesen wird.	Please wait to be seated.
Essen nach Belieben zum Einheitspreis	all you can eat
Die Speisekarte, bitte.	The menu, please.
Weinkarte	wine list
Die Rechnung, bitte.	The bill, please.
Frühstück	breakfast
Mittagessen	lunch
Abendessen	dinner
Vorspeise	appetizer/starter
Suppe	soup
Hauptgericht	main course
Nachspeise	dessert
Beilagen	side dishes
Tagesgericht	meal of the day
Gedeck	cover
Messer	knife
Gabel	fork
Löffel	spoon
Glas	glass
Flasche	bottle
Salz/Pfeffer	salt/pepper
Zucker/Süßstoff	sugar/sweetener
Kellner/Kellnerin	waiter/waitress
Trinkgeld	tip
Wo sind die Toiletten?	Where are the toilets please?

Abbildungsnachweis

Dagmar Großheim, Hagnau am Bodensee: S. 80/81
DuMont Bildarchiv, Ostfildern: S. 12/13, 38/39, 44, 51, 73, 84/85, 86 li., 86 re., 87 li., 92/93, 100/101, 104, 138 re., 142/143, 160 li., 160 re., 161 li., 167, 172, 177, 181, 182/183, 185, 189, 208 re., 212/213, 228 li., 242/243, 246/247, 252 re., 253 li., 258/259, 261, 273, 274/275, Umschlagrückseite (Heeb)
Huber-Images, Garmisch-Partenkirchen: S. 152/153 (Bernhart); 116/117 (Carassale)
laif, Köln: S. 77 (Blevins/Polaris); 139 li., 158/159 (Bock); 132/133 (Falke); 18/19, 26, 214/215, 268/269 (Heeb); 209 li., 226/227 (Hemis); 22/23, 119 (Maisant/hemis.fr); 204/205 (Piepenburg); 121, 217 (The NewYork-Times/Redux); 83 (Williams/UPI)
Catch the Day/Manfred Braunger, Freiburg: S. 8, 9, 10 li. o., 10 re. o., 10 li. u., 10 re. u., 11 li. o., 11 re. o., 11 li. u., 11 re. u., 29, 49, 53, 54/55, 56, 63, 64, 66, 70, 75, 89, 96, 113, 124,128/129, 134, 138 re., 150/151, 170, 174/175, 178, 190 re., 191 li., 196/197, 200, 206/207, 208 li., 218, 220, 222/223, 228 re., 229 li., 236, 238, 250/251, 252 li., 256, 262, 278/279
Mauritius Images, Mittenwald: S. 61 (imagebroker/FB-Rose); 58 (imagebroker/West); 136 (Isu Images)
picture alliance/dpa, Frankfurt: S. 46 (Hahn/AbacaUsa.com); 146 (akg-images)
Reise- und Naturfotografie Roland Gerth, Thal (CH): S. 190 li., 198/199
Visum, Hamburg: Titelbild (Aussieker)

Kartografie

DuMont Reisekartografie, Fürstenfeldbruck

Umschlagfotos

Titelbild: Sunset Boulevard, Los Angeles

Hinweis: Autor und Verlag haben alle Informationen mit größtmöglicher Sorgfalt geprüft. Gleichwohl sind Fehler nicht vollständig auszuschließen. Alle Angaben erfolgen ohne Gewähr. Bitte, schreiben Sie uns! Über Ihre Rückmeldung zum Buch und über Verbesserungsvorschläge freuen sich Autor und Verlag:
DuMont Reiseverlag, Postfach 3151, 73751 Ostfildern,
info@dumontreise.de, www.dumontreise.de

2., aktualisierte Auflage 2012

Lektorat/Redaktion: Michael Konze, Henriette Volz
Grafisches Konzept: Groschwitz/Blachnierek, Hamburg
Printed in China